现代物业管理专业职业教育立体化新形态系列教材

物业管理风险防范

主　编　胡大见
副主编　张玉婷

机械工业出版社

本书是校企合作教材，共 8 个项目，分别是风险管理基本技术、物业项目承接风险防范、物业项目装修管理风险防范、秩序维护和消防管理风险防范、物业设施设备风险防范、物业空间服务风险防范、物业企业财务风险防范和物业人力资源风险防范。本书力求反映物业管理行业风险防控的新理念、新方法和新技术，紧扣物业风险防控工作的技能和知识要求，并运用大量案例和扩展内容来帮助读者夯实基础、拓宽视野。

本书可作为高等职业院校现代物业管理、房地产经营与管理、社区管理与服务及其他相关专业的教材，也可以作为物业服务企业员工培训教材，还可作为物业服务从业人员的参考书。

图书在版编目（CIP）数据

物业管理风险防范／胡大见主编． -- 北京：机械工业出版社，2024. 9. --（现代物业管理专业职业教育立体化新形态系列教材）． -- ISBN 978-7-111-77599-7

Ⅰ. F293. 347

中国国家版本馆 CIP 数据核字第 20254LU112 号

机械工业出版社（北京市百万庄大街 22 号　邮政编码 100037）
策划编辑：刘志刚　　　　　　　责任编辑：刘志刚　范秋涛
责任校对：贾海霞　张昕妍　　　封面设计：鞠　杨
责任印制：单爱军
中煤（北京）印务有限公司印刷
2025 年 7 月第 1 版第 1 次印刷
184mm×260mm·12. 5 印张·304 千字
标准书号：ISBN 978-7-111-77599-7
定价：59.00 元

电话服务　　　　　　　　　网络服务
客服电话：010-88361066　　机 工 官 网：www.cmpbook.com
　　　　　010-88379833　　机 工 官 博：weibo. com/cmp1952
　　　　　010-68326294　　金 书 网：www.golden-book.com
封底无防伪标均为盗版　　　机工教育服务网：www.cmpedu. com

前　言

随着物业管理行业逐渐进入精细化管理阶段，服务模式和岗位职责在不断优化与迭代，风险防范是物业行业各个岗位进行精细化服务所必备的能力，是国家职业技能标准《物业管理师国家职业技能标准》和团体标准《物业管理员（师）职业能力评价规范》的要求，也是物业管理专业学生必须掌握的知识技能。

本书是校企合作教材，以风险管理的基本技术为知识基础，运用法律法规、标准规范等，对物业管理活动中的风险进行识别和分析，并给出相应的防范措施。教材以物业活动推进为主线，分别从物业招标投标、承接查验、装修管理、秩序维护和消防管理、公共设施设备维护与房屋修缮、物业空间服务、物业企业财务管理及物业人力资源管理等环节，分部分项地展开风险识别与防范，力求与行业企业的新发展同行，与物业服务工作同频。

本书具有以下三个特点：

1）项目引领，任务驱动。本书采用项目引领、任务驱动的模式编写，并运用大量案例和扩展内容来帮助学生夯实基础、拓宽视野；各章节配有任务书，便于学生开展探究式学习，在掌握风险点和防范措施后，自主进行风险分析评估，编制物业服务风险管理清单。

2）内容全面，实用性强。本书以实用性为宗旨，校企合作开发，深度挖掘各业务的风险点，跟进行业企业中新出风险点与新防范技术，充分体现精细化和实用性。

3）知识引领，育人育德。本书有机融入了大量的法律法规，培养学生安全意识和法律意识的同时，以制度自信和文化自信为主线，融入中国的建设成果和传统文化。

本书由青岛酒店管理职业技术学院胡大见任主编，张玉婷为副主编，青岛酒店管理职业技术学院张进、孟伟伟、韩清雪、孙妮妮参与编写。本书在编写过程中查阅了大量书刊和相关文件，借用了其中一些观点和方法，在此向文献作者致以衷心的感谢！

虽然编写中力求谨慎，但由于编者能力和经验有限，书中难免有不妥之处，恳请广大读者不吝指正。

编　者

目　录

项目 1　风险管理基本技术

项目描述

　　本项目分为 2 个教学任务，分别是：任务 1.1 风险管理的基本概念，任务 1.2 风险分级管理。

　　完成知识储备的学习，在此基础上完成实训任务，再通过合理选取观测点对任务进行评价。通过本项目的学习，使学生对风险管理的内容有一个完整认知，能够初步编制风险管理清单、理解风险管理体系。

教学目标

　　【素质目标】培养学生的安全生产意识、团队合作精神，以及分析问题和解决问题的能力。

　　【知识目标】掌握风险的基本概念、术语和特征；熟悉风险管理的基本原理。掌握风险矩阵法、作业危害分析评价法、安全检查表评价法，了解风险评估法。

　　【能力目标】能够运用风险因素分析的方法，分析风险损失和风险频度；能够针对不同的风险，选择不同的风险策略；能够运用风险管理的方法，制定风险防控措施。

课前自学

　　（1）进行风险管理的原因。
　　（2）海因里希法则。

任务 1.1　风险管理的基本概念

　　任务单见表 1-1。

NO. 001001

表 1-1　任务单

任务描述	针对某个作业流程（或实训环节/某个简单场所）编制一份简单的风险管理清单（措施）		
任务准备	1）学生分组 2）校园实训环节或（某个简单场所）基本资料 3）完成一定的知识储备，也可边做边学	关键知识	风险要素、风险管理、风险管理的四种基本方法

（续）

任务实施（团队任务）要求
1）学生分组收集整理所需资料和重要数据 2）从理论原理出发，暂不过多要求实用性 3）要求多角度全面思考

任务成果评价	学生互评和教师评价 评价依据：风险要素构成，风险识别、风险评估、风险应对等有所体现 评选优秀作品

1.1.1 风险的概念

风险无处不在，不仅涉及个人生活，还涉及企业、政府和社会层面。了解风险的定义和特征，有助于个人或组织更好地识别、评估和应对各种风险。

1. 风险定义

在国际标准化组织（ISO）2022年发布的《风险管理 术语》（ISO 31073：2022）和国家市场监督管理总局、国家标准化管理委员会发布的《风险管理 术语》（GB/T 23694—2013）中，均将风险描述为"不确定性对目标的影响"。不确定性是指偏离预期，可以是正向偏离，也可以是负向偏离，正向偏离带来机会，负向偏离则带来威胁。

国内学者更普遍地认为，风险是一种不确定性，表现为收益的不确定性或损失的不确定性。

2. 风险的特征

（1）风险的客观性　风险是客观存在的，不以人的意志为转移，无法完全消除，是一种潜在的威胁，可能发生，也可能不发生。

（2）风险的不确定性　风险是否发生是不确定的，包括风险的种类、发生的时间和产生的后果等都存在不确定性。

（3）风险的可变性　在一定条件下，风险的影响因素或者风险的损失程度可能会随时间、地点、条件等有所变化。

（4）风险的关联性　不同的风险之间可能存在一定的关联，一个风险的发生可能会引发其他风险的发生。风险可能在不同领域、层次、群体之间相互影响和传递。

（5）风险的可识别性　通过科学的方法和经验，可以对风险进行识别和管理。

3. 风险要素

（1）风险因素（风险源）　风险因素是指促使某一特定损失发生或增加其发生的可能性或扩大其损失程度的因素。它是风险事故发生的潜在原因。它们可能是内部的，也可能是外部的；可能是自然的，也可能是人为的。对风险因素的有效管理和控制是预防及减轻潜在损失的关键。将风险因素进行归因，可以分为人的不安全行为、物的不安全状态、环境的不安全因素及制度的安全隐患，如图1-1所示。

1）人的不安全行为。是指在生活和工作过程中，由于个体的疏忽、大意或者违规操作而引发的风险。这类风险主要包括操作不当、违反安全规程、忽视安全提示等。人的不安全行为往往会导致事故的发生，给自身和他人带来伤害。

2）物的不安全状态。是指设备、设施或者工具存在缺陷或故障，从而导致的潜在风险。这类风险主要包括设备老化、磨损超标、故障未及时维修等。

3）环境的不安全因素。是指周围环境存在的安全隐患，包括自然环境和社会环境。自然环境如地质灾害、气象灾害等；社会环境如交通安全、公共安全等。环境的不安全因素会增加事故发生的概率。

4）制度的安全隐患。是指在组织或机构的运营过程中，由于制度设计、实施或管理上的缺陷，可能源于设计之初就存在的漏洞，也可能源于实施过程中制度执行得不严格，或者监控和反馈机制不健全，无法及时发现和纠正安全隐患等。

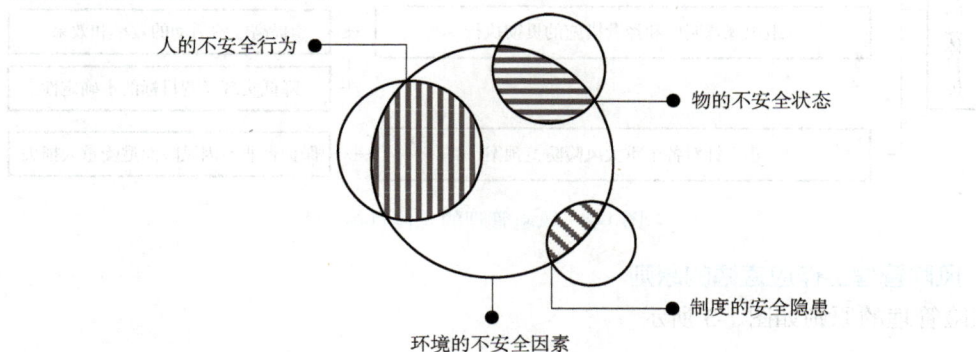

图 1-1　风险归因的四个方面

（2）风险事故　风险事故是指造成生命财产损失的偶发事件。风险事故意味着风险的可能性转化为现实性。

（3）风险损失　风险损失是指风险事故导致的财产损失、人身伤害及相关的精神损害等。风险损失的程度取决于风险事故的严重程度、受灾对象的脆弱性及应对措施的有效性。通常将风险损失分为直接损失和间接损失。直接损失是由风险事故导致的财产本身的损失和人身的伤害。间接损失则是由直接损失引起的额外费用损失、收入损失、责任损失等。

4. 风险的分类

（1）按照风险发生的原因分类

1）自然风险。由自然环境引起的，如自然灾害、气候变化等。

2）经济风险。与经济活动有关，如市场波动、汇率变动、政策调整等。

3）政治风险。与政治环境有关，如政治动荡、政策变更、国际关系等。

4）社会风险。与社会秩序和民生有关，如食品安全、公共卫生、社会安全等。

5）技术风险。与科技发展有关，如网络安全、知识产权、技术失误等。

（2）按照风险的性质分类

1）纯风险。是指只会导致损失而不会带来收益的风险，如火灾、盗窃等。

2）投机风险。是指既可能导致损失，也可能带来收益的风险，如投资市场的波动、商业决策等。

1.1.2 风险管理

风险管理是指通过对风险进行识别和度量，采用各种合理的手段，主动地、有目的地、有计划地对风险加以处理，以最小成本去争取最大的安全保障和经济利益的行为。

1. 风险管理的总体目标

物业服务企业进行风险管理，应实现图 1-2 中的总体目标。

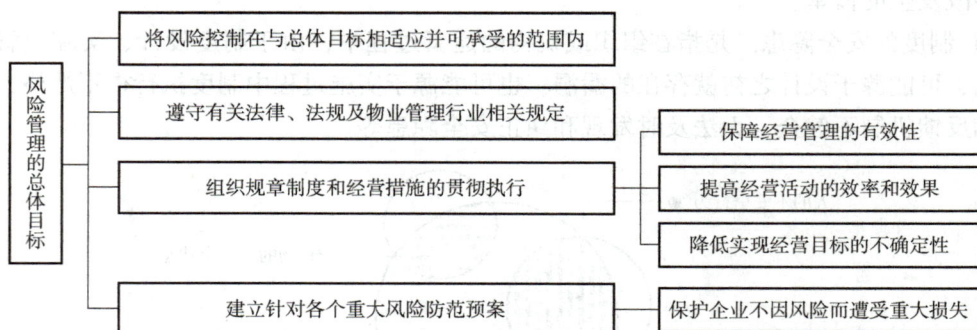

图 1-2 风险管理的总体目标

2. 风险管理工作应遵循的原则

风险管理的原则如图 1-3 所示。

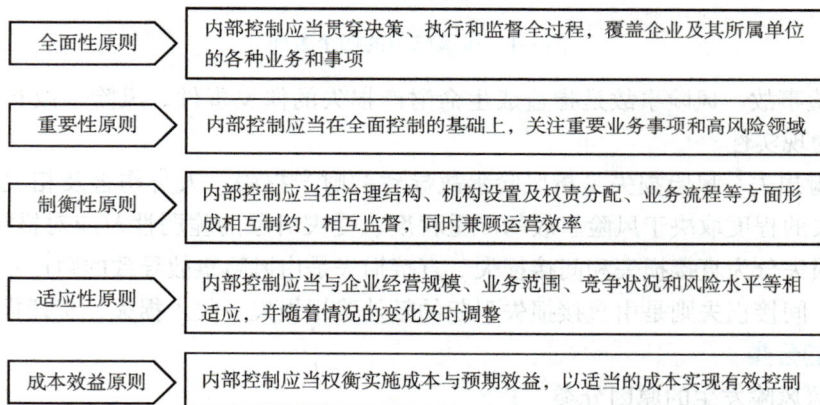

图 1-3 风险管理的原则

1.1.3 风险管理的基本流程

风险管理是一个系统性、结构化的过程，旨在通过风险识别、风险评估、风险应对和持续改进等措施，提升组织抵御风险的能力。图 1-4 所示是风险管理的基本流程。

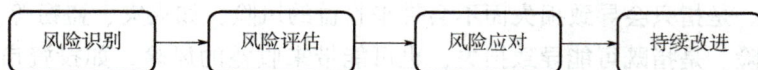

图 1-4 风险管理的基本流程

1. 风险识别

风险识别是风险管理的第一步，也是至关重要的一步。它涉及对潜在风险因素的挖掘、分析和归类，以便于进一步制定有针对性的风险应对策略。

（1）风险识别的主要内容　风险识别的主要内容见表1-2。

表 1-2　风险识别的主要内容

内部风险识别	外部风险识别	战略风险识别	业务风险识别
对组织内部的运营管理、财务状况、人力资源等方面进行全面审查，找出可能存在的风险源。例如，管理水平不高、内部沟通不畅、员工素质参差不齐等	关注组织外部环境的变化，包括行业动态、政策法规、市场趋势等方面，分析可能对组织造成影响的风险因素。例如，行业竞争加剧、政策变动、市场需求变化等	对组织的战略规划、目标设定等进行审视，评估战略实施过程中可能遇到的风险。例如，战略目标过于激进、资源分配不合理等	对组织的各项业务进行深入分析，找出可能导致业务受损的风险因素。例如，业务流程不完善、技术更新换代、合作伙伴信用问题等

（2）风险识别的具体方法

1）**数据分析**。如检查表法，通过收集和分析历史数据，发现风险规律，为风险识别提供依据。

2）**专业评估**。如专家团队可以借助于一套结构化的提示或问题来系统地识别风险，提高风险识别的准确性。

3）**归纳推理**。如危险与可操作性分析（HAZOP）等。

可利用各种支持性的技术来提高风险识别工作的准确性和完整性，包括头脑风暴法及德尔菲法等。以上这些方法可以单独使用，也可以结合使用。建议根据具体的实际情况选择合适的风险识别方法。

2. 风险评估

风险评估是在风险识别的基础上，对识别出的风险进行定量和定性分析，以确定风险的严重程度和优先级。主要包括以下几个步骤：

1）**风险分析**。充分理解风险性质、风险产生的原因。

2）**风险量化**。通过对风险事件的频率、影响程度等因素进行量化分析，得出风险的量化指标。

3）**风险评级**。根据风险量化指标，采用一定的分析评估方法（如风险矩阵法、格雷厄姆和金尼评价法、失效影响分析法等）对风险进行评级，以确定风险的优先级。

4）**风险排序**。根据风险评级结果，将风险从高到低进行排序，为后续风险应对提供依据。

5）**风险分类**。根据风险评估结果，将风险分为不同等级。通常分为五个等级，即极低、低、中等、高和极高。不同等级的风险，对应的应对措施和关注程度有所不同。

3. 风险应对

针对不同等级的风险，制定相应的应对策略，包括风险规避、风险减轻、风险转移和风险接受等。制定风险应对策略时，要充分考虑成本与效益，确保风险管理的有效性。

1）**风险规避**：也称为风险回避，是指通过调整战略规划、业务布局等手段，避免直接参与高风险业务或区域。

2）风险减轻：也称为风险预防，是指通过改进管理制度、完善业务流程等手段，降低风险发生的可能性或影响程度。

3）风险转移：也称为风险转嫁，是指通过保险、外包等手段，将风险转嫁给其他方。

4）风险接受：也称为风险自留，是指承认风险的存在，但不采取任何措施进行干预，而是通过提高风险应对能力来应对。

风险应对矩阵如图 1-5 所示。

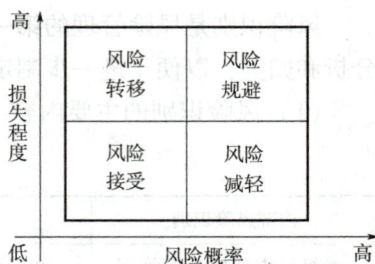

图 1-5　风险应对矩阵

【知识链接】

对于发生概率大、可能产生的损失大的风险事件，建议采取风险规避。

对于发生概率大，可能产生的损失小的风险事件，建议采取风险减轻。

对于发生概率小，可能产生的损失小的风险事件，建议采取风险接受。

对于发生概率小，可能产生的损失大的风险事件，建议采取风险转移。

不同区域采用不同应对策略的原因是什么？

4. 持续改进

在实施风险应对策略的过程中，要不断监控风险的变化，收集风险管理过程中的相关信息，包括风险事件的发生情况、应对措施的实施效果等，对风险管理过程中的不足进行改进，持续完善风险管理机制，不断提高风险管理水平。

（1）持续改进思路　风险管理持续改进的基本思路如图 1-6 所示。

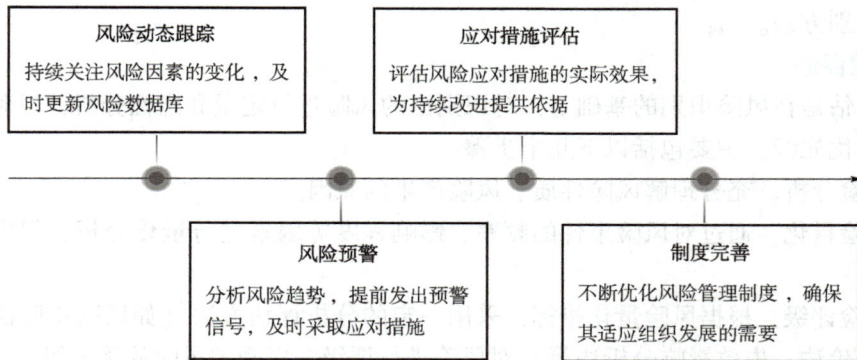

图 1-6　风险管理持续改进的基本思路

风险管理是现代社会不可或缺的组成部分，它涉及各个领域和层面。通过深入了解风险的类型、特征和管理过程，可以更好地应对各种风险，保障安全稳定发展。同时，加强风险管理意识和能力建设，提高风险管理水平，对于推动社会可持续发展具有重要意义。

（2）PDCA 循环　PDCA 循环又称为质量环，是管理学中的一个通用模型，被广泛地应用在质量管理领域，是产品和服务质量的过程性改进方法，同样适用于物业风险管理的持续改进。

PDCA 循环主要包括四个阶段：计划（Plan）、实施（Do）、检查（Check）和处理

（Action），过程就是按照 PDCA 循环，周而复始运转的，如图 1-7 所示。

　　1）PDCA 循环的工作程序（四阶段八步骤）。

　　第一阶段，计划阶段（P）。计划是质量管理的第一阶段。通过计划，确定方针和目标，以及实现该方针和目标的行动计划及措施。计划阶段包括以下四个步骤：

　　①分析现状，找出存在的质量问题。

　　②分析原因和影响因素。针对找出的质量问题，分析产生的原因和影响因素。

　　③找出主要的影响因素。

　　④制定改善质量的措施，提出行动计划，并预计

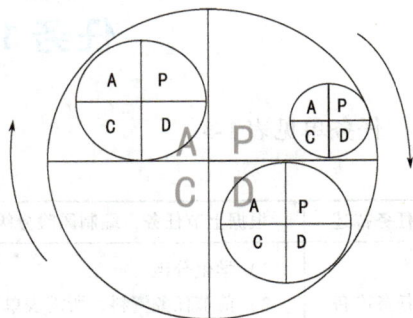

图 1-7　PDCA 循环示意图

效果。该步骤需要用到 5W1H 分析法，即为什么制定该措施（Why），制定这些措施要达到什么目的（What），这些措施在何处（哪个工序、哪个环节或在哪个部门）执行（Where），什么时候执行（When），由谁负责执行（Who），用什么方法完成（How）。

　　第二阶段，实施阶段（D）。

　　⑤执行计划或措施。

　　第三阶段，检查阶段（C）。

　　⑥检查计划的执行效果。根据计划要求，检查实际执行的情况，对比预期效果寻找执行过程中的问题所在。

　　第四阶段，处理阶段（A）。

　　⑦纳入标准。对检查出来的各种问题进行处理，正确的加以肯定，总结成文，制定标准。

　　⑧提出尚未解决的问题。遗留问题则转入下一个 PDCA 循环去解决，即巩固措施和下一步的打算。

　　处理阶段是 PDCA 循环的关键。因为处理阶段就是解决存在问题，总结经验和吸取教训的阶段。该阶段的重点又在于修订标准，包括技术标准和管理制度。没有标准化和制度化，就不可能使 PDCA 循环转动向前。

　　2）PDCA 循环的特征。

　　①大环套小环、小环保大环、推动大循环。各级部门的小环都围绕着企业的总目标朝着同一方向转动。通过循环把企业上下或工程项目的各项工作有机地联系起来，彼此协同，互相促进。

　　②不断前进、不断提高。PDCA 循环不是在同一水平上循环，就像爬楼梯一样，一个循环运转结束，质量就会提高一步，然后制定下一个循环目标，再运转、再提高。PDCA 每循环一次，品质水平和治理水平均前进一步，如图 1-8 所示。

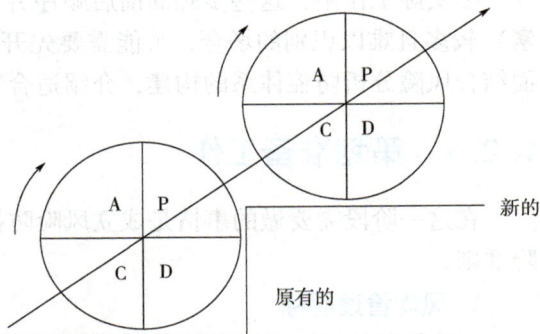

图 1-8　PDCA 循环上升示意图

任务 1.2　风险分级管理

任务单见表1-3。

表 1-3　任务单　　　　　　　　　　　　　　　　　　　NO. 001002

任务描述	根据上节任务，编制风险分级管理清单		
任务准备	1）学生分组 2）前节任务资料、所需表单等 3）完成一定的知识储备，也可边做边学	关键知识	风险分级管理、风险矩阵法、作业危害分析评价法、安全检查表评价法
任务实施（团队任务）要求			
1）学生分组收集整理物业项目资料和重要数据 2）运用风险矩阵法对风险源进行分级 3）编制作业危害分析＋风险矩阵法清单 4）以熟练方法为主，不强求实用性			
任务成果评价	学生互评和教师评价 评价依据：风险分级管理方法、项目完成、团队合作等 评选优秀作品		

风险分级管理是指通过对风险评估分类，确定风险的不同等级，针对不同等级风险制定管控目标和管控措施。

在2021年颁布的《安全生产法》中，第二十一条规定，生产经营单位的主要负责人对本单位安全生产工作负有下列职责：（五）组织建立并落实安全风险分级管控和隐患排查治理双重预防工作机制，督促、检查本单位的安全生产工作，及时消除生产安全事故隐患。

风险分级管控的步骤和风险管理的原理基本一致，同样包含风险源识别、风险评估、风险应对等步骤。风险分级管控的基本步骤在各种风险管理体系中略有不同，但大同小异，因此，需理解风险管理的原理和本质。

在实际工作中，这些步骤的前后顺序并不完全和上节示意图一致。在风险源（风险因素）较多且难以识别的场合，可能需要先开展一些风险分析，才有利于开展风险识别。下面结合风险分析防控体系的构建，介绍适合物业管理行业的具体的风险源识别与评估方法。

1.2.1　策划准备工作

在这一阶段需要做的事情是成立风险防控机构、收集相关资料、确定风险管理目标和风险准则。

1. 风险管理目标

风险管理的目标不是消灭风险，而是降低风险发生的可能性，或者减少风险损失，将风险控制在可容忍范围之内，保障组织及成员的生存和发展，关注人们的心理需求和社会稳定性，保证组织的各项活动恢复正常运转和稳定收益，以最小的风险成本获得最大的安全保障。

2. 风险准则

风险准则（risk criteria）也称为风险评估准则，一般包括：危害发生可能性（如不可能发生、可能发生、有时发生、经常发生、连续发生等）的定性或定量判定指标；后果严重性（如无伤害、轻微伤害、严重伤害、死亡等）的定性或定量判定指标；暴露于危害环境的频繁程度判定指标；风险分级的指标等。根据评估方法的不同，选取风险准则也会不同。

风险矩阵（简称 LS，$R = L \times S$）法，涉及的风险准则：L 事故发生的可能性的分数值、S 事故后果的分数值及 R 风险等级判定列表。

格雷厄姆和金尼（简称 LEC，$D = L \times E \times C$）法，涉及的风险准则：L 事故发生的可能性、E 人员暴露于危险环境中的频繁程度、C 事故可能造成的后果和 D 风险等级判定列表。

风险矩阵法和风险评估法是进行风险评估常用的两种方法，只有充分理解它们的优缺点和适用范围（表1-4），合理地选择和运用，才能使风险评估更准确。

表1-4　LS 风险矩阵法与 LEC 风险评估法对比

方法	优点	缺点	适用范围
风险矩阵法	简单易懂，能够提供一个直观的评价结果	在量化可能性 L 和损失后果 R 时存在主观性	适用于评价设备管理及人员管理的危险性，半定量评价方法
风险评估法	能够以经济损失为基础进行评估	L、E、C 的取值标准较笼统，需要数据和专业经验支持	适用于人们在具有潜在危险环境中作业活动时的危险性，半定量评价方法

通过比较分析，本书采用风险矩阵法进行物业项目管理的风险分析评估（详见1.2.3）。此外，风险评估法也具有使用价值。

【知识链接】

风险矩阵法（一）

基本原理：根据危险源辨识确定的危害及影响程度与危害及影响事件发生的可能性乘积，确定风险的大小。

1. 确定危害事件发生的严重程度（S）

对照表1-5，从人员伤亡情况、财产损失、设备设施损坏、法律法规符合性、环境破坏和对企业声誉影响五个方面，对后果的严重程度进行评价取值，取五项得分最高的分值作为其最终的 S 值。

表1-5　危害事件发生的严重程度（S）判断准则（示例）

赋值	人员伤亡情况	财产损失、设备设施损坏	法律法规符合性	环境破坏	声誉影响
1	一般无损伤	一次事故直接经济损失在 5000 元以下	完全符合	基本无影响	基本不受影响
2	1~2 人轻伤	一次事故直接经济损失 5000 元及以上，1 万元以下	不符合公司规章制度要求	设备、设施周围受影响	受到内部个别员工投诉
3	造成 1~2 人重伤 3~6 人轻伤	一次事故直接经济损失在 1 万元及以上，10 万元以下	不符合公司规章制度要求	作业点范围内受影响	受到多数员工投诉，公司形象受到影响

（续）

赋值	人员伤亡情况	财产损失、设备设施损坏	法律法规符合性	环境破坏	声誉影响
4	1~2人死亡 3~6人重伤或严重职业病	一次事故直接经济损失在10万元及以上，100万元以下	潜在不符合法律法规要求	造成作业区域内环境破坏	受到外部人员投诉，给公司形象造成一定影响
5	3人及以上死亡 7人及以上重伤	一次事故直接经济损失在100万元及以上	违法	造成周边环境破坏	受到多数外部人员投诉和地方政府干预，给公司形象造成严重影响

2. 确定危害事件发生的可能性（L）

对照表1-6，从偏差发生频率、安全检查、操作规程、员工胜任程度、控制措施五个方面，对危害事件发生的可能性进行评价取值，取五项得分的最高分值作为其最终的L值。

表1-6　危害事件发生的可能性（L）判断准则（示例）

赋值	偏差发生频率	安全检查	操作规程	员工胜任程度（意识、技能、经验）	控制措施（监控、联锁、报警、应急措施）
5	发生概率很大，本岗位多次发生	无检查（作业）标准或不按标准检查（作业）	无操作规程或从不执行操作规程	不胜任（无上岗资格证、无任何培训、无操作技能）	无任何监控措施或有措施从未投用；无应急措施
4	很可能发生，本岗位发生过	检查（作业）标准不全或很少按标准检查（作业）	操作规程不全或很少执行操作规程	不够胜任（有上岗资格证，但没有接受有效培训、操作技能差）	有监控措施但不能满足控制要求，措施部分投用或有时投用；有应急措施但不完善或没演练
3	有可能发生，本单位发生过	发生变更后检查（作业）标准未及时修订或多数时候不按标准检查（作业）	发生变更后未及时修订操作规程或多数操作不执行操作规程	一般胜任（有上岗资格证、接受培训、但经验、技能不足，曾多次出错）	监控措施能满足控制要求，但经常被停用或发生变更后不能及时恢复；有应急措施但未根据变更及时修订或作业人员不清楚
2	发生的可能性较低，但曾在其他单位发生过	标准完善但偶尔不按标准检查（作业）	操作规程齐全但偶尔不执行	胜任（有上岗资格证、接受有效培训、经验、技能较好，但偶尔出错）	监控措施能满足控制要求，但供电、联锁偶尔失电或误动作；有应急措施但每年只演练一次
1	发生的可能性很小，但同行业曾有发生	标准完善、按标准进行检查（作业）	操作规程齐全，严格执行并有记录	高度胜任（有上岗资格证、接受有效培训、经验丰富，技能、安全意识强）	监控措施能满足控制要求，供电、联锁从未失电或误动作；有应急措施每年至少演练两次

（后续，见1.2.3）

1.2.2　确定风险点、辨识风险源

1. 确定风险点

风险点（risk site）也称为作业单元、风险单元、风险分析单元，是指风险伴随的设施、部位、场所和区域，以及在设施、部位、场所和区域实施的伴随风险的作业活动，或以上两者的组合。例如，危险化学品罐区、液氨站、煤气炉、木材仓库、制冷装置是风险点；在罐区进行的倒罐作业、防火区域内进行动火作业、高温液态金属的运输过程等也是风险点。

通过对生产经营全过程进行风险点排查，形成包括风险点名称、区域位置、可能导致事故类型等内容的基本信息。例如，建立设备设施清单（覆盖企业生产经营过程中涉及的设施、部位、场所、区域），建立作业活动清单（覆盖企业生产经营过程中各类作业活动和工艺操作）。

2. 辨识风险源

风险管理的风险源（risk source）在职业健康安全体系里称为危险源（hazard）。风险辨识方法有多种，比较通用的包括：安全检查表（Safety Check List，SCL）法，适用于辨识物的状态、环境及管理的因素；作业危害分析评价（Job Hazard Analysis，JHA）法，适用于辨识人的不安全行为；危险与可操作性分析法（Hazard and Operability Study，HAZOP），适用于辨识危险化工工艺和化工装置。（扩展资料：常用风险识别方法的适用对象。）

针对物业管理行业的特点，建议采用（JHA＋LS）法和（SCL＋LS）法的组合，或者（JHA＋LEC）法和（SCL＋LEC）法的组合，见表1-7。

表1-7　不同风险类别建议采用的风险识别评估方法

风险类别	作业活动：（JHA＋LS）法、（JHA＋LEC）法
	设备设施：（SCL＋LS）法、（SCL＋LEC）法

【知识链接】

作业危害分析评价法

作业危害分析又称作业安全分析（Job Safety Analysis，JSA）、作业危害分解（Job Hazard Breakdown，JHB），是一种定性风险分析方法。实施作业危害分析，能够识别作业中潜在的危害，确定相应的工程措施，提供适当的个体防护装置，以防止事故发生，防止人员受到伤害。

此方法适用于工艺操作、设备设施检修等。

作业危害分析将对作业活动的每一步骤进行分析，从而辨识潜在的危害并制定安全措施。

作业危害分析的主要步骤是：

1）确定（或选择）待分析的作业。

2）将作业划分为一系列的步骤。

3）辨识每一步骤的潜在危害。

4）确定相应的预防措施。

划分的作业活动步骤不能太粗，步骤划分也不宜太细，以免出现许多的步骤。根据经验，一项作业活动的步骤一般不超过10步，要保持各个步骤正确的顺序，见表1-8。

表1-8　作业危害分析（JHA）+风险矩阵（LS）法

序号	部门/车间	单元	作业活动	工作步骤	危险源辨识	主要后果	现有管控措施					风险评价					增补措施	责任单位	责任人
							工程技术	管理措施	培训教育	个体防护	应急处置	L	S	R	风险等级	管控层级			
1	*	*	*	准备工作															
2	*	*	*	准备检修工具															
3	*	*	*	穿戴劳保用品															
4	*	*	*	工具使用															

安全检查表法

安全检查表就是为系统地辨识和诊断某一系统的安全状况而事先拟好的问题清单。具体地讲，就是为了系统地发现工厂、车间、工艺过程或机械、设备、产品及各种操作、管理和组织措施中的不安全因素，事先把检查对象加以分解，把大系统分解成小的子系统，找出不安全因素，然后确定检查项目和标准要求，将检查项目按系统的构成顺序编制成表，以便进行检查，避免漏检，这种表就称为安全检查表。通过安全检查表可以定性或定量地分析评价作业活动的危害等级。

安全检查表主要适用于设施设备检查、物料堆场检查、作业现场检查等，见表1-9。

表1-9　安全检查表（SCL）+风险矩阵（LS）法

序号	部门/车间	单元	设备/设施	位号	检查项目	标准	不达标可能导致的事故	主要后果	现有管控措施					风险评价			风险等级	管控层级	增补措施	责任单位	责任人
									工程技术	管理措施	培训教育	个体防护	应急处置	L	S	R					

相关表格可以根据企业具体情况进行适度的调整，如可以调整为表1-10。

表1-10　安全检查表（SCL）+风险矩阵（LS）法（简化）

类型	风险源	位置说明	风险描述	风险评价			风险等级	风险处置方法（消除、转移、降低、分散、接受）	风险管理措施	频次	责任岗位
				风险度 R	风险概率 L	风险后果 S					

从上述安全检查表编制过程可知：在开展了危险源辨识工作（进行系统安全分析，辨识潜在的危险）之后，才能确定安全检查表的内容和范围，制定出安全检查表。利用安全检查表法对设备设施开展危险源辨识，主要是利用安全检查表编制之前的危险源辨识过程。

严格来说，安全检查表法不属于辨识危险源的直接方法，它需要利用某种直接方法，如故障模式、影响和危险程度分析（Failure Mode, Effect and Criticality Analysis, FMECA），故障树分析（Failure Tree Analysis, FTA），事件树分析（Event Tree Analysis, ETA）等，以及专家调查法、头脑风暴法、德尔菲（Delphi）法（专家判断法的一种）、现场调查法等。

1.2.3　风险评估与分级

1. 风险评估

风险评估是在确定风险点和辨识风险源的基础上，对风险进行分析的工作。风险分析能够加深对风险的理解，以确定风险是否需要处理，以及确定适当的风险处理策略和方法。

风险分析既要考虑导致风险的原因和风险源、风险后果及其发生的可能性，识别影响后果和可能性的因素，还要考虑现有的风险控制措施及其有效性，然后结合风险发生的可能性及后果来确定风险水平。一个风险事件可能产生多个后果，从而可能影响多重目标。

并且还需要评估在实施现有风险控制措施的情况下，风险是否降到了可以接受的程度。这里需要区分两个概念，固有风险和现有风险。

固有风险也称原始风险、初始风险，是指危险源本身客观固有的风险，不考虑现有管控措施的情况下潜在的风险。

现有风险也称剩余风险、控制风险，是指采取风险管控措施的基础上仍剩余的风险。日常生活中面对的是现有风险。

控制风险的目标是将现有风险降低到可承受并尽可能低的水平。

2. 风险分级

不同的风险评价方法对风险的分级不完全一致，最简单的风险分级是仅将风险分为两种：需要应对与无需应对的，如图1-9所示。这种风险分级方式无疑简单易行，但是其结果通常难以反映出风险估计时的不确定性，而且两类风险界限的准确界定也绝非易事。

进一步，依据风险的可容许程度，可以将风险划分为多个区域，如三个区域，如图1-10所示。

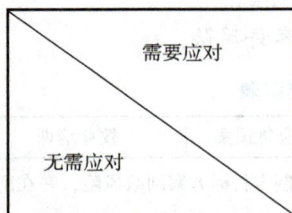

图1-9　风险分两级示意图　　　　图1-10　风险分三级示意图

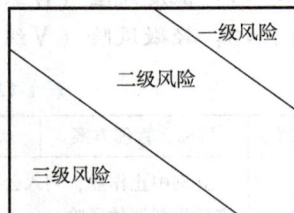

一级风险，对公司产生特别严重影响及对公司品牌形象造成负面影响的事件，如泳池溺亡、群死群伤等。此类事件由公司风险管理小组及公司应急处理小组直接进行管控。

二级风险，对公司产生重大影响的事件，如小区客户被盗。此类事件由公司风险管理小组及公司应急处理小组指导，由管理中心直接管控。

三级风险，日常发生或现场存在一定安全隐患的事件，如车辆划伤、客户投诉等。此类事件可在作业流程中采取措施规避，由部门进行管理。

是否以及如何应对风险的决策，也可能取决于承担风险的成本与收益，以及实施应对措施的成本与收益，感兴趣的同学可以扩展了解"最低合理可行"（As Low As Reasonably Practicable，ALARP）原则。

若采用风险矩阵法（LS），可以根据 $R = L \times S$ 计算出风险度 R 的值，将风险等级分为五级。

【知识链接】

风险矩阵法（二）

（接 1.2.1）

3. 确定了 S 和 L 值后，根据 $R = L \times S$ 计算出风险度 R 的值，依据表 1-11 的风险矩阵进行风险评价分级。（注：风险度 R 值的界限值，以及 L 和 S 定义不是一成不变的，可依据具体情况加以修订）

表 1-11　风险矩阵（R 值）

可能性 L	严重性 S				
	1	2	3	4	5
5	5	10	15	20	25
4	4	8	12	16	20
3	3	6	9	12	15
2	2	4	6	8	10
1	1	2	3	4	5

根据 R 的值的大小将风险级别分为以下五级（见表 1-12）：

$R = L \times S = 17 \sim 25$：关键风险（Ⅰ级），需要立即停止作业。

$R = L \times S = 13 \sim 16$：重要风险（Ⅱ级），需要削减的风险。

$R = L \times S = 8 \sim 12$：中度风险（Ⅲ级），需要特别控制的风险。

$R = L \times S = 4 \sim 7$：低度风险（Ⅳ级），需要关注的风险。

$R = L \times S = 1 \sim 3$：轻微风险（Ⅴ级），可接受或可容许风险。

表 1-12　风险分级控制模型表

风险分级	控制级别	目标、管理方案	运行控制	应急预案	教育培训	监控机制
关键风险 Ⅰ级风险	公司级	立刻中止作业，列入公司隐患治理项目，或制定目标方案削减风险，并在削减风险措施落实后重新评估风险 在降低至高度或中度风险时应持续削减风险 在降低至低度或轻微风险时可保持控制措施				
重要风险 Ⅱ级风险	公司级	优先制定目标管理方案削减风险，包括必要的资源投入	必须制定相应的运行管理程序或作业文件以控制风险	优先考虑制定相应的应急预案	相关人员必须经过相应的安全教育培训，并考核后方可上岗，必要时持证上岗	公司级检查必须覆盖

（续）

风险分级	控制级别	目标、管理方案	运行控制	应急预案	教育培训	监控机制
中度风险 Ⅲ级风险	部门级	可考虑建立无费或低费的管理方案削减风险	必须制定相应的运行管理程序或作业文件以控制风险	根据实际确定是否需要制定应急预案	相关人员必须经过相应的安全教育培训，并考核后方可上岗	部门级检查必须覆盖
低度风险 Ⅳ级风险	岗位级	无须制定	可以进行班组风险提示	无须制定	岗位对员工进行必要的安全教育	纳入岗位自检
轻微风险 Ⅴ级风险	可忽略的风险，可不纳入体系控制，无须建立文件化的控制措施					

　　如果从安全生产的角度出发，可以根据《关于实施遏制重特大事故工作指南构建双重预防机制的意见》（国务院安委办，2016）中的关于风险防控的要求，"对不同类别的安全风险，采用相应的风险评估方法确定安全风险等级。安全风险评估过程要突出遏制重特大事故，高度关注暴露人群，聚焦重大危险源、劳动密集型场所、高危作业工序和受影响的人群规模。安全风险等级从高到低划分为重大风险、较大风险、一般风险和低风险，分别用红、橙、黄、蓝四种颜色标示"。

1.2.4　风险管理与持续改进

1. 风险管理

　　根据不同类别、不同级别的风险，采取不同的风险防范和管控措施。风险应对要考虑资源配备，应对措施包括风险规避、风险消除、风险降低、风险自留等多种方式。分级管控的目的是实现资源的优化配置，使企业将人财物等资源向高风险等级的装置或作业活动倾斜。同时，注意优化现有管控措施，通过有限的管控措施可以将不可接受风险转变为可接受风险。风险管理的常规思路如图 1-11 所示。

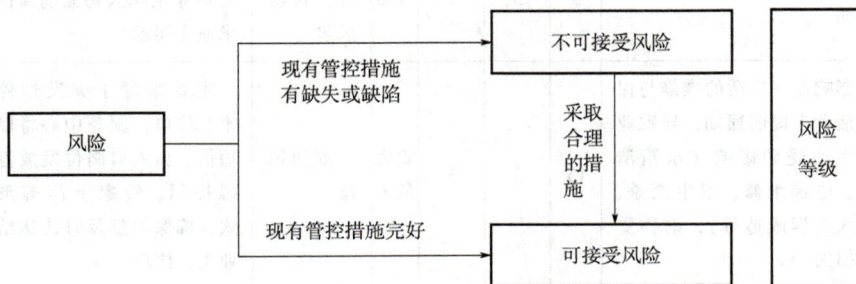

图 1-11　风险管理的常规思路

　　如图 1-12 所示，在制定具体措施时，可将风险分级与风险应对策略矩阵相结合，合理地运用风险规避、风险减轻、风险转移和风险接受等策略，形成风险管理措施，最终形成业务风险管理清单（见表 1-13）。

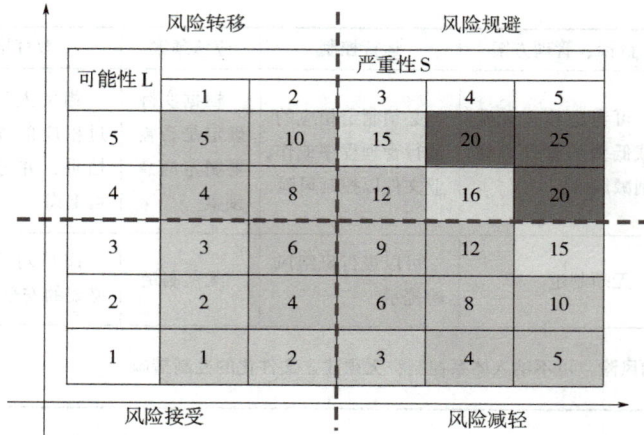

图 1-12　风险分级与风险应对策略矩阵

相应的风险管理措施可以从以下几个方面考虑：

1）工程技术措施。如现场固定式的各类设施（如报警器、止逆阀、护栏设施等）。

2）管理措施。如装修管理文件、设备操作规程、设置警戒带等。

3）培训教育。如定期培训、特种作业人员取得操作证等。

4）个体防护。如防酸碱工作服、绝缘鞋、防溅面罩、防尘口罩等。

5）应急措施。如应急预案、应急处置卡、急救箱、急救药品等。

表 1-13　业务风险管理清单示例

风险类型	位置说明	风险描述	风险评价			风险等级	风险处置方法（规避、转移、减轻、接受）	风险管理措施	频次	责任部门/人
			风险度 R	风险概率 L	风险后果 S					
户内作业	户内	维修过程中意外损坏业主物品	3	3	1	轻微	自留风险，预防风险	提前对成品进行保护，搬运业主私人物品前需征求业主同意	日常	技术主管
公共活动风险	信息栏	影响业主生活的维修与保养活动未提前通知，导致业主生活受到影响（水箱清洗、电梯维修、卫生消杀、重大工程改造等），财物受到损失	15	3	5	重大危害	规避风险	主要来源于突发性停水、停电，服务中心将以短信、出入口岗位发放温馨提示、管家上门等形式，确保信息及时传达给业主、住户	及时	客服主管

2. 持续改进

为有效应对潜在风险，企业需系统总结风险管理经验，将其转化为具体可行的知识与措施。

（1）业务导向，提炼风险管理智慧

1）确立业务核心。明确企业的核心业务和战略目标，为风险管理提供明确的方向。

2）梳理业务流程。深入分析业务流程，识别潜在风险点，为风险防控奠定基础。

3）提炼经验。从过往风险事件中提炼宝贵经验，形成风险管理经验。

（2）分类整理风险，构建知识体系与风险库

1）系统化整理。将风险按类别进行系统化整理，便于后续的风险应对和管理。

2）构建知识体系。将风险管理经验和策略整理成体系化的知识，便于员工学习和应用。

3）建立风险库。将整理好的风险信息纳入风险库，实现风险信息的集中管理和查询。

（3）改进风险管理清单，明确风险应对策略

1）动态更新。随着企业业务发展和环境变化，定期对风险管理清单进行更新和完善，确保其适应性和有效性。

2）优化策略。积极收集员工在实施过程中的反馈意见，持续优化风险管理流程和效果。

（4）形成文件体系，实现风险管理常态化

1）编写风险管理手册。将风险管理知识、清单和策略汇编成手册，作为员工日常工作的参考。

2）制定管理流程。明确风险管理的各个环节和流程，确保风险管理工作有序进行。

3）纳入制度体系。将风险管理纳入企业的制度体系，确保每位员工都能遵守和执行。

4）定期培训与考核。通过定期培训和考核，提升员工的风险管理能力和意识。

通过以上四个方面的努力，企业可以系统地总结风险管理经验，形成完善的风险管理体系和清单。同时，通过文件体系的建立和常态化任务的落实，确保风险管理工作得到持续有效的推进。这将为企业的稳健发展提供有力保障。

项目任务小结

本项目单元介绍了风险管理的基本方法，包括风险管理的基本技术、风险分级管理方法等内容，是物业服务企业开展物业风险管理所需要的基础知识。

通过本项目的学习，应了解风险的概念、术语和特征；掌握风险矩阵（LS）法、作业危害分析评价（JHA）法、安全检查表（SCL）法，了解风险评估（LEC）法等方法；能够对不同的风险选择不同的风险策略，能够运用不同风险管理的技术，制定风险防控措施。通过学习本情境，应能够初步编制风险管理清单、理解风险管理体系。

由于不同的物业具有不同的性质，是否以及如何应对风险的决策，也可能取决于承担风险的成本与收益及实施应对措施的成本与收益，在实践中可根据具体情况应用。

思考题

1. 举例说明将风险因素进行归因的四个方面。

2. 简述风险应对矩阵图中每个区域采用不同的应对策略的原因。

3. 简述风险矩阵法。
4. 简述固有风险和现有风险在风险应对时的区别。
5. 简述 PDCA 循环。

自测题

单项选择题

1. 引起损失的直接或外在的原因称为（　　　）。
   A. 风险因素　　　　　　　　　　　　B. 风险事故
   C. 风险条件　　　　　　　　　　　　D. 风险

2. 以下风险中属于投机风险的是（　　　）。
   A. 两船相撞　　　　　　　　　　　　B. 车祸
   C. 市价涨跌　　　　　　　　　　　　D. 抽烟

3. 风险管理的基础是（　　　）。
   A. 风险识别　　　　　　　　　　　　B. 风险评估
   C. 风险处理　　　　　　　　　　　　D. 风险管理效果评价

4. 以下风险控制措施中属于针对人的不安全行为的是（　　　）。
   A. 安装避雷针　　　　　　　　　　　B. 安装自动报警装置
   C. 采用较高建筑物标准　　　　　　　D. 员工体检

5. 调查和了解潜在的及客观存在的各种风险，称为（　　　）。
   A. 风险识别　　　　　　　　　　　　B. 风险度量
   C. 风险应对　　　　　　　　　　　　D. 风险管理效果评价

6. 对某种特定的风险，测定其风险事故发生的概率及其损失程度的工作是（　　　）。
   A. 风险识别　　　　　　　　　　　　B. 风险度量
   C. 风险应对　　　　　　　　　　　　D. 风险管理效果评价

7. （　　　）是在风险识别和风险衡量的基础上，针对企业所存在的风险因素而采取的减少或控制风险的损失频率和损失幅度的技术，以实现消除、避免、减少和防范风险的目的。
   A. 风险识别　　　　　　　　　　　　B. 风险度量
   C. 风险应对　　　　　　　　　　　　D. 风险管理效果评价

8. 风险管理的最基本的目标是（　　　）。
   A. 消灭风险　　　　　　　　　　　　B. 消除固有风险
   C. 消除现有风险　　　　　　　　　　D. 将剩余风险降低到可承受的程度

9. PDCA循环主要包括四个阶段：计划、（　　　）、检查和处理。
   A. 组织　　　　　B. 领导　　　　　C. 控制　　　　　D. 实施

项目 2　物业项目承接风险防范

【导入案例】

某住宅小区由 A 物业服务公司提供前期物业管理，2021 年 1 月，小区业主委员会成立之后，与 A 物业服务公司签订了为期 3 年的物业服务合同，2022 年 1 月，业主委员会出具评审报告，对物业服务公司一年内的工作给予了肯定性评价。但小区部分业主们认为，业主委员会并不能真正代表他们的利益。经过业主大会表决之后，选举出新一届业主委员会。

2022 年 7 月，新一届业主委员会决定与 A 物业服务公司提前解除合同，通过招标更换物业服务公司。通过公开物业管理招标，经由评标委员会评定，B 物业服务公司中标。双方签订了物业服务合同，合同开始履行的时间为 2022 年 10 月 1 日。

在 B 物业服务公司进驻该住宅区时，A 物业服务公司不同意撤出，后由小区业主委员会提出请求，经当地政府协调，B 物业服务公司进驻小区，A 物业服务公司人员同时撤离。此后，A 物业服务公司以原业主委员会对其工作给予了肯定性评价，新业主委员会无权提前解除合同为由向仲裁委员会申请仲裁，要求继续履行合同并赔偿损失。

2023 年 3 月 21 日，某仲裁委员会对该案做出终局裁决。仲裁认为，前届业主委员会的权利和义务，应该由后届业主委员会承担。但根据《民法典》第二百七十八条规定，签订物业服务合同，应当由专有部分面积占比三分之二以上的业主且人数占比三分之二以上的业主参与表决，经参与表决专有部分面积过半数的业主且参与表决人数过半数的业主同意。本次选聘物业服务人并没有经业主投票表决。因此裁决：A 物业服务公司和该住宅小区业主委员会自 2023 年 4 月 1 日起继续履行双方签订的物业服务合同。

思考：一是业主依照法定程序共同决定解聘物业服务人的，可以提前解除物业服务合同；二是解除合同需经全体业主投票决定，并不是单方面可以擅自解除的；三是不符合法律规定和程序要求解除物业服务合同的，会给多方造成不同程度的损失。

项目描述

本项目分为 2 个教学任务，分别是：任务 2.1 物业服务投标风险防范，任务 2.2 物业承接查验风险防范。

知识储备的学习，在此基础上完成任务实训，再通过合理选取观测点对任务进行评价。通过本项目的学习，使学生对物业投标和物业承接查验的风险点及防范措施等内容有一个完整认知，能够初步编制物业投标风险管理清单和物业承接查验风险管理清单。

教学目标

【素质目标】培养学生的法律意识、团队合作精神，以及分析问题和解决问题的能力。

【知识目标】 熟悉招标投标流程，掌握投标中的风险点及防范措施；熟悉物业服务合同内容，掌握物业合同签订过程中的风险点及防范措施；熟悉物业承接查验的内容、程序，掌握物业承接查验中风险点及防范措施。

【能力目标】 能够运用所学的知识，初步编制物业投标风险管理清单及物业承接查验风险管理清单。

课前自学

回顾并熟悉物业服务招标投标、物业服务合同、物业承接查验的相关知识。

任务 2.1　物业服务投标风险防范

任务单见表2-1。

表2-1　任务单　　　　　　　　　　　　　　　　　　　　　NO. 002001

任务描述	尝试编制一份针对投标过程的风险管理清单，可选取校园物业投标或其他学生熟悉的物业项目		
任务准备	1）学生分组 2）招标项目的基本资料及招标书 3）完成一定的知识储备，也可边做边学	关键知识	投标准备阶段存在的风险 投标实施过程中的风险 中标及签订合同的风险
任务实施（团队任务）要求			
1）学生分组收集整理所需资料和重要数据 2）按招标投标流程或一定的逻辑顺序编制风险管理清单，对不确定的内容可多方咨询 3）要求多角度全面思考			
任务成果评价	学生互评和教师评价 评价依据：选择方法正确，风险管理清单完整规范 评选优秀作品		

招标是物业管理获取物业服务项目的主要方式之一，《物业管理条例》《前期物业管理招标投标管理暂行办法》中除规定必须通过招标投标的方式选聘物业服务人的物业项目外，也在积极倡导和鼓励其他物业项目通过招标投标的方式选聘物业服务人。

思考：哪些物业管理项目必须（应当）采取招标投标的形式选聘物业服务人？

2.1.1　投标准备阶段存在的风险

1. 招标人主体资格和信誉风险

（1）物业服务招标人不具备主体资格的风险　风险点：业主委员会本身的合法性问题、住宅小区存在多个业主委员会、业主委员会（招标人）未经业主授权等。

如业主委员会在招标以及在与物业服务人签订合同过程中，隐瞒未取得业主大会授权的事实，擅自进行招标选聘物业服务人，并与物业服务人订立物业服务合同，业主基于业主委员会侵害自身的知情权和合法权益，可以向人民法院请求予以撤销，最终导致合同无效的法律责任风险。

【风险防范】 规避物业服务招标人不具备主体资格的风险，可参考以下措施：

1）在参与投标之前审查业主委员会的合法身份，尤其存在多个业主委员会的情况。

2）在参与投标之前审查业主委员会是否取得业主大会的授权。

3）在中标后发现业主委员会未经业主授权擅自招标时，物业服务人可以按照《民法典》第五百条第二款"故意隐瞒与订立合同有关的重要事实或者提供虚假情况"的规定，以缔约过失责任向业主委员会主张损害赔偿。

【案例分析】

2020 年 11 月 8 日，刚成立的湖南省长沙市芙蓉区 TX 小区第一届业主委员会（下称业委会），3 名业委会成员先后提议因小区安全问题建议召开业主大会，选聘新的物业服务人。当年 12 月 1 日，业委会在小区各楼栋电梯间张贴发布了信息提示，表示需重新选聘物业服务人。同日，小区业委会召开业委会第 2 次会议，会议决定采用协议方式选聘物业服务人，业委会择优选择三家物业服务企业后交由业主投票选举一家为小区服务。12 月 5 日，业委员第 3 次会议，确定入围的三家物业服务企业。12 月 6 日，业委会发布召开业主大会公告，随后进行了业主投票，经统计同意得票最高的深圳某物业公司为小区提供服务。

2021 年 1 月 7 日，业委会与深圳某物业公司签订 TX 物业服务合同。同日书面通知前期物业公司退出小区物业管理服务，并要求前期物业公司在 1 月 22 日之前做好物业交接的相关移交工作，1 月 23 日完成场地和资料交接。

其后，有业主向芙蓉区人民法院提起诉讼，请求判令撤销业委会做出的同意选聘深圳某物业公司及其签订物业服务合同的决定；判令撤销业委会于 2021 年 1 月 7 日做出的通知前期物业公司退出的决定。

一审业委会败诉，其相关决定被撤销。

业委会不服提起上诉，二审驳回上诉维持原判。

思考：法院判决的法律依据是什么？

（2）物业服务招标人的信誉风险   风险点：物业服务招标人（前期物业管理阶段建设单位、业主委员会等）有"意向中标人"、物业服务招标人非法干预招标过程或影响招标投标的公平性、招标人与其他投标人存在关联交易、前期物业管理阶段建设单位未通过合法招标投标方式选聘物业服务人等情况。

【风险防范】 规避物业服务招标人信誉与道德的风险，可参考以下措施：

1）物业服务人在投标前对招标人的信誉进行一定的调查了解，善于运用法律保护自身合法权益。

2）前期物业管理阶段采用协议方式选聘物业服务人的，要获得物业所在地的区、县房地产行政主管部门批准。

3）有条件的物业服务人应该建立法律顾问制度，通过聘请法律顾问，针对法律风险问题提供防范建议，规避招标投标法律风险。

（3）物业服务项目招标代理机构的信誉风险   风险点：招标代理机构与投标人串通投

标、招标代理人排斥或限制潜在投标人、招标代理机构在拟定招标文件时制定不平等的条款或评标方法等。

【风险防范】规避招标代理机构的信誉风险，可以参考以下措施：

1）物业服务人在投标前对招标代理机构以往的招标案例进行一定的调查了解。

2）物业服务人对不符合法律、行政法规规定的招标投标活动，可以自知道或者应当知道之日起10日内持必要的证明材料向有关行政监督部门投诉。

【扩展阅读】"弘扬诚信文化，健全诚信建设长效机制"，是提高全社会文明程度，实施公民道德建设工程的重要一环。（二十大报告节选）

2. 项目可行性分析风险

（1）缺乏对物业服务项目的深入调研　风险点：对投标项目缺乏深入的实地勘察、对新建项目建筑质量及设备选型缺乏了解、对旧物业建筑和设备现状缺乏了解、对项目所在地的地方性政策缺乏了解等。

【风险防范】规避缺乏对物业服务项目的深入调研的风险，可以参考以下措施：

1）对建设单位的资信情况、历史产品质量进行调研了解。

2）对投标项目进行深入的实地勘察，若是老旧物业，需要重点关注设施设备的老化情况，核算其老旧设施设备的日常维护成本。

3）了解项目所在地的地方性物业管理政策、地方性财税政策、地方性劳动用工政策等。

4）了解项目所在地的公共事业费结算处理方法等其他物业服务相关的环境因素。

（2）项目投标报价的有关风险

1）通货膨胀风险。对物业服务期限较长的合同，后期可能会因通货膨胀引起设备、人工等价格上升，导致中标后实际运行成本大幅超过预算，甚至出现亏损的风险。

2）投标价格与服务标准不相符。部分物业服务人为增大中标概率，采取高报物业服务标准、低报服务价格的策略。中标后按合同提供服务必然面临经营成本压力，或将采取降低服务标准、减少服务人员数量等行为。如出现这种情况，物业服务人将面临违约责任。

3）对物业费收缴率预估过于乐观。在计算投标报价时，对物业费收缴率预估过于乐观，也没有对项目物业费收缴情况进行调研，导致在运营时，由于物业费收缴率达不到预期而出现项目盈利降低，甚至出现亏损的风险。

【风险防范】规避项目投标报价的有关风险，可以参考以下措施：

1）在投标报价时，制定价格调整条款，也可以参照项目所在地物业服务收费办法中的相关条款。

2）针对物业服务标准正确核算服务成本，合理确定投标报价，规避低价中标后私自降低服务标准的行为。

3）了解项目在当地同类物业的物业服务费标准和物业服务费的收缴率情况。

4）必要时，应进行可行性研究。

【扩展阅读】

"青岛市发展和改革委员会　青岛市城市管理局关于制定公布普通住宅物业服务区域公共

服务及机动车停放收费指导标准的通知"

建立物业服务收费动态调整机制。以本次公布的指导价为基期标准，政策发布实施3年后，市发展改革部门会同市物业主管部门结合成本调查监审数据、社会承受能力等因素对物业服务收费标准进行综合评估，适时启动价格调整。调整后的物业服务收费指导标准及当年社会平均工资水平作为下一次联动的基期标准。调整公式如下：

调整年物业服务收费指导价 = 基期物业服务收费指导价 × {1 + [（调整年上年度城镇私营单位平均工资 − 基期城镇私营单位平均工资）× 75%/基期城镇私营单位平均工资 + （调整年上年度城镇非私营单位平均工资 − 基期城镇非私营单位平均工资）× 25%/基期城镇非私营单位平均工资）] × 15%}

【案例分析】

×物业服务有限公司（以下简称×公司）管理着一个高档写字楼，当时承接该项目的背景是：看中该项目的"广告效应"，希望以此打造自身品牌，于是在投标书后面附加了一个非常翔实的写字楼管理作业计划，作为合同的组成部分。×公司中标后发现，计划中的部分项目在现行条件下根本无法做到。尽管如此，怀着一丝的侥幸，×公司还是对照物业服务合同的要求，尽力提供服务，其效果也勉强及格。起初，由于写字楼市场环境好，只要物业管理的效果没有大的落差，业主根本不来找麻烦。不料，一年后市场环境发生了变化，业主的资金链出现了问题。面对高额的物业服务费，业主想到了"作业计划"，将其与实际作业进行对比，寻找实际作业与计划的差距。不日，×公司收到开发商要求整改的函，称：务请贵公司整改，以便及时结算物业服务费……

思考：不可行的管理计划可能导致尴尬的结果。物业公司不能盲目行事，为了中标而将一些超越自身能力或无法做到的服务项目写进投标书，最终会导致承担违约责任。

2.1.2 投标实施过程中存在的风险

1. 投标程序风险

（1）物业服务项目投标程序风险⊖　风险点：提交的资格预审资料不规范、未参加标前会议、投标文件没有密封、投标文件延迟送达、投标文件重要项未签字盖章、未按时缴纳投标保证金等情形。

【风险防范】规避项目投标程序风险，可以参考以下措施：

1）熟悉招标投标流程，编制投标计划，对投标关键环节和节点进行监控。

2）按照招标方要求，按时参加所有招标环节，按时提交相关文件。

3）平时注意对投标有关资料的积累和整理。

4）在投标文件密封前，进行全面检查与核对，查漏补缺，可多人校对，密封后做好相应的防护措施，防止文件破损，保证投标文件的完整性和密封性。

注：物业服务项目投标流程可参考图2-1。

（2）投标内容的实质性响应风险　风险点：对招标文件研究得不透彻或者编制投标文件的能力不足，投标书存在不实质性响应招标文件内容、管理方案不合理或没有针对性等。

⊖ 扩展资料：思维导图——物业招标投标相关规定.pdf。物业招标投标流程.mp4。

```
物业市场拓展 ──→ 准备资格预审资料 ──→ 未通过总结      未中标总结
     │                  │                          ↑
     ↓                  ↓                          │
获取招标信息        通过 ── 物业实地勘察      报送投标文件、开标
     │              领取      │                    ↑
     ↓              标书 ── 参加标前会议           │
调查信息可信度        │                      中标办理手续
     │ │            └── 编制投标书               ↑
     ↓ ↓                                        │
  放弃  确认       检查 ── 证件及标书文件    办理相关手续
  投标  报名       标书      │                   ↑
                    └── 盖装密封文件           │
                                            签订合同
```

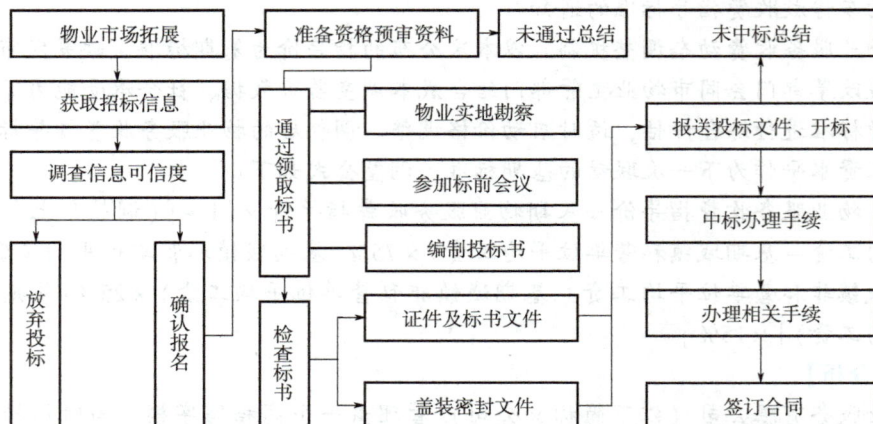

图 2-1　物业服务项目投标流程

如招标文件中要求"投标人提供连续三个月为在职在册员工依法缴纳社保费凭证的复印件"，即为实质性响应内容，但物业服务人仅仅提供企业连续三个月依法缴纳社保费的凭证复印件，而没有提供在职在册员工名单，即为不实质响应招标文件。

编制管理方案过于简单，没有根据投标项目的情况制订详细计划和管理方案，甚至照搬照抄其他项目的投标书，如招标物业项目中根本没有员工餐厅，投标书中偏偏出现员工餐厅的保洁方案等情形；导致废标或者评标专家认为管理方案不合理、没有针对性的风险。

【风险防范】规避投标内容的实质性响应风险，可以参考以下措施：

1）认真阅读招标文件要求，特别是对招标文件中要求实质性响应的内容要深刻领会，做到——响应。

2）在编制管理方案时，按照招标文件中的评分细则，重点安排标书内容；无论技术文件还是商务文件，在目录的编排上要尽量细化，让评委能够通过目录找到评分表中的得分点。

3）针对服务对象，有针对性制定服务方案和管理目标，千万不能照搬照抄、无中生有。

2. 投标组织风险

（1）物业服务投标工作人员风险　风险点：投标工作小组成员经验不足、能力不够、泄露投标秘密等。

如投标小组成员有意或无意中向竞争对手透漏投标报价、管理方案编制、信誉业绩材料等投标秘密，给物业服务人造成损失的风险。

【风险防范】规避物业服务投标工作人员风险，可以参考以下措施：

1）对投标小组成员进行培训，尤其是经验不够丰富的小组成员。

2）与投标工作人员签订投标工作保密协议，通过保密协议约束小组成员的行为。

3）可以设立中标奖励，通过激励措施引导投标工作小组成员认真工作，关注结果。

（2）物业服务投标资质风险　风险点：物业服务人以联合体形式进行投标、以他人名义投标、伪造各类资质证书或者其他许可证件、以其他方式弄虚作假骗取中标等。

【**风险防范**】规避物业服务投标资质风险，可以参考以下措施：

1）筑牢诚信底线，坚守职业道德。

2）物业服务项目不运行以联合体形式进行投标。《物业管理条例》明确规定，一个物业管理区域应由一个物业服务人实施物业管理。故在采用招标投标方式选聘物业服务人时，会禁止两个以上的物业服务人联合投标。

（3）串通投标风险　在物业服务招标投标过程，存在以下投标人之间相互串通投标、招标人与投标人相互串通投标的违法犯罪行为，物业服务人应对此提高风险意识，拒绝参与串通投标行为。

1）围标。围标是一个招标投标的专业术语，也称为串通投标，它是指几个投标人之间相互约定，一致抬高或压低投标报价进行投标，通过限制竞争，排挤其他投标人，使某个利益相关者中标，从而谋取利益的手段和行为。围标行为的发起者称为围标人，参与围标行为的投标人称为陪标人。

如部分物业服务人以多个单位名义参加某一物业服务项目的投标，通过相互"配合"获取中标。

2）内定中标。在招标投标活动中，投标人与招标人相互串通，招标人私下将标底或者其他信息秘密透露给其内定的投标人，以使该投标人中标；或采用限制条件等方法排查部分投标人。内定中标往往伴随着行贿受贿等违法犯罪行为。

【**风险防范**】规避串通投标风险，可以参考以下措施：

1）学习并遵守《招标投标法》和《招标投标法实施条例》的规定。

2）避免归属同一集体或组织的企业协同投标行为。

3）发现串通投标等违法行为，应立即向有关部门报告，并配合调查取证工作，依法追究相关人员的法律责任。

注：串通投标情形如图 2-2 和图 2-3 所示。

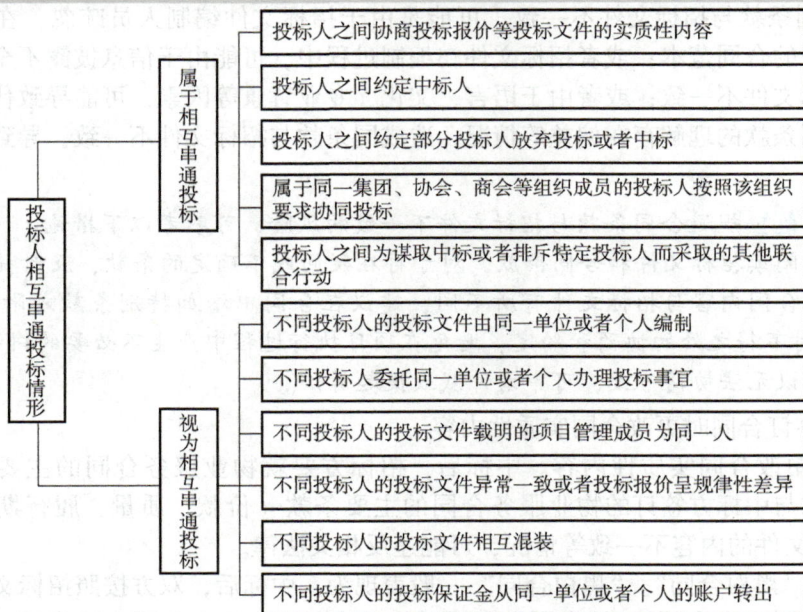

投标人之间协商投标报价等投标文件的实质性内容

投标人之间约定中标人

投标人之间约定部分投标人放弃投标或者中标

属于同一集团、协会、商会等组织成员的投标人按照该组织要求协同投标

投标人之间为谋取中标或者排斥特定投标人而采取的其他联合行动

不同投标人的投标文件由同一单位或者个人编制

不同投标人委托同一单位或者个人办理投标事宜

不同投标人的投标文件载明的项目管理成员为同一人

不同投标人的投标文件异常一致或者投标报价呈规律性差异

不同投标人的投标文件相互混装

不同投标人的投标保证金从同一单位或者个人的账户转出

投标人相互串通投标情形

属于相互串通投标

视为相互串通投标

图 2-2　投标人相互串通投标情形

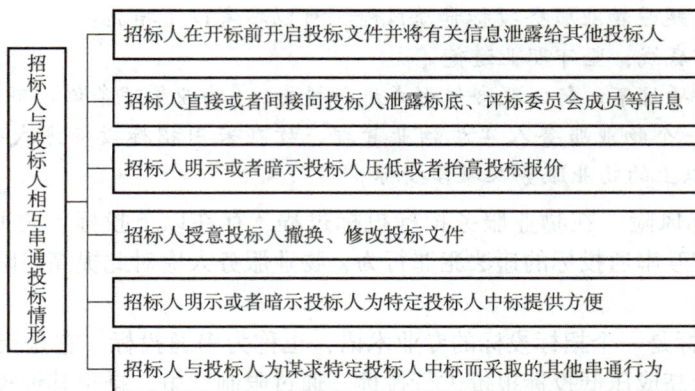

图 2-3　招标人与投标人相互串通投标情形

2.1.3　中标及签订合同时存在的风险

1. 中标后的风险

（1）中标通知书发出后改变中标结果的风险　风险点：中标通知书与中标结果不一致、投标人放弃中标、无正当理由拒绝签订合同、投标人拒不提交所要求的履约保证金等情况。

【风险防范】规避中标通知书发出后改变中标结果的风险，可参考以下措施：

1）中标物业服务人中标后要加强与招标人的主动沟通，增强招标人对自身的认可度，按招标文件要求及时签署物业服务合同。

2）中标结果改变后，应积极沟通，若沟通无效可根据《招标投标法》第五十九条、《招标投标法实施条例》第七十三条的规定，追究招标人的责任，要求招标人依法赔偿造成的损失。

（2）合同条款与招标文件不一致　可能是由于招标文件编制人员疏忽，在招标文件中选用了不适合的合同范本；或者招标文件在编制过程中，可能由于信息披露不全面，导致合同条款与招标文件不一致；或者由于语言、文化、专业背景等因素，可能导致代理机构对招标文件和合同条款的理解存在偏差等情况，造成同条款与招标文件不一致，导致合同双方产生争议。

【风险防范】规避合同条款与招标文件不一致的风险，可参考以下措施：

1）事前阅读招标文件和合同条款，对于存在疑问或不确定的条款，及时提出。

2）如果合同内容与招标文件有所不同，建议在合同中增加特别条款或附加文件，明确说明双方对不符之处的协商和约定，避免在项目执行过程中产生不必要的纠纷。

3）若争议无法协商一致，可申请仲裁或提起诉讼。

（3）在签订合同时更改合同实质性内容

1）直接更改合同实质性内容。中标后，招标方要就物业服务合同的主要内容进行协商；或者要求与中标方签订的物业服务合同的主要条款（价款、质量、履行期限等主要条款），与投标文件的内容不一致等情况，可能违反相关法律。

2）签订"黑白合同"。"黑白合同"一般表现为：中标后，双方按照招标文件、投标文件签署一份合同（白合同），该合同主要用于公示或备案，双方并不实际执行；同时，双方再另行签订一份实际执行的合同（黑合同），该合同背离招标投标文件中的实质性内容。一旦发生纠纷，各方均会主张对自己有利的合同有效。

【风险防范】规避更改合同实质性内容的风险，可参考以下措施：

1）和招标人沟通，申明法律规定，要求按照投标书的内容签订物业服务合同。

2）若沟通无效，可根据《招标投标法实施条例》第七十四条、第七十五条的规定，追究招标人的责任。

【案例分析】

某物业服务公司接到了成都某建设单位发出的招标邀请，参加了由该开发商举办的大型住宅区物业服务招标投标活动。不久，该建设单位向该物业服务公司发出中标通知书，通知该物业服务公司中标。该物业管理公司依照约定前往成都与该建设单位签订前期物业服务合同，到达成都以后，发现该建设单位同时向三家物业服务公司发出了中标通知书。该物业服务公司要求依照投标书的内容签订前期物业服务合同，但建设单位表示，需要就前期物业服务合同的主要条款与三家物业服务公司再进行协商，并根据协商的结果确定与哪家物业管理公司签订正式合同。

思考：请分析该案例中不合规、不合法的情形有哪些？

【法律依据】

《招标投标法》第四十六条，招标人和中标人应当自中标通知书发出之日起三十日内，按照招标文件和中标人的投标文件订立书面合同。招标人和中标人不得再行订立背离合同实质性内容的其他协议。

《民法典》第四百八十八条，承诺的内容应当与要约的内容一致，受要约人对要约的内容作出实质性变更的，为新要约。有关合同标的、数量、质量、价款或者报酬、履行期限、履行地点和方式、违约责任和解决争议方法等的变更，是对要约内容的实质性变更。

《招标投标法实施条例》第五十七条，招标人和中标人应当依照招标投标法和本条例的规定签订书面合同，合同的标的、价款、质量、履行期限等主要条款应当与招标文件和中标人的投标文件的内容一致。招标人和中标人不得再行订立背离合同实质性内容的其他协议。

第七十四条，中标人无正当理由不与招标人订立合同，在签订合同时向招标人提出附加条件，或者不按照招标文件要求提交履约保证金的，取消其中标资格，投标保证金不予退还。对依法必须进行招标的项目的中标人，由有关行政监督部门责令改正，可以处中标项目金额10‰以下的罚款。

第七十五条，招标人和中标人不按照招标文件和中标人的投标文件订立合同，合同的主要条款与招标文件、中标人的投标文件的内容不一致，或者招标人、中标人订立背离合同实质性内容的协议的，由有关行政监督部门责令改正，可以处中标项目金额5‰以上10‰以下的罚款。

2.1.4　物业服务合同中存在的风险

1. 物业服务合同内容的风险

1）承诺的服务内容和水平过高。物业公司在签署合同时，可能为了获得项目而过度承

29

诺服务内容和水平，导致后期实际服务水平或技术能力难以达到约定标准，从而引发业主不满和纠纷。

2）物业服务合同中存在不平等条款。如单方面变更物业服务合同条款、限制业主权利等，这些条款可能损害业主的合法权益。

3）物业管理收费问题不明确。如收费标准、收费周期、收费项目等未明确列出，导致后期收费过程中出现争议。

4）物业管理责任范围不明确。合同中对于物业公司的责任范围界定不清晰，可能导致在实际管理中出现责任推诿、业主投诉等问题。

5）合同内容约定不明或是条款有疏漏。

【风险防范】规避物业服务合同内容的风险，可参考以下措施：
1）合同约定的服务内容与水平要与公司实际履约能力相一致。
2）合同约定要明确、完整，避免疏漏，可以参考合同范本，并注意补充非标准条款。
3）避免对条文的理解出现歧义（特别是对时间、价格、违约金的约定）。
4）注意免责条款的约定。
5）可以将物业管理责任范围尽量细化落实到纸面上。
6）重视律师对合同签订的参与程度。
注：《民法典》对物业服务合同新增的内容：服务交接、物业服务人公开作出的有利于业主的服务承诺。

【法律依据】
《民法典》第九百三十八条，物业服务合同的内容一般包括服务事项、服务质量、服务费用的标准和收取办法、维修资金的使用、服务用房的管理和使用、服务期限、服务交接等条款。

物业服务人公开作出的有利于业主的服务承诺，为物业服务合同的组成部分。

物业服务合同应当采用书面形式。

注："物业服务人公开作出的有利于业主的服务承诺"应该是清晰可考量的。

2. 物业专项服务分包合同风险

（1）物业服务人将其应当提供的全部物业服务转委托给第三人　部分物业服务人出于各种原因（经营不善出现亏损、公司发展方向调整等），主动退出物业服务项目时，未经业主同意，私下与第三方物业服务人达成协议，由其代为管理物业项目，则违反了《民法典》的规定，"物业服务人不得将其应当提供的全部物业服务转委托给第三人"。

（2）违背合同约定将专项服务事项分包给第三人　虽然法律规定物业服务人可以将物业服务区域内的部分专项服务事项委托给专业性服务组织或者其他第三人，但若物业服务合同中约定部分专项服务事务不得转包给第三人的，物业服务人需要遵守合同约定，否则将面临违约责任。

（3）对外委托的物业专营企业资质或能力不符合要求　部分专项服务的提供商需要具备一定的资质，如电梯检修、高处作业等，若物业服务人选择的分包单位不具备相关资质，或者操作人员不具备相应的资格证，将会面临侵权责任和法律风险。

（4）分包合同与物业服务合同有冲突　物业服务人与分包公司签订物业分包协议时，

按照惯例签订了固定期限的协议，并没有关于物业服务合同意外终止时分包合同的处置措施，若在物业服务合同届满前，业主依照法定程序解除物业服务合同，此时分包合同将无法继续执行，物业服务人可能要承担违约责任。

【风险防范】规避物业专项服务分包合同风险，可参考以下措施：

1）物业服务人不得将其应当提供的全部物业服务转委托给第三人，或者将全部物业服务支解后分别转委托给第三人。

2）仔细审核（前期）物业服务合同中是否有禁止专项服务事项分包约定。

3）合理评估专营企业的资质、能力和以往业绩的考核。

4）在分包合同中对相关事项及服务内容做出规定，明确双方的权利和义务，约定违约情形和承担方式，在物业服务中物业服务人为第一责任人。

5）在分包合同中约定"物业服务合同终止时分包合同终止"的相关条款。

【法律依据】

《民法典》第九百四十一条，物业服务人将物业服务区域内的部分专项服务事项委托给专业性服务组织或者其他第三人的，应当就该部分专项服务事项向业主负责。

物业服务人不得将其应当提供的全部物业服务转委托给第三人，或者将全部物业服务支解后分别转委托给第三人。

第九百四十六条，业主依照法定程序共同决定解聘物业服务人的，可以解除物业服务合同。决定解聘的，应当提前六十日书面通知物业服务人，但是合同对通知期限另有约定的除外。

依据前款规定解除合同造成物业服务人损失的，除不可归责于业主的事由外，业主应当赔偿损失。

【案例分析】

A 物业服务公司（以下简称 A 公司）通过招标投标，中标了 Y 小区前期物业服务，并与开发商签订了"前期物业服务合同"。一年后由于经营管理不善，出现亏损，A 物业服务公司找到了 B 物业服务公司，并与其达成了协议，由 B 公司接替 A 公司，继续为 Y 小区提供前期物业服务合同，直到合同期满。

部分业主得知该情况后，以 B 公司没有与业主或开发商签订前期物业管理合同为由拒绝支付物业管理费。

B 公司认为自己是经原在该小区进行前期物业管理的 A 公司同意，接替 A 公司继续物业管理服务的，虽然开发商未与其签订物业管理合同，B 公司实际提供了物业服务，有权收取物业管理费。

业主却认为：开发商和业主委员会均未聘请 B 公司，也未与其签订合同，未建立服务与被服务的权利义务关系，因此可以不支付物业管理费。

思考：B 公司有权收取其提供服务期间的物业费吗？

3. 物业服务合同届满或解除的风险

（1）未及时签订物业服务合同　物业服务合同届满时，业主大会同意续聘的，双方未能在合同期限届满前完成续订物业服务合同，默认继续按照原合同执行，这种情况会导致物业服务合同转为不定期合同，而《民法典》规定，当事人可以随时解除不定期物业服务合同。

（2）长期合同风险　出于各种原因，部分物业服务人与业主签订了长期合同，若这种长期合同缺少变更或解除约定（如价格调整条款等），那么在合同执行期间，如果一方想进行合同变更或解除，会十分困难。

（3）新物业服务人接管之前，拒绝提供物业服务　按照法律规定，在业主选聘的物业服务人接管物业之前，原物业服务人需继续提供相关物业服务。

（4）退场时不配合交接　部分物业服务人在物业服务合同终止后，拒绝退出物业管理区域；不配合或拒绝移交相关物业资料工作等。这种情况会导致物业服务人承担法律责任。

（5）解除合同时未提前通知　一方要求终止物业服务合同的，无论物业服务期限是否届满，均需要提前书面通知对方，若未按照合同约定或法律规定履行通知义务，将存在承担法律风险的可能。

【风险防范】规避物业服务合同届满或解除的风险，可参考以下措施：

1）若合同有约定，严格按照合同约定执行。

2）学习领会《民法典》第九百四十七条至第九百五十条有关规定。

3）建立物业服务合同届满工作制度、查验交接制度，规范合同届满的各项工作实施操作，并加强监督检查。

4）合同解除后，双方应就合同尚未履行完的权利义务、履行期遗留问题及保密条款等进行约定，并须签订书面协议。

【法律依据】

《民法典》第九百四十七条，物业服务期限届满前，业主依法共同决定续聘的，应当与原物业服务人在合同期限届满前续订物业服务合同。

物业服务期限届满前，物业服务人不同意续聘的，应当在合同期限届满前九十日书面通知业主或者业主委员会，但是合同对通知期限另有约定的除外。

第九百四十八条，物业服务期限届满后，业主没有依法作出续聘或者另聘物业服务人的决定，物业服务人继续提供物业服务的，原物业服务合同继续有效，但是服务期限为不定期。

当事人可以随时解除不定期物业服务合同，但是应当提前六十日书面通知对方。

第九百四十九条，物业服务合同终止的，原物业服务人应当在约定期限或者合理期限内退出物业服务区域，将物业服务用房、相关设施、物业服务所必需的相关资料等交还给业主委员会、决定自行管理的业主或者其指定的人，配合新物业服务人做好交接工作，并如实告知物业的使用和管理状况。

原物业服务人违反前款规定的，不得请求业主支付物业服务合同终止后的物业费；造成业主损失的，应当赔偿损失。

第九百五十条，物业服务合同终止后，在业主或者业主大会选聘的新物业服务人或者决定自行管理的业主接管之前，原物业服务人应当继续处理物业服务事项，并可以请求业主支付该期间的物业费。

解除物业服务合同的时间节点见表2-2。

表 2-2　解除物业服务合同的时间节点

时间节点	主体	事由	天数/日	形式
合同期限届满前	业主/业委会	解聘物业服务人	60	应当书面通知
	物业服务人	拒绝续聘	90	
届满后不定期	业主/业委会	解除合同	60	
	物业服务人			
备注	合同对通知期限另有约定的,遵从合同约定			

任务 2.2　物业承接查验风险防范

任务单见表 2-3。

表 2-3　任务单　　　　　　　　　　　　　　　　　　　　NO. 002002

任务描述	尝试编制一份物业承接查验风险管理清单,可选取校园物业投标或其他学生熟悉的物业项目		
任务准备	1) 学生分组 2) 物业项目的基本资料 3) 完成一定的知识储备,也可边做边学	关键知识	承接查验准备中的风险 承接查验实施中的风险
任务实施(团队任务)要求			
1) 学生分组收集整理所需资料和重要数据 2) 按承接查验流程或一定的逻辑顺序编制风险管理清单,对不确定的内容可多方咨询 3) 要求多角度全面思考			
任务成果评价	学生互评和教师评价 评价依据:选择方法正确,风险管理清单完整规范 评选优秀作品		

物业承接查验是指物业服务人在承接新物业前,按照国家有关规定和(前期)物业服务合同的约定,共同对物业共用部位、共用设施设备进行检查和验收的活动。承接查验工作是物业服务人提供优质服务的重要前提与基础,也关系后期管理中出现问题时的责任界定。物业承接查验流程如图 2-4 所示。

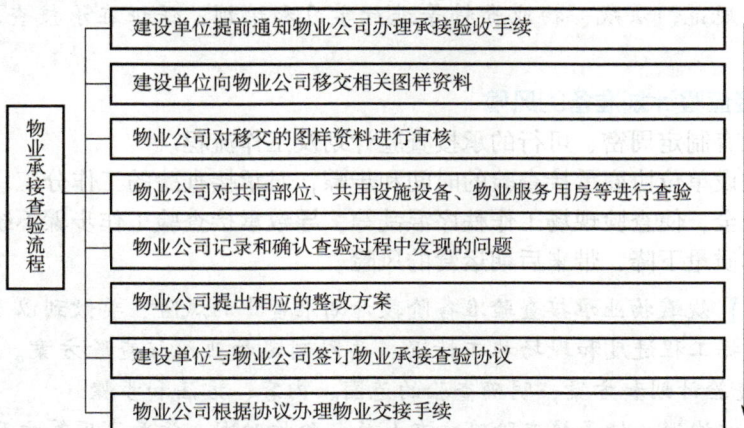

物业承接查验流程	建设单位提前通知物业公司办理承接验收手续
	建设单位向物业公司移交相关图样资料
	物业公司对移交的图样资料进行审核
	物业公司对共同部位、共用设施设备、物业服务用房等进行查验
	物业公司记录和确认查验过程中发现的问题
	物业公司提出相应的整改方案
	建设单位与物业公司签订物业承接查验协议
	物业公司根据协议办理物业交接手续

图 2-4　物业承接查验流程

2.2.1 物业承接查验准备阶段的风险

1. 物业承接查验人员和设备准备的风险

风险点：缺乏专业的承接查验人员，没有配备必要的专业查验工具和设备。

如承接查验人员数量不足、身兼数职、专业能力差、工作态度敷衍了事，造成承接查验工作走过场、实施不全面、记录不准确；不能使用专业的工具和设备及时发现设施设备的各种缺陷及隐患等。上述情形将导致承接查验阶段未及时发现并妥善解决不合格项，带来安全隐患，增加企业经营负担及引发矛盾纠纷的风险。

如某项目在承接查验中，安排客服人员查验消防设备运行情况。在承接查验记录上，客服人员只记录了设备数量，对运行等情况只字不提。在业主入住装修时，维修人员发现部分消防管道无水，经检查发现该幢房屋的部分消防管未接通。

【风险防范】规避人员、设备准备的风险，可参考以下措施：

1）物业服务人应该选派素质好、业务精、对工作认真负责的管理人员和技术人员参与验收工作，并根据物业项目的情况配备需要的承接查验设备及工具等。

2）在设施设备交接过程中，要注意技术人员与设备安装调试单位人员的衔接和培训，多向设备安装调试人员学习，以保证设施设备的正式运行和后期的维护保养。

3）需要时可邀请第三方专业机构协助验收，必要时还可委托公证机构，对查验过程和结果进行公证。

2. 物业承接查验资料准备的风险

风险点：建设单位向物业服务人移交的资料不全；承接查验前对所需的各专业的技术规范、法规和文件等准备不足，致使查验工作人员在查验中无依据可循；对存在的问题各方无法统一意见，导致整个承接查验工作流于形式等。

【风险防范】规避物业承接查验准备阶段资料准备的风险，可参考以下措施：

1）在承接查验小组中做好专业分工，安排专人对所需资料进行收集与验收，确保承接查验图样的准确性及技术资料的完整性。

2）依法依约明确承接查验各环节所需的文件资料，尤其注意新建物业和物业机构更迭时物业资料的区别。

3）对技术规范、法规、物业资料等进行学习和培训，保证在承接查验中熟练正确运用。

3. 物业承接查验计划准备的风险

风险点：没有制定周密、可行的承接查验计划及工作流程。

如没有与建设单位协商承接查验的时间和步骤，对承接查验的工作分工、工作程序和工作计划安排不周全，使查验现场工作秩序混乱等，导致承接查验工作步骤不统一、查验工作无序和查验工作质量下降，带来后期运营的风险。

【风险防范】规避物业承接查验准备阶段计划准备中的风险，要做到以下防范措施：

1）双方根据工程进度和现场施工情况，共同制定物业承接查验方案。具体来说，需要制订详细的查验计划和方案，明确查验的范围、内容、方法和步骤。

2）加强双方沟通，使承接查验双方在人员、验收时间、注意事项等方面统一思想、统一验收标准、明确验收程序、明确权责。

3）事先制定好承接查验中所需的各种通用表格和整改记录表等，做好使用培训。

2.2.2　新建物业承接查验实施过程中的风险

1. 新建物业承接查验主体双方地位不平等

风险点：物业服务人与建设单位处于不平等的缔约地位，建设单位与物业企业存在利害关系，导致承接查验流于形式，无人监督管理。

地位不平等可能导致建设单位在承接查验过程中占据强势地位，不按要求履行查验义务，甚至可能强制将带有缺陷和不完整的配套设备设施移交给物业服务人。在这种情况下，物业服务人可能出于各种原因接受这些有缺陷的项目，从而给项目后期管理带来重大风险。另外，地位不平等也可能导致物业服务人在承接查验过程中的话语权被削弱，无法充分表达自己的意见和诉求。这可能会使物业服务人在查验过程中处于被动地位，难以发挥自身的作用和价值。

【风险防范】规避新建物业承接查验实施过程中的风险，可参考以下防范措施：

1）积极沟通，企业领导带头，增加沟通话语权。

2）邀请建设单位、施工单位、监理单位、设备厂家、业主代表和房地产行政主管部门共同参与查验。

3）严格按照《物业管理条例》和《物业承接查验办法》等法律法规进行查验，规避法律风险。

2. 新建物业承接查验条件不具备的风险

风险点：承接查验的物业未经工程竣工验收或验收合格、公共设施设备不符合规划设计要求、配套设施不符合规划设计要求等。

一些物业企业片面追求扩大规模，为获得项目管理权，对不符合查验条件的项目草草查验，甚至直接接管未经查验项目，导致后续服务中出现种种被动局面，产生质量责任、施工安装责任、管理维护责任不清，致使业主和物业企业间的纠纷增多，各自权益均得不到有效保护，给业主造成损害，物业企业也需承担赔偿责任。

【风险防范】规避承接查验条件不具备风险，可参考以下防范措施：

1）对未经工程竣工验收或验收合格的物业项目，拒绝承接查验。

2）公共设施设备不符合规划设计要求的项目，可要求建设单位整改或者出具变更证明材料后进行接管验收。

3）配套设施不符合规划设计要求的项目，可要求建设单位整改或者出具变更证明材料后进行接管验收。

【法律依据】

《物业承接查验办法》第十一条，实施承接查验的物业，应当具备以下条件：

（一）建设工程竣工验收合格，取得规划、消防、环保等主管部门出具的认可或者准许使用文件，并经建设行政主管部门备案。

（二）供水、排水、供电、供气、供热、通信、公共照明、有线电视等市政公用设施设备按规划设计要求建成，供水、供电、供气、供热已安装独立计量表具。

（三）教育、邮政、医疗卫生、文化体育、环卫、社区服务等公共服务设施已按规划设计要求建成。

（四）道路、绿地和物业服务用房等公共配套设施按规划设计要求建成，并满足使用功能要求。

（五）电梯、二次供水、高压供电、消防设施、压力容器、电子监控系统等共用设施设备取得使用合格证书。

（六）物业使用、维护和管理的相关技术资料完整齐全。

（七）法律、法规规定的其他条件。

3. 新建物业承接查验资料不到位的风险

风险点：建设单位未向物业服务人移交竣工图等验收资料、设施设备的技术资料、市政公用设施设备准许使用文件、物业质量保修和使用说明文件等；提供的合格证书不齐全、技术资料不完整；物业服务人未安排专人进行清点核查等。

【风险防范】规避承接查验资料不到位风险，可参考以下防范措施：

1）物业服务人安排专人进行清点核查，按规定列出未移交资料明细和补交时间。

2）缺失资料可以依据《物业承接查验办法》要求建设单位补充提供。

3）整理重点设施设备出厂、安装、试验和运行的合格文件，为后续设施设备维保提供保障。

4）对相关资料妥善建档、保管。

【案例分析】

某县 HT 广场于 2020 年交房，交房时未进行综合竣工验收，小区设施设备配套不齐，未进行物业承接查验，电梯坏后物业服务企业、开发企业相互推诿未及时维修。针对 HT 广场相关问题，该县房管局多次调研后回复如下：

对建设遗留问题，要求开发企业作出工期进度表，按进度完成，并报请住建局，由住建局监督完成；对电梯安全隐患问题，由物业服务企业邀请市场监督管理局，对电梯进行全方位检查，明确责任，涉及开发企业责任的，由开发企业完成，涉及物业服务企业责任的，由物业服务企业负责，于 2020 年 8 月 20 日前确保维修到位，保证电梯能正常运行。

【法律依据】

《物业承接查验办法》第十四条，现场查验 20 日前，建设单位应当向物业服务企业移交下列资料：

（一）竣工总平面图，单体建筑、结构、设备竣工图，配套设施、地下管网工程竣工图等竣工验收资料。

（二）共用设施设备清单及其安装、使用和维护保养等技术资料。

（三）供水、供电、供气、供热、通信、有线电视等准许使用文件。

（四）物业质量保修文件和物业使用说明文件。

（五）承接查验所必需的其他资料。

未能全部移交前款所列资料的，建设单位应当列出未移交资料的详细清单，并书面承诺补交的具体时限。

4. 新建物业承接查验现场风险

风险点：物业共有部位、共有设施设备有明显或者暗藏的质量问题；物业服务区域内的公共设施设备、辅助场所（幼儿园等）、停车位、商业经营管理用房等产权不明晰，建设单位未提供产权界定证明。

【风险防范】规避承接查验现场风险，要做到以下防范措施：

1）对查验中发现的问题，属于必须改正的，应书面报请建设施工单位返修，暂时无法返修的项目要确定维修期限。

2）属于无法返修的项目，应与建设单位协商达成一致意见，形成备忘录，明确记录在案。

3）承接查验符合要求后，物业服务人应与建设单位共同确认现场查验结果。

4）注重对小区的公共设备设施、辅助场所、停车位、商业经营管理用房等部位的承接查验。

5）对产权问题要明确界定，要求并督促建设单位提供界定证明。

2.2.3　物业服务人更迭承接查验实施过程中的风险

1. 物业服务人更迭查验中的风险

风险点：原物业服务人不主动参与、业主委员会参与不到位、开发商或者原物业服务企业与业主之间的遗留问题没有得以处理和解决等。

【风险防范】规避物业服务人更迭承接查验实施过程中的风险，可参考以下防范措施：

1）沟通协商，尝试与原物业服务人进行沟通，有理有法。

2）组建精兵强将的查验小组，逐一查验，将因原物业服务人不配合无法查验的项目记录在案。

3）请求业主委员会协助更迭查验。

4）业主委员会可以向当地房地产行政主管部门或相关行业协会请求协助。

5）如果以上措施都没有效果，可以考虑向相关部门申请仲裁或向法院提起诉讼。

2. 物业服务人更迭交接中的风险

风险点：原物业服务人拒绝退场、物业管理用房移交难、公共设备设施移交难、物业管理资料移交难、物业服务费问题处理难（物业管理费账目管理杂乱、代收费用的差额问题、物业管理费欠交、其他费用）等。

【风险防范】规避物业服务人更迭交接中的风险，可参考以下防范措施：

1）沟通协商，尝试与原物业服务人进行沟通，有理有法。

2）进行严格翔实的财务审计，必要时可聘请第三方财务审计机构。

3）业主委员会可以向当地房地产行政主管部门或相关行业协会请求协助。

4）如果以上措施都没有效果，可以考虑向相关部门申请仲裁或向法院提起诉讼。

【案例分析】

2023 年 2 月 20 日至 5 月 6 日，某地 L 小区经过全体业主投票，业主大会通过决议，与原物业服务公司解除物业服务关系。11 月 14 日，业主大会通过决议，同意选定 J 物业管理有限公司作为该小区物业服务人，并与其签订物业服务合同。11月23日，L小区业主委员会向原物业服务公司发出"关于L小区物业服务项目解聘退场及交接通知函"，通知该公司在2024年1月23日与新物业服务公司进行交接。

上述通知函发出后，原物业服务公司无视业主大会通过的决议，到期后拒不撤场，反而加派保安封锁小区大门，抗拒交接。

经过政府各级部门的不懈努力，2024年2月25日晚，L小区新老物业服务人终于完成更替交接。

项目任务小结

本项目单元介绍了物业获取承接的相关风险点及防范措施，包括物业服务投标风险防范和物业承接查验风险防范。

通过本项目的学习，应掌握投标中的风险点及防范措施、物业合同签订过程中的风险点及防范措施和物业承接查验中风险点及防范措施，能够初步编制物业投标风险管理清单和物业承接查验风险管理清单。

由于不同的物业项目具有不同的性质，风险点也会有一定的差别，风险防范措施和风险管理清单需要根据具体项目进行修改和补充。

思考题

1. 如何在物业投标书中设置价格调整条款？
2. 物业服务招标投标的流程包含哪些环节？
3. 哪些情况属于投标人相互串通投标？
4. 建设单位应该向物业服务人移交哪些资料？
5. 物业服务人退场时，应该向业主委员会交付哪些内容？

自测题

一、单项选择题

1. 招标人采用邀请招标方式的，应当向（   ）个以上具备承担招标项目的能力、资信良好的特定法人或其他组织发出招标邀请书。

    A. 2   B. 3   C. 4   D. 5

2. 《招标投标法》规定：招标人和中标人应当自中标通知书发出之日起（   ）日内，按照招标文件和中标人的投标文件订立书面合同。

    A. 7   B. 15   C. 30   D. 10

3. 物业管理招标环节属于法律意义上的（   ）。

    A. 要约邀请   B. 要约准备   C. 要约   D. 承诺

4. 物业服务人不同意续聘的，应当在合同期限届满前（   ）日书面通知业主或者业主委员会。

    A. 30   B. 60   C. 90   D. 120

5. 编制投标书要严格按照招标文件的要求进行，要对招标文件提出的（   ）和条件做出积极响应。

    A. 实质性要求   B. 合理要求   C. 内容   D. 标准

6. 根据《前期物业管理招标投标管理暂行办法》规定，公开招标的物业管理项目，自招标文件发出之日起至投标人提交投标文件截止之日止，最短不得少于（   ）日。

    A. 10   B. 15   C. 20   D. 25

7. 在新建物业的承接查验中，共用部位、共用设施设备承接查验的接管方是（   ）。

    A. 业主大会   B. 建设单位   C. 业主委员会   D. 物业服务人

8. 前期物业服务合同终止时，物业服务企业撤管时应当将图样、档案资料交给（   ）。

    A. 业主大会   B. 业主委员会   C. 建设单位   D. 居民委员会

9. 物业承接查验的范围不包括（   ）。

    A. 专有部位   B. 共用部位   C. 共用设施   D. 共用设备

10. 在物业服务招标投标开标之前，投标文件（   ）。

    A. 可以修改、补充、撤回   B. 不可以做任何改动

    C. 不可以做补充   D. 不可以撤回

二、案例分析题

【案例1】某小区业主委员会在对小区物业服务公司的财务收支状况进行审核时，发现该物业服务公司把维修费、保安费及绿化保洁费划拨给其他专业服务公司，并不像业主原以为的这些专业服务人员都属于小区物业服务公司。部分业主认为，如果这些人员不属于物业服务公司，那他们进行服务时，业主们怎么能放心呢？

分析上述案例，思考下列问题：物业服务人能否自行决定选择专业服务公司？是否应征求业主委员会的意见，取得同意呢？物业公司现在的做法是否得当？如果是你，将怎样

处理？

【案例2】在L小区，因为新老物业企业交接出了问题，双方秩序维护员多次发生冲突，业主们人心惶惶。

原来，业主委员会通过招标投标的方式选聘了新的物业服务公司，并签订了物业服务合同。新物业服务公司按计划准备进驻小区。但是，原物业服务公司和部分业主认为，选聘新物业服务公司的过程"有问题"，不承认这一结果，拒绝撤离，并要求召开业主大会。新老物业服务公司展开了一场旷日持久的"争夺战"。

"现在，小区里每天都有两批秩序维护员在值班，就是为了抢地盘。"某业主说，新老物业服务公司的秩序维护员穿着各自制服，每天从早到晚在小区的3个出入口值班，一个出入口都各有两三个人，双方互不理睬。期间，双方发生了多次冲突。一天下午，新物业服务公司的十多名秩序维护员"冲击"物业服务中心大门，原物业服务公司员工关门抵挡，最终警方到场后才平息事端。同时，在业主的信箱内，经常会出现一些"告业主书"的类似通知，内容不外乎事件双方互相指责。

分析上述案例，思考下列问题：在此案例中有哪些不合法的地方？如果你是新物业服务公司（或原物业服务公司）负责人，你会采取哪些措施？

项目 3　物业项目装修管理风险防范

【导入案例】

某住宅小区业主与物业服务公司签订的"装修管理服务协议"中规定，装修户需物业服务人对住宅室内装饰装修活动进行监督检查。一天，装修管理人员胡某在例行巡查过程中，见一装修户房门虚掩，室内有施工的声音，于是推门而入。发现装修工人在满是易燃物的施工现场吸烟，并且没有按规定配备必要的消防器材。于是装修管理人员胡某勒令装修工人立即熄灭香烟并暂停施工，同时通知秩序维护员将装修施工负责人带到物业服务中心接受处理。

不久，业主知道了此事，投诉装修管理人员胡某在未经业主同意的情况下私闯民宅，并且非法滞留装修施工人员，侵犯业主和装修施工人的合法权益，同时表示将诉诸公堂。

另外，该户业主未签署"装修管理服务协议"，物业服务公司认为施工单位违反了该小区装修安全管理规定，要对其做出相应的处罚。

思考：在此案例中，装修管理人员和物业服务公司的做法有什么问题？会带来什么风险？

项目描述

本项目分为2个教学任务，分别是：任务3.1 物业入住服务风险防范，任务3.2 装修管理风险防范。

完成知识储备的学习，在此基础上完成实训任务："编制针对住宅项目的物业入住服务风险管理清单""编制针对住宅项目的装修管理风险管理清单"。通过本项目的学习，学生应对物业入住服务和装修管理的风险点和防范措施等有一个完整认知，能够初步编制风险管理清单。

教学目标

【素质目标】培养学生知法守法、诚实守信的思想品德与职业操守，遵守制度、规范行为的工作态度，求真务实、细致严谨的工作作风。

【知识目标】熟悉物业入住服务流程，掌握物业入住服务中的风险点及防范措施；熟悉室内装饰装修的内容、流程，掌握装修管理工作要点和技巧；熟悉装饰装修相关法律法规，掌握装修管理中的风险点及防范措施。

【能力目标】能够运用所学知识，识别物业入住服务和装修管理的风险并制定防范措施。

课前自学

回顾并熟悉物业入住服务和装修管理的相关知识。

任务 3.1 物业入住服务风险防范

任务单见表3-1。

表 3-1 任务单 NO. 003001

任务描述	尝试编制一份针对住宅项目的物业入住服务风险管理清单		
任务准备	1）学生分组 2）回顾入住服务的相关知识 3）完成一定的知识储备，也可边做边学	关键知识	入住服务资料、服务流程及服务法律法规
任务实施（团队任务）要求			
1）学生分组收集整理所需资料和重要数据 2）按入住服务流程或一定的逻辑顺序编制风险管理清单，若有不确定的内容可多方咨询 3）要求多角度全面思考			
任务成果评价	学生互评和教师评价 评价依据：选择方法正确，风险管理清单完整规范 评选优秀作品		

新建住宅物业项目经过竣工验收、物业服务人承接查验后，建设单位开始向业主交付房屋（交房验收），然后就进入到了集中装修期，在繁忙而杂乱的工作中风险孕育而生。

思考：竣工验收、承接查验和交房验收有何不同？(扩展资料)

3.1.1 入住服务准备阶段的风险

1. 人员准备的风险

风险点：人手短缺、专业技能不足、服务能力差、工作效率低等。

【**风险防范**】规避入住服务人员准备的风险，可参考以下措施：
1）项目内部统筹抽调不同岗位的人员，解决人手不足、专业能力差的问题。
2）公司层面统筹抽调各项目不同岗位的人员，支援交付项目。
3）交付前进行人员培训，明确职责。
4）抽调精兵强将安排到重点岗位，外聘临时人员安排到辅助岗位。

【**案例分析**】

2024 年 3 月，位于某市核心地段的某高端住宅小区迎来了其新一期的交房入住。这个小区以其优越的地理位置、完善的配套设施和精美的建筑设计，吸引了众多购房者的目光。然而，就在新业主们满怀期待地准备搬入新家时，却遭遇了一系列因物业入住服务人手不足而引发的难题。

由于该小区的新房交付量较大，且集中在同一时间段，物业服务公司面临着巨大的入住服务压力。然而，由于物业服务公司事先未能充分预估入住服务的规模和难度，导致在入住高峰期人手严重不足。许多新业主在办理入住手续时，发现物业服务中心排起了长龙，等待时间长达数小时。

更为严重的是，由于人手不足，物业服务公司的服务质量也大打折扣。一些新业主反映，他们在办理入住手续时，工作人员态度冷淡，对于业主的疑问和诉求敷衍了事。有的业主甚至发现，自己的房屋在入住前并未得到充分的检查和清洁，存在卫生死角和设施损坏等问题。

面对这些问题，新业主们纷纷表示不满和担忧。物业服务公司方面则对此表示歉意，并承诺尽快增加人手、改进服务。他们解释称，由于此次新房交付量较大，且受到了招聘难度、员工培训周期等多种因素的影响，导致入住服务人手不足。

然而，这一解释并未完全平息业主们的不满。一些业主认为，物业服务公司作为专业的服务提供者，应当具备应对各种突发情况的能力，而不是在出现问题后才来补救。他们对未来物业服务公司能提供的服务质量表示担忧。

2. 入住资料准备的风险

风险点：入住资料设计不规范，表述不准确且有歧义；文件资料种类不齐全，数量不足，未能按期装袋；交付文件（或代建设单位撰写的文件）的条款内容违反法律法规、部门规章及地方政策等。

如入住通知书中要求业主提供收入证明、贷款文件、结婚证书等非必要证明材料；入住通知书中要求业主办理入住时交纳天然气安装费、房屋产权登记手续费等；装修管理协议或其他管理规定对业主行为做出违反相关法律法规的限制；业主信息登记表中要求业主填写工资与其他收入等隐私信息；相关文件采用已废止或未更新的旧版本法律法规、部门规章及地方政策。

【风险防范】规避入住资料准备的风险，可参考以下措施：
1）强化入住服务相关法律法规、部门规章和地方政策的学习。
2）组织专业人员负责文件编制，确保文件资料种类齐全、内容完整。
3）各类文件资料合法合规，并建立多级审核审批制度。
4）制定文件资料准备工作计划，安排好完成时间和印制数量，提前分类装袋。
5）必要时可要求法律人士参与。

（扩展资料：业主入住前需要准备的资料清单）

3. 场地及环境准备的风险

风险点：交付办理场地空间不足、办公物资用具准备不足或不能满足需求、网络线路等未提前准备；入住现场氛围营造方案未准备、交付现场人流及车流路线未提前规划、公告牌或引导标识等未提前准备等。

【风险防范】规避入住服务场地及环境准备的风险，可参考以下措施：
1）提前检查交付办理场地、公共设施，确保够用好用。
2）准备接待用品、礼品等物资，并做好现场氛围营造方案。
3）核实交通路线和停车场，做好车流和人流路线规划，制作公告牌或引导标识。
4）测算入住服务工作量，准备充足的服务办公用具、计算机设备和网络线路等。

5）若分期开发分批交付项目，与建设单位、施工单位积极沟通，做好防护和施工现场的分区围合。

4. 应急预案

由于入住现场人员数量多且混杂，可能发生拥挤推搡、扰乱秩序、交通堵塞、突发急病、人员冲突、盗窃等突发事件。对这些可能发生的突发事件，物业服务人应根据经验或他人经历，充分研判，并结合物业管理区域内部与周边环境，制定切实可行的各类突发事件应急预案，予以防范。

3.1.2 入住服务实施阶段的风险

1. 通知入住工作存在的风险

风险点：入住通知书未及时发送或者漏发；信息不准确或更新不及时，造成入住通知文件无法送达；因与建设单位分工不明确，入住通知工作未能按期启动等。（扩展资料：入住通知书）

【风险防范】规避通知入住工作存在的风险，可参考以下措施：
1）与建设单位沟通，核查房屋买受人信息的完整性、准确性，并及时更新。
2）确认入住工作计划安排，提前发送入住通知书，给业主留足准备时间。
3）需邮寄的资料，应逐一核查。
4）核实资料送达情况，保存记录，可再次电话确认。

2. 现场核验登记的风险

房屋买受人前来办理入住，物业服务人代为交房时，存在因管理不善或工作疏忽，出现各种各样的风险，包括但不限于图3-1所示的风险。

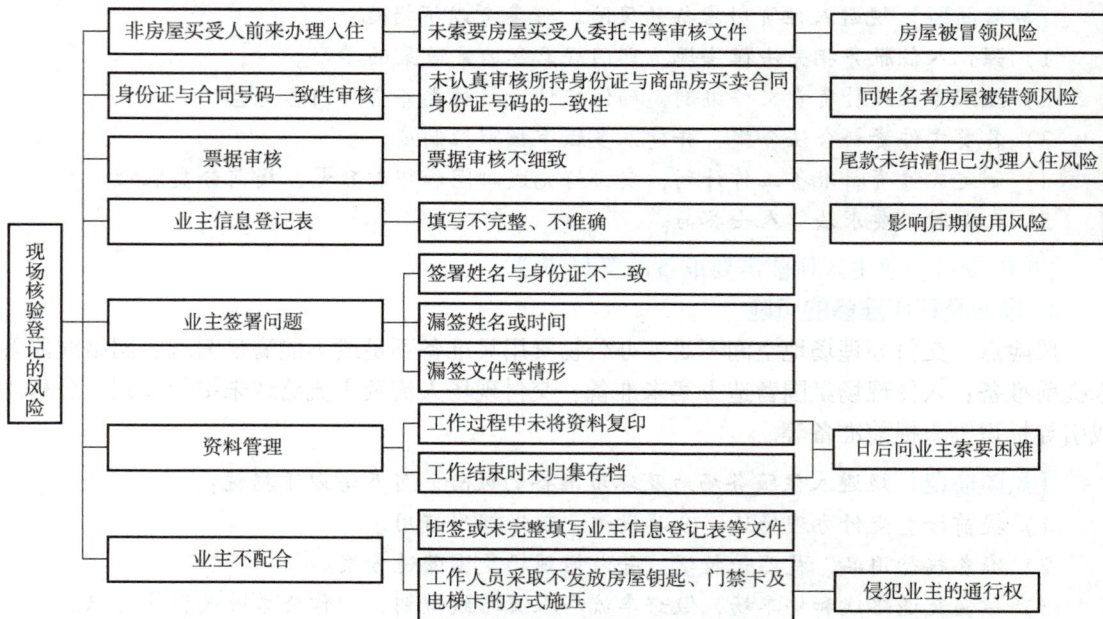

图3-1　现场核验登记的风险示例

【风险防范】规避现场核验登记的风险，可参考以下措施：

1）对核验登记作业的程序、重点和要点，进行培训并考核，加深理解。

2）建立复核制度，重点岗位设置复核岗位，增强信息核验的准确性。

3）充分利用信息技术，档案资料及时归集存档，签署的文件均须留存建档。

4）增强法律意识，能够准确判断各种行为的法律责任。

3. 房屋验收的风险

1）存在偏袒建设单位、隐瞒质量问题及瑕疵的法律风险。例如，陪同业主验房的人员可能利用业主对验房流程的不熟悉，故意掩盖或淡化房屋存在的质量问题；利用业主急于入住的心理，故意拖延整改进程或简化整改技术标准；通过转移业主的注意力，引导业主草率完成验收，从而达到隐瞒或掩饰质量问题及瑕疵的目的。

2）为企业自身利益侵犯业主合法权益的法律风险。例如，巧立名目收取业主房屋验收服务费；限定业主选择指定的网络供应商，侵犯业主消费权等。

3）责任心或能力不足，侵犯业主权益。例如，为减少自身工作量，引导业主草率验收；自身专业技能和经验不足，不能提供有效的房屋验收专业指导；对发现的质量问题或瑕疵，填写不完整、信息不准确、整改要求不明确，没有签字确认；对发现的质量问题，不指导业主填写整改通知书，而随意做出与建设单位事先沟通不一致的整改承诺等。

4）工作遗漏，后续产生争议和纠纷。例如，房屋验收结束离场时未提醒业主关闭供水阀门，后因漏水造成楼下损失；未提醒业主关注并准确登记水电气表的起始数据，后期业主与建设单位或施工单位因缴费额度过高产生纠纷；陪同业主验收房屋时，没有告知业主物业服务企业是代理建设单位的身份，造成业主误解，认为是物业服务企业负责质量保修，造成责任边界模糊承担不必要的法律责任等。（扩展资料：业主入住验房表）

【风险防范】规避房屋验收的风险，可参考以下措施：

1）强化房屋验收相关法律法规的学习，制定切实可行且规范的房屋验收作业流程。

2）解决观念认识问题，明示物业服务人的身份，不具备质量保修责任，只负责协助业主做好与建设单位的质量保修的协调工作。

3）验收现场明确告知业主验收范围与内容，并逐项介绍使用功能、使用方法、验收要点和技巧。

4）明确告知业主每个验收项目的保修范围、保修期限及保修责任人。

5）提醒业主抄录并核对水、电、气表的起始数。

6）在无质量问题前提下，指导业主填写房屋验收记录单，提请业主签字确认。

7）对发现的质量问题或瑕疵，指导业主填写整改通知书，引导业主提出合法合理、切实可行的整改方法、期限等要求，提示业主现场拍照存档，然后提请业主签字确认。

8）离开房屋验收现场时，提醒业主闭合水阀门、电闸开关。

9）验房后，告知业主，房屋专有部分已归其所有，正确使用房屋及相关设施。

4. 费用收取的风险

风险点：不设置收费公示板，解答咨询过多导致态度不友善不热情，引发现场冲突；不提供票据，引发质疑甚至冲突；漏收款项、错收款项、金额出错等带来争议、后续索要；业主对交纳费用方面有异议，解答咨询不到位带来争议甚至冲突；业主拒付物业费等各项或单项费用时，工作人员不给业主发放房屋钥匙、门禁卡及电梯卡等，混淆了物业管理与商品房买卖两个不同的法律关系，侵犯了业主的房屋所有权、园区通行权和电梯使用权等。

【风险防范】规避费用收取的风险，可参考以下措施：
1) 加强工作人员培训，掌握相关法律法规及规章政策，合法合规收费。
2) 组织工作人员学习相关入住文件，统一现场说辞。
3) 交付现场须明示收费项目依法依规收费，减轻工作人员压力。
4) 票据、用品用具准备充分，工作台面设置必要的业务提醒卡。
5) 建立规范的规章制度、作业程序，尤其是要建立财务收费符合制度。

【案例分析】

2016年8月30日，张某与某房地产公司签订"商品房买卖合同"。根据合同约定，张某购买某小区一套房屋。合同约定，开发商应当在2019年7月6日前交房。

2018年12月，房地产公司通知张某办理交房手续，并在向张某发出的"需交纳款项明细""业主需携带资料""物业移交确认单"等材料上有"预收物业服务费""物业服务相关费用交纳"等相关字样。因张某拒绝支付物业费，导致未完成交付。

2019年7月25日，张某再赴小区办理交房，某物业服务公司向张某出示了房地产公司委托其办理房屋交付的委托手续，并告知先交纳物业费才能交付，因张某拒绝先交纳物业费，该物业服务公司再次拒绝向张某交付房屋。

对于自己因为未交纳物业费而迟迟没有拿到新房之事，张某非常气愤，将房地产公司起诉至法院，要求房地产公司承担违约责任，支付其逾期交付的违约金共计13万余元。

法院审理认为，双方签订的"商品房买卖合同"是真实意思表示，且不违背法律、法规的强制性规定，应为合法有效，双方均应按合同约定严格履行各自的权利义务。由于合同中约定出卖人应当在2019年7月6日前交房，房地产公司依约应在该日前将房屋交付张某。先行交纳物业费并没有在双方商品房买卖合同中约定，物业费是否交纳与房屋买卖合同是不同的法律关系，房地产公司的行为未遵循诚实信用原则，已构成违约，应承担违约责任。

据此，一审认为，房地产公司应向张某支付逾期交房违约金，违约金以张某支付的房款为基数，按日利率万分之二标准计算，自2019年7月7日计至房屋实际交付之日，即134319元。一审宣判后，房地产公司提起了上诉。二审驳回上诉，维持了原判。

一直到2020年5月20日，延迟了318天，张某才拿到自己购买的新房。请分析一下在房屋交付过程中，建设单位、物业服务人和业主三者之间的法律关系。

思考：物业服务人可不可以在交房时收取物业费？业主可不可以拒绝？业主拒绝后影不影响收房？

5. 文件和钥匙发放的风险

风险点：因准备工作不到位，文件没有实现袋装，出现少发、重发甚至漏发文件；文件发放后，未请业主在业主入住物品资料领取确认表上签字，使物业服务企业告知义务履行难以确认；钥匙、门禁卡、电梯卡等随意放置，容易缺失；发放核对不认真，所发钥匙与业主房号不一致、电梯卡与单元不一致；未请业主在钥匙发放登记表上签字，导致后期争议；未认真确认业主身份，将钥匙发放给未办理入住手续的业主等。

【**风险防范**】规避文件和钥匙发放的风险，可参考以下措施：

1）准备充分到位，文件须装袋发放，且装袋后要认真核查。

2）钥匙、门禁卡、电梯卡分类编号、入柜保管。

3）仔细核查业主入住手续书及相关文件、确认业主身份、认真核对业主房号与钥匙、电梯卡与单元的一致性后，方可发放钥匙。

4）要求业主在发放登记表上签字，核对业主签名与身份证一致与否，以及时间落款等信息。

【**案例分析**】

刚装修入住的房子，却被告知入住错了，房子还要被卖？

业主陈某 2022 年刚装修的房子，才住了 2 个月，竟然被告知住的是别人家的房子。陈某介绍，自家房本、物业费缴纳等所有的材料都显示自家是 9 楼，可却被物业服务公司告知自己住的是 8 楼的房子，而她买的 9 楼被现在 10 楼业主居住了。

物业服务公司解释：员工给错了钥匙，连环错是因为，一楼楼梯口处，只有一户人家，因此在产权地址方面，规划设计是从上了楼后的第二层才开始计算的。也就是说，二层开始才算 101 住户，9 层的房子属于 8 层。

可陈某认为，9 层写的门牌是 901、电梯也是写着 9 楼、物业公司给的钥匙也对得上，这个责任应当由物业服务公司承担。

6. 交付现场秩序风险

风险点：因服务态度、业务不熟练、回答咨询不及时等，导致争执甚至冲突；因为接待、保洁、秩序维护、车辆管理等作业不周全，引发冲突；业主之间因排序、肢体碰撞、言语不慎等导致矛盾冲突；因入住服务空间、休息空间狭小、布置不周等引发的不愉快乃至人员伤害等。

【**风险防范**】规避交付现场秩序风险，可参考以下措施：

1）若交付数量过多，建议分期分批交付，避免现场人员拥挤。

2）指定专人负责业主办理入住手续时的各类咨询和引导，以便入住工作有秩序地进行。

3）加强人员服务意识、岗位能力的培养，重视入住期间各部门、各岗位之间的协同配合。

4）休息区要有足够的接待空间和能力，降低人员接触密度。

5）营造好现场氛围，纾解因排队、拥挤带来的负面情绪。

6）做好风险管理预案。

业主入住交房流程如图 3-2 所示。

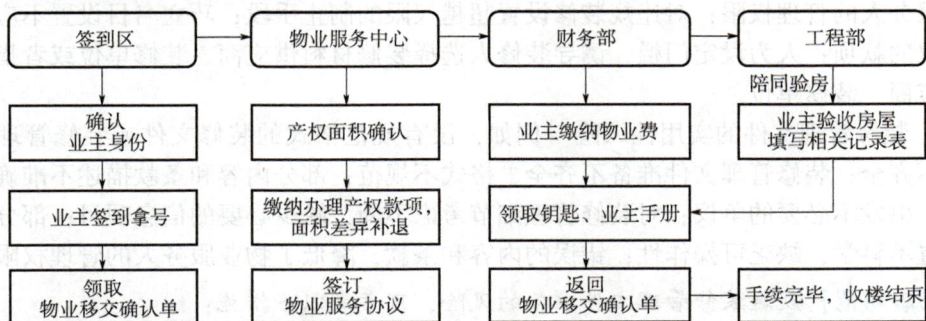

图 3-2　业主入住交房流程

任务 3.2　装修管理风险防范

任务单见表3-2。

表 3-2　任务单　　　　　　　　　　　　　　　　　　　　NO. 003002

任务描述	尝试编制一份针对住宅项目的装修管理风险管理清单		
任务准备	1）学生分组 2）回顾装修管理的相关知识 3）完成一定的知识储备，也可边做边学	关键知识	装修管理的内容、重点和风险点，以及相关法律法规
任务实施（团队任务）要求			

1）学生分组收集整理所需资料和重要数据

2）按装修管理流程或一定的逻辑顺序编制风险管理清单，若有不确定的内容可多方咨询

3）要求多角度全面思考

任务成果评价	学生互评和教师评价 评价依据：选择方法正确，风险管理清单完整规范 评选优秀作品

装修管理是物业管理的难题之一，因为在这一阶段，为保障公共设施的正常使用、楼宇安全和房屋外立面的美观，为了全体业主的共同利益，必须规范装修行为。物业服务企业比较容易与业主发生矛盾，因此作为物业管理从业人员，必须熟悉有关法律法规，掌握房屋建筑的基本构造知识，了解装修管理运作程序及熟悉装修施工中的常见问题，明确有关人员的职责范围，尽可能消除或减少违章引起的负面影响。

设计界流传着一个观点："没有中国元素，就没有贵气。"（扩展资料：传统中式风格装修 最大气的风格装修）

3.2.1　装修管理准备阶段的风险

1. 装修管理文件准备的风险

风险点：装修管理文件的合法性、装修管理文件的实用性。

（1）装修管理文件的合法性风险　例如，装修文件中未履行物业服务人的告知义务，未向装修人发放告知装修相关的法律法规、规章政策及注意事项；在装修管理文件中刻意扩大物业服务人的管理权限；对违规装修设置超越权限的制止手段；巧立名目设置不应收取或禁止收取的款项；人为设定门槛，诱导装修人选择装修材料供应商、装修单位或者指定装修材料供应商、装修单位。

（2）装修管理文件的实用性风险　例如，没有规范格式的装修文件或装修管理文件种类准备不齐全；装修管理文件准备不齐全、格式不规范；部分内容和条款描述不准确，易引起歧义，引发不必要的争议；对装修管理细节考虑不周，缺少必要的信息项目；部分内容和条款设置不科学，缺乏可操作性；错误的内容和条款，降低了物业服务人的管理权限等。

【风险防范】规避装修管理文件准备的风险，可参考以下措施：

1）加强法律学习，明确物业服务人在装修管理中的权利和义务。

2）严格审核内容的合法性，语言表述要严谨准确，不可产生歧义。

3）装修管理文件中需包含告知内容（住宅室内装饰装修工程的禁止行为和注意事项告知）。

4）制定具有针对性的装修管理文件，审核装修文件的完整性、规范性和实用性。

5）对装修管理中的易发问题（空调室外机位、阳台、防盗网、公共设施设备保护等）做出专项条款。

6）装修管理协议和管理规约（临时管理规约）是物业服务人进行装修管理的重要依据。

（扩展资料：装修管理过程中物业服务人的告知义务、装修管理协议）

【案例分析】

2023 年 5 月，某地城管局接 12345 交办单：辖区内某小区一住户违规装修，存在破坏房屋承重结构的现象。接件后，执法队员迅速上门核查，并向该地住建局发协助函，请求对拆改部位进行认定，经建筑工程质量安全监管中心认定，当事人在装修过程中拆改部位均为承重结构。

执法人员多次上门宣传法律法规，讲明利害关系，督促其整改恢复，尽快消除安全隐患，并联系物业服务公司及社区工作人员一起做当事人的思想工作，但当事人一直怀着侥幸心理，拒不整改。该地城管局依据《建设工程质量管理条例》第六十九条规定，对当事人做出罚款人民币 6.5 万元的行政处罚决定，并按程序告知监管部门督促当事人履行整改义务。

当事人接到处罚决定书才认识到事态的严重性，找到执法部门希望能够宽大处理。执法人员向当事人耐心解释法律的严肃性，同时继续做工作鼓励其整改。在多重因素的作用下，当事人的思想一点点松动，终于按要求对拆改的承重墙进行了整改，消除了安全隐患。

2. 装修管理人员配置的风险

风险点：装修管理人员配置不合理，职责集中于管家或客服，其他岗位人员参与度不够；装修管理人员数量不足，造成装修申报积压，或巡查频次过低，未能及时发现装修隐患；管理人员专业技能差，装修审核易出现错漏，或装修巡查不能发现安全隐患；管理人员专业素质低，服务意识差，装修管理服务不到位，矛盾纠纷过多等情形。

如装修管理人员人手短缺，专业知识、专业能力不到位，导致物业服务企业责任风险、企业形象风险等。

【风险防范】规避装修人员配置的风险，可参考以下措施：

1）树立全员管理意识，装修管理涉及方方面面，需要物业项目全员参与，应合理分配职责，提高各岗位人员参与积极性和主动性。

2）由公司层面协调企业内部人力资源，统筹抽调安排不同岗位的人员，解决人手不足、专业能力差的问题。

3）通过培训，强化装修管理法律法规、房屋识图与构造、装修施工和查验、突发事件应急等专业知识，提升装修管理人员的专业管理水平。

3. 建筑物设计缺陷引发的装修风险

风险点：安保技防有漏洞或布局不规范，引起业主安装防盗窗；管道或预留孔不符合日常生活习惯，造成业主装修时多处破墙钻孔；空调室外机不按规定位置摆放，造成业主就近安放空调室外机；套内房间布局不合理，以致业主装修时破坏承重墙和改变房屋用途；有意或无意设置的公共空间，诱惑业主"封"入专有空间等。

【风险防范】规避建筑物设计缺陷引发的装修风险，可参考以下措施：

1）对不同楼栋、单元、户型进行研判，找出设计缺陷。

2）针对不同房型，以图示的方式标明装修的注意点（主要是违规装修易发点）。

3）根据房型的特点，提前规划或做出设计方案，既满足业主的居住需求，又巧妙地掩饰建筑设计的"不合理点"。

4）主动和装修公司或设计师沟通，请求他们劝阻业主违规装修。

4. 建筑垃圾堆放点设置的风险

风险点：建筑垃圾堆放点设置不合理，距离部分楼栋较远；靠近主要出入口或主干道，影响物业管理区域美观；建筑垃圾堆放点容量过小，不能满足集中装修期使用；全开放式建筑垃圾堆放点，容易产生灰尘污染环境等。

【风险防范】规避建筑垃圾堆放点设置的风险，可参考以下措施：

1）在装修阶段之前与建设单位进行沟通，选定合适的建筑垃圾堆放点，并可在装修期过后进行二次功能改造。

2）若设置临时建筑垃圾堆放点，要考虑用后方便拆除，易于恢复原状，节约物业服务企业的运营成本。

3）充分考虑垃圾堆放点合理的覆盖半径，避免部分装修工人就近堆放建筑垃圾。

4）尽量选择倒放、清运方便的相对隐秘的位置，设置建筑垃圾堆放点。

5）建筑垃圾堆放点宜采用封闭或半封闭式的。

3.2.2 装修手续办理阶段的风险

【小提示】在业主办理装修手续和审核装修图样时，要充分了解业主的真实装修意图，解答业主的相关问题。业主可能的装修行为如图3-3所示。

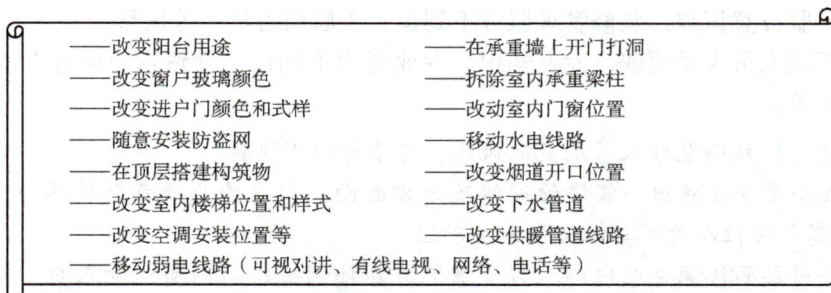

——改变阳台用途	——在承重墙上开门打洞
——改变窗户玻璃颜色	——拆除室内承重梁柱
——改变进户门颜色和式样	——改动室内门窗位置
——随意安装防盗网	——移动水电线路
——在顶层搭建构筑物	——改变烟道开口位置
——改变室内楼梯位置和样式	——改变下水管道
——改变空调安装位置等	——改变供暖管道线路
——移动弱电线路（可视对讲、有线电视、网络、电话等）	

图3-3　业主可能的装修行为

解答业主的装修疑问，就等于告知业主，哪些是可以改变的，哪些是绝对不可改变的；同时告知改动后可能给业主带来的后果，让业主无形中形成如果这样做将产生巨大损失的意识。装修手续的办理流程可参考图3-4。

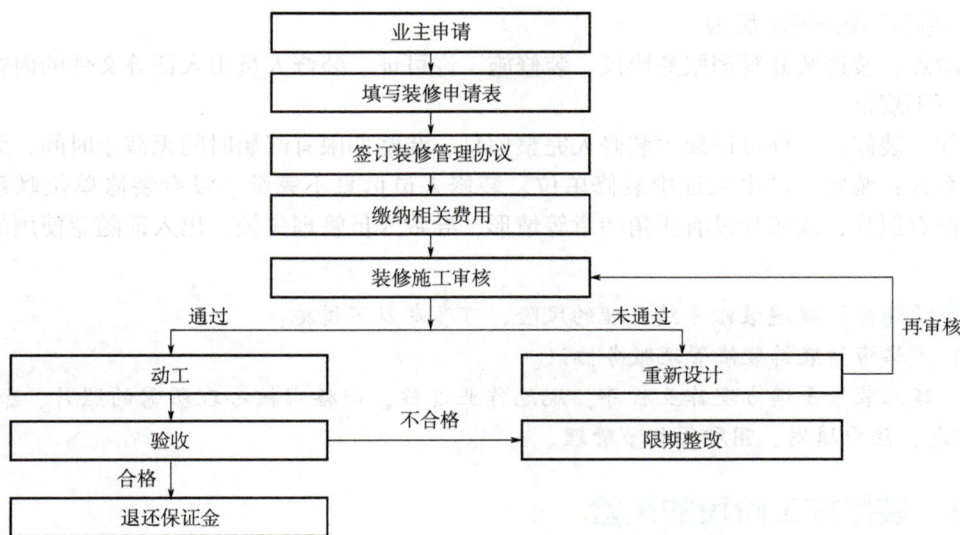

图 3-4　装修手续的办理流程

1. 装修申报登记的风险

风险点：装修人身份审核不细致，租户未经业主同意，自行进行装修改造；接受的申报材料，在审验过程出现文件遗漏或丢失；审核进度过慢，材料堆积，造成业主不满；审核疏忽，出现误审漏审；受能力水平限制，违法违规装修方案得以通过；审核不严，轻信业主口头整改承诺，违规装修方案得以通过；业主拒绝进行装修申报，或未申报登记就进行住宅室内装饰装修活动；装修申报登记没有过审，业主擅自进行住宅室内装饰装修活动等。

【风险防范】规避装修申报登记的风险，可参考以下措施：

1）规范装修申报、登记、审核的作业程序，实施分级管理，多岗审核，规范业主装修申报文件的文档管理。

2）可以采取电子申报、电子审核方式，从技术上规范业主提交文件的完整性、杜绝漏报漏审。

3）装修方案若需整改，应向业主和物业使用人提出专业建议。

4）加强巡查，发现未申报登记的装修户要求其及时补办装修手续，做好宣传解释工作。

5）对装修审核登记没有通过的物业单元，及时跟进，尽早发现违规装修的苗头。

6）涉及相邻部位的装修，须取得相邻业主的书面同意方可审核通过装修方案，并保存相关书面证明资料。

（扩展资料：装修申报表）

【法律依据】

《民法典》第九百四十五条，业主装饰装修房屋的，应当事先告知物业服务人，遵守物业服务人提示的合理注意事项，并配合其进行必要的现场检查。

业主转让、出租物业专有部分、设立居住权或者依法改变共有部分用途的，应当及时将相关情况告知物业服务人。

2. 装修手续办理的风险

风险点：装饰装修管理服务协议、装修施工许可证、装修人员出入证等文件的内容不完整、填写不规范。

例如，装修施工许可证缺少装修人完整信息，装修期限有起始时间无截止时间，无装修单位联系人；装修人员出入证中装修单位、装修人员信息不完整、没有装修单位联系人信息，或没有照片，或照片没有压角印章等情形，导致人员管理失控、出入证随意使用的管理风险。

【风险防范】规避装修手续办理的风险，可参考以下措施：

1）严格审核装饰装修管理服务协议。

2）建立装修手续办理作业程序，规范作业过程，严格审核办理所需的照片、个人或单位信息，注重填写、用印等细节管理。

3.2.3 装修施工阶段的风险

1. 装修施工期间安全隐患问题

（1）建筑材料的不当堆放 在装修过程中，大量建筑材料如砂子、水泥、砖块等可能会堆放在小区或楼道内。如果这些材料没有妥善堆放，可能会占用人行道或消防通道，增加跌倒和碰撞的风险，同时妨碍消防车辆通行，影响应急疏散。

（2）施工过程中的火源和电气安全 装修过程中需要使用明火和电气设备，如焊接、切割和电动工具等。如果操作不当或设备维护不良，可能引发火灾或电击事故。此外，电线乱拉乱接、使用不合格电器等行为也可能导致电气火灾。

（3）装修废物处理不当 装修过程中产生的废弃物（如废旧家具、塑料包装等）可能会随意堆放在楼道内，这些废物不仅占用空间，还可能成为火灾隐患。

（4）施工人员安全意识薄弱 部分施工人员可能缺乏必要的安全培训，对安全操作规程不熟悉，容易引发安全事故。

（5）施工人员管理问题 装修期间，大量施工人员进出小区，可能存在人员管理上的疏漏。

【风险防范】规避装修施工期间安全隐患的风险，可参考以下措施：

1）加强施工现场监管。物业应定期巡查施工现场，确保施工操作规范、材料合格、现场整洁有序。对于发现的违规行为，应及时制止并处罚。

2）提高施工人员安全意识。物业应对施工人员进行必要的安全培训，确保他们熟悉安全操作规程，掌握紧急情况下的应对措施。

3）设立安全警示标识。在施工现场设立明显的安全警示标识，提醒施工人员和居民注意安全，预防意外事件的发生。

4）建立投诉举报机制。物业应建立投诉举报机制，鼓励居民积极反映装修过程中的安全问题，以便及时发现和处理。

5）加强与业主的沟通。物业应加强与业主的沟通，及时了解他们的需求和意见，共同维护小区的安全和稳定。

【案例分析】

2023 年 10 月，某地一知名小区发生了一起因业主违规装修导致的污水管道堵塞事件。该小区的物业服务公司此前已按照既定的维修维护计划，对小区内的所有污水管网进行了全面检查和疏通，确保各项设施的正常运行。

然而，就在检查疏通工作完成几天后，一起意外事件却悄然发生。某栋楼的业主李某家正在进行装修，但施工人员未遵守物业服务公司的装修管理规定，擅自将装修残余的水泥、油漆等杂物倒入地漏中。这些杂物经排水管道流至该楼主管弯头处，迅速堵塞了整栋楼的污水管道。

楼上住户排出的污水无法顺利流出，开始慢慢从楼下詹某家的地漏处冒出。詹某当时并不在家中，物业服务公司发现跑水情况后，立即通过电话与詹某取得联系。经过两小时的沟通，詹某赶回小区，并与物业服务公司职员一同到现场进行检查。此时，詹某家的部分木地板已被污水浸泡，情况十分严重。

詹某认为物业服务公司没有尽到管理职责，于是向物业服务公司提出索赔要求。

思考： 物业服务公司是否有责任？该如何规避此类风险？

2. 装修期间环境卫生问题

（1）卫生保洁难度大　建材出入施工场地的过程中，容易发生跑冒滴漏的情况，会增大保洁工作的难度，若清洁不及时，还可能会引起业主投诉。

（2）装修垃圾堆积　装修过程中产生的大量废弃物，如废弃的建筑材料、包装物等，如果不及时清理，不按指定地点堆放，会严重影响小区的环境卫生。

（3）灰尘污染　装修过程中的拆改、打磨等作业会产生大量灰尘，这些灰尘会飘散在空气中，污染小区环境。长期吸入这些灰尘可能对居民的健康（特别是呼吸系统）造成不良影响。

（4）噪声污染　装修施工往往伴随着各种噪声，如电钻声、敲打声等，这些噪声不仅影响居民的正常生活，还可能对居民的身心健康造成损害。长时间处于噪声环境下，人们可能会出现焦虑、烦躁等情绪。

（5）绿化遭到破坏　装修期间，大量的运输车辆进出小区，可能会碾压到绿化带，破坏植被；工人可能随意踩踏草坪，或者将装修废弃物如砖石、水泥等直接堆放在绿化带上。这不仅会破坏植被，还可能改变土壤的结构，影响植物的生长。

【风险防范】 规避环境卫生问题的风险，可参考以下措施：

1）在建筑材料入场时，加强现场巡视，规范车辆卸载和搬运过程，减少跑冒滴漏。

2）根据装修进度，适时增加保洁频次，特别是在建材出入的高峰时段。

3）设置明显的标识，引导业主和装修工人将垃圾投放到指定地点，根据垃圾堆积情况，清理装修垃圾，确保垃圾不堆积、不扩散。

4）通过公告、宣传栏等方式，向业主和装修工人宣传装修垃圾的处理方式，提高他们的环保意识。

5）规范施工时间，避免在居民休息时段进行噪声较大的作业。

6）在绿地周围设置明显的警示标识，提醒车辆和行人绕行。

3. 侵占他人（公众）利益的风险

（1）地产销售人员关于公共区域的"乱承诺"　某些房地产销售人员出于追求业绩的

考虑，在公共区域的使用上，向客户做出了不负责任的承诺。销售人员可能承诺购房者可以随意使用或改造公共区域，如楼道、设备间、楼梯间等，以满足个人需求或增加使用面积。这种承诺往往忽视了公共区域的共有性和使用规定，可能导致后期纠纷和法律问题。

（2）建设单位关于公共区域的违规承诺　为促进房屋的销售，建设单位明示或暗示一楼业主可以将门前公共绿地围合成私人区域，顶层业主可以占用楼顶平台搭建阳光房等违规承诺。这种承诺违法了法律法规，侵占了他人的合法权益，也可能导致邻里之间的矛盾和纠纷，增加了物业管理的难度。

（3）建筑设计时的某些空间布局诱惑业主侵占他人（公众）利益　在设计房屋时，存在一些空间布局或设计元素可能"诱惑"业主扩展私人空间，包括较长的走廊、超大入户门庭、可调整的围栏、可封闭的阳台等，使得业主可能觉得有空间或机会将部分公共区域变为私人使用；空调位设计不合理，也可能促使业主侵占他人利益。这样做不仅侵占了公共利益，不当的扩展可能还会影响整个消防、安全通道等关键设施，增大安全风险。

【风险防范】规避侵占他人（公众）利益风险，可参考以下措施：

1）制定详细的公共区域范围和说明，并通过业主大会或公告等方式明确告知业主公共区域的使用权限和相关限制。

2）收集违规承诺的相关信息，对信息进行逐一分析，并找到相关的法律研究，主动向业主解释说明。

3）加强对公共区域的日常巡查和监管力度，及时发现并制止业主侵占公共区域的行为。对于已经存在的侵占现象，应要求业主限期整改并恢复原状。

4. 施工人员管理问题

（1）证件与出入管理　部分施工人员可能没有有效的出入证件，或者证件管理混乱，不配合检查等。

（2）施工人员行为举止　部分施工人员可能不遵守小区规定，如赤肩裸背、穿拖鞋进入小区，或者在公共区域吸烟、乱丢垃圾等，影响小区形象。

（3）非登记人员出入　部分装修工人可能携带同事或家属频繁进出小区，甚至留宿在装修工地，会带来安全隐患。

（4）施工人员安全意识淡薄　部分施工人员缺乏火灾防范意识，不遵守操作规程使用电器、乱拉乱接电线，或者在疲劳、分心或酒后工作，这些都可能导致安全事故。

【风险防范】规避施工人员管理的风险，可参考以下措施：

1）装修期间，加强出入口检查，出入人员登记后方可放行。

2）对装修人员的不文明行为，及时发现及时制止，若施工人员不配合，可请求装修公司或业主督促其配合。

3）对确需夜间工作或留宿的施工人员进行登记备案，并告知夜间注意事项。

4）加强装修巡查，对不安全施工的行为及时制止，并通报装修公司或业主。

5. 违规装修管理问题　（扩展资料：违规装修整改通知）

（1）破坏承重结构　随意拆除或改造承重墙、梁、柱等关键结构；在承重墙或梁上随意开门洞、凿壁橱；在顶棚上增加超重设施，改变室内楼梯位置；在室内砌砖墙，拆除卧室窗下墙体等，这些行为都可能严重影响房屋的结构安全。

（2）随意拆除非承重墙体　为了增加使用面积或改变房屋格局，业主可能随意拆除非承重墙体，虽然非承重墙不直接承受房屋的重量，但它们是房屋结构的一部分，随意拆除可能影响整体结构的稳定性。

（3）改变房屋使用功能　将阳台改为厨房，在卧室内增设卫生间，在室内安装阁楼等，这些改变可能影响房屋受力结构或涉及房屋的防水、排水问题。

（4）私搭乱建　部分业主在屋顶或小院违规搭建、封闭阳台或露台，不仅影响小区的整体美观，存在安全隐患，还可能影响其他业主的权益。

（5）改变建筑物外立面、破坏保温结构　扩大承重墙上原有的门窗尺寸，拆除连接阳台的砖、混凝土墙体，在非承重外墙上开窗口，或随意安装室外晾衣竿，安装防盗窗等。

（6）违规装修处理不当　装修管理人员未及时发现违规装修；发现后未立即制止，导致违规装修损害扩大；采用停水停电的方式向装修工人或业主施压，激化矛盾；未掌握具体的整改方案和整改时间；整改后验收草率等。

【风险防范】规避违规装修管理的风险，可参考以下措施：

1）制定并宣传装修规章制度，包括装修审批流程、装修禁止事项和注意事项等，确保业主了解并遵守相关规定。

2）加强装修监管力度。在装修初期进行现场勘查，确保装修方案符合规定；定期对装修现场进行检查，发现违规装修及时制止，并给出整改建议，出具整改通知书。

3）对结构性改动类的违规装修要坚决制止。

4）掌握具体的整改措施、整改时间。加强对整改过程的监管，确保整改措施得到有效执行。整改完成后，进行详细查验后，完成验收。

5）对于破坏承重结构的违规装修，恢复方案和施工应由具有资质的房屋修缮设计施工单位实施并验收，物业服务公司应对修复工程加强监督、巡视；承重墙修复后，上报房地产主管部门。恢复承重结构的强度不得降低原构件的强度。

违规装修处理流程如图 3-5 所示。

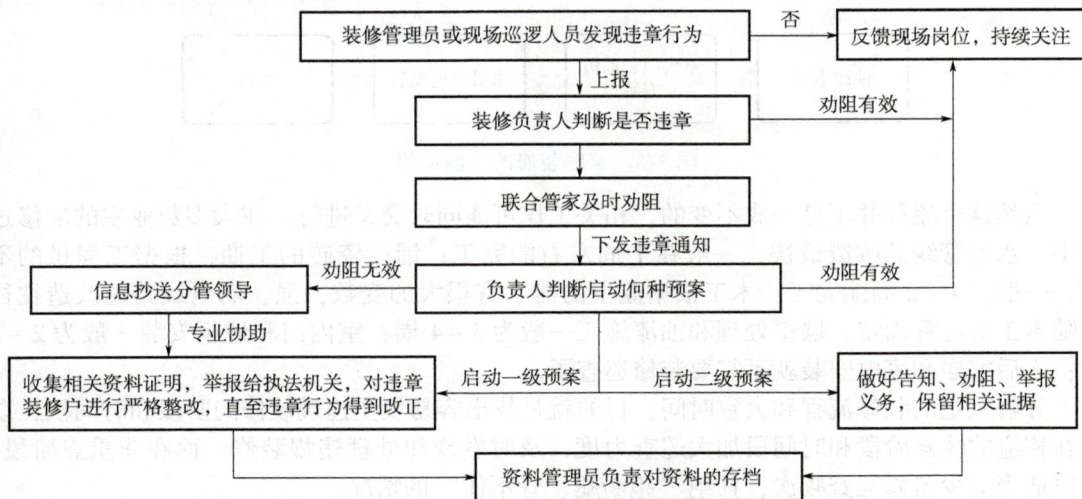

图 3-5　违规装修处理流程

【案例分析】

2023 年，某地 F 小区，业主黄某决定将房子重新装修。在确定装修方案后，黄某请拆除人员进场施工，然而让黄某没想到的是，拆除工程才进行不到一天就被迫停止。黄某接到小区物业服务公司的电话，称黄某的装修违反规定，在劝阻无效的情况下，决定停水停电。

黄某家砸掉的是阳台至两扇窗户之间的一根立柱，他在装修前曾到小区进行过实际调查，发现不少居民都在装修时砸掉了这根柱子，这样可以增加阳台的采光。不仅如此，他也曾咨询过物业服务公司，物业服务人员也表示这根柱子不涉及承重，不影响房屋安全。现在物业服务公司突然停水停电，致使工人无法继续施工，每天的损失让黄某十分生气。

物业项目经理李某表示，黄某砸掉的阳台立柱的确不是承重墙，但是更改了房屋的外立面，住建部的《住宅室内装饰装修管理办法》中有明确规定，装修人从事住宅室内装饰装修活动时，未经批准，不得改变住宅外立面。同时，不停有楼上业主投诉，无奈之下，物业服务公司才对黄某家停水停电。

思考：在上述案例中，物业服务公司的做法存在哪些问题？该如何规避？

3.2.4　装修巡查要点

装修管理期间是物业管理工作中比较繁重的阶段，也是物业服务人和业主容易产生矛盾的阶段。

1. 熟悉家庭装修的一般流程

家庭装修的一般流程如图 3-6 所示。

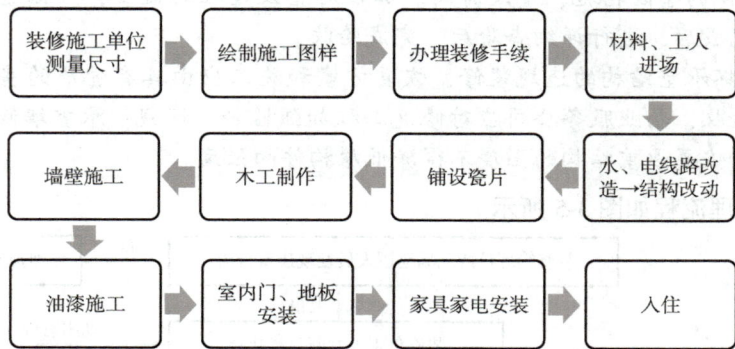

图 3-6　家庭装修的一般流程

当然这个流程并不是一成不变的，相关工作可能同时交叉进行。在大多数业主的装修过程中，水电管线的改造最快，一般在 1 周左右能完工；铺设瓷砖的工期，根据工程量的不同，一般在 1~2 周能完工；木工根据业主的需求有很大的变数，强、弱电线路的改造往往跟随木工的进程而定；墙壁处理和油漆施工一般为 3~4 周；室内门和地板安装一般为 2~3 天；之后家居和家电安装就不需要装修巡查了。

分解业主的装修流程和大致时间，目的就是找出容易发生违规装修的阶段和时间段，以便在相应的装修阶段和时间段加大巡查力度，及时发现和处理违规装修。而在非重点阶段，可以适当减少装修巡查频次，杜绝"跑断腿、管不住"的情况。

思考：典型的违规装修一般多发生于哪几个装修环节？应该重点进行装修巡查的是哪几个装修环节？每个环节的巡查重点是什么？

2. 各阶段装修巡查要点

（1）材料、工人进场 在业主的装修材料和施工人员进场时，需要门岗的密切配合，如果发现有异常的装修材料进场，一定要问清楚具体房号、材料用途，及时和业主沟通，了解材料的真实用途，将违规装修用材料阻挡在小区门岗之外。

异常的装修材料包括大量水泥、砂子、砖块，大型型钢材料，大量钢筋、脚手架等。往往这些材料的进场预示着业主将大兴土木，在房间内砌墙、在顶层复式露台上搭建构筑物。因为房间地板的承重是经过严格计算后设定的，随意增加地板的荷重，将会给整个房屋带来极不安全的因素。而顶层楼台搭建任何构筑物都是违反《民法典》《物业管理条例》和《管理规约》的行为。这些行为都要严加制止。

（2）水、电线路施工阶段 水、电线路的施工既是业主装修工程的正式开始，也是物业服务公司装修巡查工作的重头戏。巡查时重点关注有无破坏原有的防水层，是否更改下水管位置、有无改变房间使用功能的意向。发现有违规装修的苗头，及时提醒，保持跟进。

提醒业主：防水层已经破坏，建设单位将不再负责维修其防水层，改由装修施工单位保修，同时建议多做几层防水层；除非特殊情况，尽量不要更改下水管位置；弱电线路的改动，只有专业人士才能完成；小区的可视对讲、安全防范系统必须经过物业管理企业指定的专业人员才能移动，而且是收费服务，一旦私自移位造成单元系统损失的，要承担赔偿责任；注意保存电路改造的图样。

（3）建筑结构改造阶段 建筑结构改造属于严重的违规装修，正常情况下是绝对禁止的。巡查时重点关注有无拆除或改造承重墙、梁、柱等关键结构，有无在承重墙或梁上开门洞、凿壁橱，有无改变室内楼梯位置，有无在室内砌砖墙、拆除卧室窗下墙体，有无在室内做阁楼隔层的情况。

如果业主改动建筑结构，会产生很大的响声，各个岗位密切配合，积极反馈，尽早发现，尽早制止。一旦发现有可疑情况，及时查看，可以要求施工人员停工，等业主到现场后说明情况再行处理。

（4）瓷砖铺设阶段 巡查重点为切割瓷砖产生的粉尘污染和噪声污染，施工是否遵守规定的装修时间，下水管道和烟道是否留有检修口，燃气管道是否改动。本阶段建筑垃圾产生比较多，需要提醒施工人员正确地搬运和堆放建筑垃圾。

提醒业主：地面不能铺设太厚的混凝土层，以防楼板荷重太大；下水管道和烟道检修口，不应用水泥板、瓷片封闭，否则将增加后期维修难度和恢复成本，尤其是底层业主更应该注意；厨房的燃气管道不能有改动，确需改动的，可以联系燃气公司，由专业人员施工。

【案例分析】

某物业服务公司在前期物业管理工作中，由于疏忽大意未将"业主、使用人在装修住宅中，应预留共用设备的检修孔，方便共用设备的维修"的该项住宅装修规定告知业主。多名业主在不知的情况下，装修时封闭了共用管道检修孔。此后的物业使用中，共用管道发生堵塞，在疏通修理过程中，给业主的装修造成了一定程度的损坏。业主向物业服务公司提出赔偿要求。

思考：你认为物业服务公司应否承担赔偿责任？

（5）木工施工阶段 一般来说，在木工施工阶段出现违规装修的可能性就比较低了，装修管理也可以稍微轻松一些，只需查看业主的装修进度，注意防范施工人员的用电安全、消防安全、在公共区域施工问题、环境卫生的保持等方面的问题。

提醒业主：在吊顶和家具内安装的电线一定要穿线管，减少火灾隐患；尽量少安装大功率照明设备。

（6）墙面和油漆施工阶段　业主家墙壁和家具油漆施工，虽然所需时间较长，但该阶段是相对比较轻松地管理环节。只需督查施工人员注意环境卫生，施工时要关闭门窗，废弃的油漆或涂料不要倒入下水管道。

提醒业主：注意恶劣天气情况下门窗要及时关闭，防止墙面起皮、腻子发霉变质，或者出现空鼓、开裂等问题；对已经完成的装修工程做好保护。

（7）室内门和地板安装阶段　巡查重点为切割地板和木材产生的粉尘污染及噪声污染，施工是否遵守规定的装修时间。

3.2.5　装修工程验收的风险

此时装修已经基本结束，需要办理装修验收手续。

风险点：未核实违规装修的整改情况；未保存违规装修资料档案；验收不及时，退还装修保证金不及时等。

【风险防范】规避装修工程的验收风险，可参考以下措施：
1）装修验收时，对违规装修整改情况，进行再次验收。
2）主要保存违规装修整改资料，业主、施工负责人签字确认。
3）若收取了装修保证金，验收通过后，及时退还。

项目任务小结

本项目单元介绍了物业入住服务的相关风险点及防范措施和装修管理的相关风险点及防范措施。

通过本项目的学习，学生应可以针对入住服务准备阶段、入住服务实施阶段进行风险识别和分析，并能够初步编制入住服务风险管理清单；对装修管理准备阶段、装修手续办理阶段、装修施工阶段和装修验收阶段进行风险识别及分析，并能够初步编制装修管理风险管理清单。

不同的物业项目具有不同的性质，其风险点也会有一定的差别，风险防范措施和风险管理清单需要根据具体项目进行修改与补充。

思考题

1. 物业入住服务中入住资料准备环节有哪些风险？应该如何应对？
2. 物业入住服务中房屋验收环节有哪些风险？应该如何应对？
3. 装修文件资料应该准备哪些？准备工作有哪些风险？
4. 违规装修有哪些情形？应该如何应对？
5. 简述各装修阶段的巡查要点。

自测题

一、单项选择题

1. 建设单位将已具备使用条件的物业交付给业主并办理相关手续，同时物业服务企业为业主办理物业管理相关手续的过程是（ ）。
   - A. 交接
   - B. 托管
   - C. 入住
   - D. 验收

2. 入住是建设单位履行交付"商品房买卖合同"标的物义务的过程，是房屋买受人实现向业主身份转换的过程，因此，办理入住的主体双方是（ ）。
   - A. 物业服务企业与房屋买受人
   - B. 建设单位与物业服务企业
   - C. 房屋租赁人与房屋承租人
   - D. 建设单位与房屋买受人

3. 陪同业主验房时，物业服务人员的正确做法是（ ）。
   - A. 为减少自身工作量，引导业主草率验收
   - B. 偏袒建设单位，隐瞒质量问题或瑕疵
   - C. 对发现的质量问题，做出与建设单位事先沟通不一致的整改承诺
   - D. 提醒业主关注并准确登记水、电、气表的起始数据

4. 不是装修管理需要准备的文件是（ ）。
   - A. 装修申报表
   - B. 物业装饰装修管理服务协议
   - C. 室内装修施工许可证
   - D. 业主入住房屋验收表

5. 规避业主装修申报风险不包括（ ）。
   - A. 简化必要的申报流程、手续
   - B. 做好装修管理的前期培训
   - C. 规范业主装修申报文件的文档管理
   - D. 避免电子申报，应采用纸版申报

6. 物业服务人在装修管理中须履行的法定义务不包括（ ）。
   - A. 告知
   - B. 制止
   - C. 报告
   - D. 处罚

7. 下列属于违规装修的是（ ）。
   - A. 未经原设计单位或相应资质等级设计单位提出设计方案，变动建筑主体和承重结构
   - B. 扩大承重墙原有门窗尺寸，拆除连接阳台的砖、混凝土墙体
   - C. 将闲置的卫生间改为杂货间
   - D. 将没有防水要求的房间或阳台改为卫生间、厨房间

二、多项选择题

1. 装修管理的内容包括（ ）。
   - A. 文件准备
   - B. 审核登记
   - C. 现场管理
   - D. 装修验收
   - E. 装修资料归档

2. 以下属于物业服务企业装修管理过程中的责任的有（ ）。
   - A. 对装修人、装修单位的违规装修行为，物业服务企业制止义务、报告义务履行不到位、不规范

B. 业主擅自拆改供暖、燃气管道和设施造成损失

C. 装修管理文件准备不齐全、内容不合法、格式不规范

D. 对侵占公共空间，对公共部位和设施造成损害等，没有及时采取甚至没有采取任何形式的制止行为

E. 没有进行装修审核登记

三、案例分析题

【案例】 业主余某在房屋装修时擅自拆除了承重墙，经群众举报，所在地房地产行政主管部门发出了限期整改通知，要求其恢复原状。余某在规定时间内恢复了承重墙，不料物业服务公司却告知他承重墙的恢复不符合规定，余某很生气，认为物业服务公司是在存心整人。

在上述案例中，如果你是该物业服务公司的工作人员，你会怎样向余某做出正确的解释？

项目 4　秩序维护和消防管理风险防范

【导入案例】

2022年11月上午,业主朱某租用一辆轻货车到W小区搬运一大二小旧沙发。在小区出口处遭秩序维护员阻拦,称无"放行条"不放行,朱某称"放行条"于法无据,妨碍、侵害了公民的自由出入权,是违法行为。"放行条"作为物业管理的一种手段不具有强制性。如果你怀疑我偷盗他人物品,你可以报警。但门岗管理人员不听朱某的劝说,仍然要求朱某出示"放行条"才能放行。无奈之下,朱某不得不将沙发又运回家。此后,朱某将物业服务公司告上法庭。

原告称:被告以安全为借口、擅立私法,强逼原告遵守,其行为侵犯了原告的自由出入权,并使原告蒙受租车损失。被告的行为违反了《物业管理条例》第四十六条第二款,已构成侵权,请求被告书面道歉并赔偿原告经济损失800元。

思考:被告制定的放行条制度是否合法?被告是否侵害了原告的自由出入权?如果你是被告,你会采取哪些风险防范措施?

📖 项目描述

本项目分为3个教学任务,分别是:任务4.1秩序维护工作风险防范、任务4.2车辆管理风险防范和任务4.3消防管理的风险防范。

完成知识储备的学习,在此基础上完成实训任务:编制针对住宅项目(或校园物业)的"秩序维护工作风险管理清单""车辆管理的风险管理清单"和"消防管理的风险管理清单"。通过本项目的学习,使学生对秩序维护工作、车辆管理和消防管理的风险点和防范措施等内容有一个完整认知,能够初步编制风险管理清单。

📖 教学目标

【素质目标】 培养学生知法守法、诚实守信的思想品德与职业操守,遵守制度、规范行为的工作态度;培养学生的安全防范意识,提高其安全防范能力。

【知识目标】 熟悉秩序维护工作内容,掌握秩序维护各个岗位的工作要点;熟悉秩序维护工作、车辆管理工作及消防管理工作的易发风险点,掌握相应的风险防范措施。

【能力目标】 能够运用所学的知识,识别秩序维护工作、车辆管理工作及消防管理工作的风险点,并制定防范措施。

📖 课前自学

回顾并熟悉秩序维护工作、车辆管理及消防管理的相关知识。

任务 4.1 秩序维护工作风险防范

任务单见表 4-1。

表 4-1　任务单　　　　　　　　　　　　　　　NO. 004001

任务描述	尝试编制一份针对住宅项目（或校园物业）的秩序维护工作风险管理清单		
任务准备	1）学生分组 2）回顾秩序维护工作的相关知识 3）完成一定的知识储备，也可做边学	关键知识	秩序维护工作内容与规范、秩序维护触点类风险、物业安全防范责任
任务实施（团队任务）要求			
1）学生分组收集整理所需资料和重要数据 2）按秩序维护岗位分工或一定的逻辑顺序编制风险管理清单，若有不确定的内容可多方咨询 3）要求多角度全面思考			
任务成果评价	学生互评和教师评价 评价依据：选择方法正确，风险管理清单完整规范 评选优秀作品		

安居才能乐业，安全、舒适、放心的居住环境是人们对高质量生活的追求，秩序维护员在创造舒适、和谐的居住环境中发挥着重要作用，他们守护着每个家庭和业主的幸福生活。但在物业服务企业接到的投诉或负面反馈中，秩序维护类的负面反馈一直居高不下。

4.1.1　安全防范工作中的法律责任

在进行物业秩序维护工作风险管理之前，首先需要对物业服务人在安全防范工作中的法律责任进行界定。

1. 相关法律法规的界定

物业服务人在秩序维护工作中的法律责任主要基于《民法典》《物业管理条例》以及其他相关法律法规。这些法律法规对物业服务人的职责和义务进行了明确规定。

《物业管理条例》第二条：本条例所称物业管理，是指业主通过选聘物业服务企业，由业主和物业服务企业按照物业服务合同约定，对房屋及配套的设施设备和相关场地进行维修、养护、管理，维护物业管理区域内的环境卫生和相关秩序的活动。第四十六条：物业服务企业应当协助做好物业管理区域内的安全防范工作。发生安全事故时，物业服务企业在采取应急措施的同时，应当及时向有关行政管理部门报告，协助做好救助工作。

《民法典》第九百四十二条：物业服务人应当按照约定和物业的使用性质，妥善维修、养护、清洁、绿化和经营管理物业服务区域内的业主共有部分，维护物业服务区域内的基本秩序，采取合理措施保护业主的人身、财产安全。对物业服务区域内违反有关治安、环保、消防等法律法规的行为，物业服务人应当及时采取合理措施制止、向有关行政主管部门报告并协助处理。

上述的规定中，在《物业管理条例》中物业服务企业的责任是"维护相关秩序"和"协助做好安全防范工作"，在《民法典》中则增加了"采取合理措施保护业主的人身、财产安全"和"合理措施制止"，从而在法律层面上，对物业服务人在安全防范工作中的法律责任进行了界定。

2. 行业规范与标准

中国物业管理协会发布的《关于使用"秩序维护员"称谓的指导意见》（〔2008〕1号文件），建议物业服务企业对从事物业管理区域内秩序维护和协助开展安全防范的工作人员使用"秩序维护员"称谓，而不再使用"保安员"的称谓。中国物业管理协会认为，"保安"一词隐含"保证安全""保护安全"之意，与物业服务企业维护公共秩序和协助安全防范的职责并不相符。同时，物业服务企业从事的守望、守护及公共秩序维护工作，与配有防卫器械和枪支从事武装守护、护卫服务等各种保安服务有着本质区别。物业服务企业的秩序管理人员使用"保安员"称谓，容易引起误解，产生物业服务企业承担"保证业主人身和财产安全"的错觉。

中国物业管理协会此举是为消除"保安员"的不必要的误解，依据的也是《物业管理条例》中相关规定。在《民法典》出台后，需要在此基础上增加"对物业服务区域内违反有关治安、环保、消防等法律法规的行为，物业服务人应当及时采取合理措施制止、向有关行政主管部门报告并协助处理"的责任内容。

3. 物业服务合同的约定

物业服务合同是界定双方权利和义务的基础。合同中应明确约定物业服务人在安全防范方面的具体职责和范围。这包括但不限于小区内的巡逻、监控、门禁管理、消防设备的维护等。合同内容将直接决定物业服务人的安全防范责任边界。

4. 行为标准

物业服务人在秩序维护工作中应遵循一定的行为标准，如保持物业区域的整洁、安全、有序等。如果物业服务人未能达到这些行为标准，导致物业区域内出现秩序混乱、安全隐患等问题，应承担相应的法律责任。

5. 过错原则

在界定物业服务人的法律责任时，还应考虑他是否有过错。如果物业服务人在秩序维护工作中已经尽到了合理的注意义务，但因不可抗力或其他非自身原因导致出现问题，其法律责任应相应减轻。

在综合考虑以上因素的基础上，还需要考虑项目所在地的地方性政策。同时，由于物业管理项目具体情况可能有所不同，因此在具体界定责任边界时，还需要结合实际情况进行综合判断。因此，物业服务人需要保持对相关法律法规和行业规范的关注，及时更新和完善自身的安全防范工作。

【案例分析】

某小区业主魏某家中被盗，魏某认为物业服务公司在小区安全防范方面未尽到责任，将小区物业起诉至该地人民法院。

此前，小区业主与物业服务公司签订了物业服务合同，约定物业服务公司对房屋共用部分、共用设施设备、绿化环境卫生、安全防范等项目进行维护、修缮、服务与管理，但对业主房屋内的财产没有保管义务。

盗窃事件发生后，物业服务公司向警方提供了巡逻值班表等证据，并在业主报警后配合公安机关侦查工作。为证明自己已经尽到管理责任，物业服务公司还向法院提供了当日的巡更记录、外来车辆进出登记记录、外来人员进出登记记录、小区车库出入口当值及交接班记录等材料。

法院认为，物业服务公司已经按协议内容对该小区实施了相应的公共秩序维护安保措施，履行了相关安全保障义务。业主虽主张物业服务公司在履行物业管理职责过程中存在过错，致使涉案房屋被盗，财物损失，但未能提供有效证据加以证明，故原告要求被告赔偿被盗财物经济损失的诉讼请求，法院不予支持。最终，法院驳回了该业主的诉讼请求。

4.1.2 秩序维护实施的风险

1. 出入管理的风险

（1）出入口岗的触点类风险　服务触点是指服务对象（如客户或用户）与服务提供者（如服务商）在行为上相互接触的地方。这些触点可能包括人与人的互动点、人与物理环境的互动点等，涵盖了从服务开始到结束的全过程。有效的服务触点管理能够显著提升客户对服务质量的感知，提升客户满意度，进而增强品牌影响力和市场竞争力。为了实现这一目标，企业需要从客户的角度出发，将服务触点进行细致的分类，如视觉触点、听觉触点、情感触点等，并针对每一个触点制定具体的服务标准和优化措施。在物业管理中，出入口岗是客户频繁接触的岗位，岗位输出的行为直接影响客户体验。从服务触点管理的角度来看，出入口岗的触点类风险包含以下四个方面。

1）出入管理岗位人员着装不规范。包括：不穿着公司统一规定的工作服，或者工作服穿着不整齐；未正确佩戴和使用工牌，或者随意丢放工牌；穿着不符合岗位要求的服装，如穿着短裤、背心、拖鞋或凉鞋等；未保持服装的整洁，如衣服有污渍、异味、拉丝、破洞，以及衣袋内物品过多导致鼓起等。

2）工作态度松懈。包括：未正确指引和协助，对于需要帮助的进出人员，未主动提供指引和协助，或者指引时态度不耐心、不明确；工作状态懒散，如站立姿势不端正，倚靠或蹲坐岗亭，或者在工作期间玩手机、吃东西等，甚至出现人员脱岗、睡岗。这些行为都会影响岗位人员的形象和服务质量。

3）服务礼仪不规范，语言不文明。包括：态度冷淡或不友善，不主动打招呼，眼神回避，对待进出人员态度冷淡，缺乏耐心，甚至出现不友善或冲突的情况；语言使用不当，在与进出人员交流时，使用不恰当的语言或措辞，如粗话、脏话或带有侮辱性的言辞；与业主、外来人员发生争吵、纠纷等。

4）工作用具破损杂乱。包括：岗亭或服务台破损、脏污；物品摆放杂乱；门禁破损生锈、关闭时有冲撞声响，标识破损；太阳伞及伞座破损、褪色，不用时胡乱摆放等。

【风险防范】规避出入口岗的触点类风险，可参考以下措施：

1）加强培训与教育。定期开展工作态度和服务质量培训，提升岗位人员的职业素养和服务意识，细化行为准则规范。

2）明确工作职责。制定详细的工作职责和指引，同时加强巡查。

3）服务礼仪培训。组织服务礼仪培训，提高岗位人员正确的服务礼仪知识和技巧。

4）强化文明用语。制定文明用语规范，使用恰当、礼貌的语言。

5）做好物资保障。及时更新工作用具和工作服装，实时提升服装样式、颜色和标识等。

（扩展资料：秩序维护员形象礼仪.pptx）

（2）出入管理类风险　出入管理类具体的风险点：

1）出入口管理不严。在实际操作中，由于审核制度不严谨或执行不力，往往导致尾随人员、外来人员随意放行，缺乏必要的身份核实和安全检查。这种管理上的疏漏，不仅可能导致业主的不满，还可能对小区或楼宇的正常秩序造成干扰，甚至引起安全防范隐患。

2）出入口管理不灵活。业主在要求出入口严格管理的同时，也希望自己的访客能正常通行，出现访客来访受阻的情况，可能引发业主的不满情绪。

3）短期外来服务人员。随着外卖、快递等行业的快速发展，这些短期频繁来访的人员数量不断增加。然而，对于是否应该放行这些人员，是个两难的选择，若没有切实可行的规定或流程，容易激化三方矛盾。

4）员工频繁更换。由于员工流动性大，新员工往往对客户信息不熟悉，导致在核实业主身份时出现反复询问的情况，这不仅增加了业主的不满情绪，还可能影响物业服务公司的形象。

【风险防范】　规避出入管理类风险，可参考以下措施：

1）建立严格的出入审核制度和访客管理规范。

2）加强员工的服务意识培训，提高管理的灵活性和人性化。

3）针对外卖、快递等短期频繁进出物业管理区域的服务人员，可调查全体业主的意见或投票表决，可以实行 A/B 卡制度。

4）采用信息化手段，建立访客系统、智能识别系统等，减少频繁登记的环节，提升通行效率。

5）稳定秩序维护队伍，并加强新员工的培训，提高业务能力和服务水平，以便能够迅速熟悉客户信息。

陌生人/外来人盘查放行流程如图 4-1 所示。

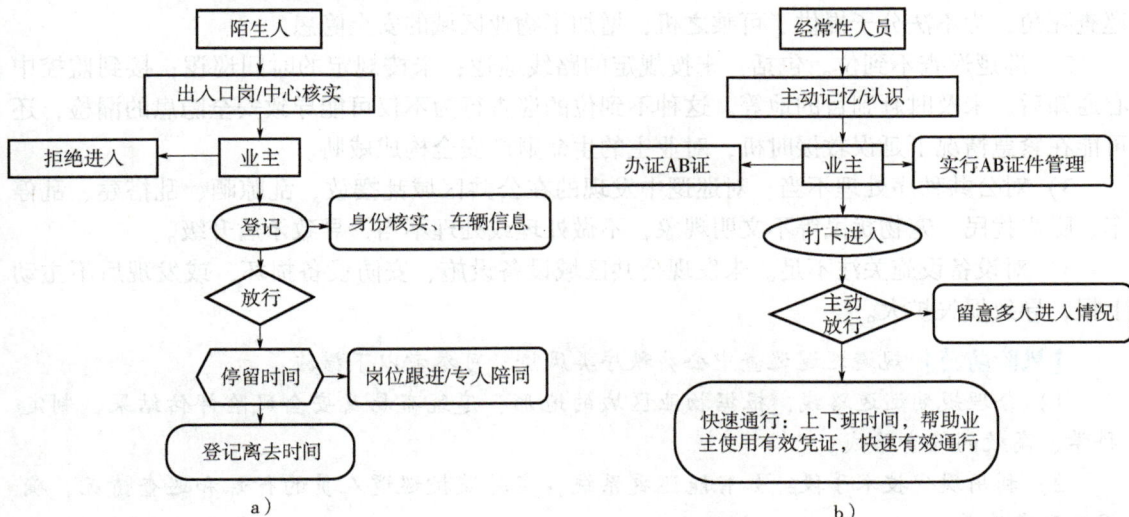

图 4-1　陌生人/外来人盘查放行流程

【案例分析】

某日早晨 7:40，某出入口秩序维护员对进出小区的装修工人检查出入证时，发现某房装修工人出入证上无照片，遂要求其出示身份证予以核实，在询问过程中与装修工发生口角，后经过其他员工拉开。

同日晚上 9:50，两名装修工模样的人员从出入口进入小区，两名出入口秩序维护员要求两人出示证件，两人说自己是小区业主，出入口岗员工坚持要求两人出示证件，由此发生争执。此时，两名员工用对讲机叫来班长李某，班长继续要求两名业主出示证件证明其身份，业主非常生气。其中一名业主拿出自己的门禁卡在班长面前出示了一下。场所员工梁某说："谁知道这张卡是不是你捡的！"业主动手推梁某，班长上前拉劝，业主转而动手推班长。此时，梁某见班长被打，上前对业主动手，附近其他岗位员工陆续赶到后参与斗殴。

思考：出入口岗秩序维护员的处理方式是否有问题？应该怎样沟通？

2. 巡逻巡查风险

（1）巡逻巡查触点类风险　此类风险和出入岗管理风险类似，主要包括：着装不规范；工作态度松懈，对于需要帮助的进出人员，未主动提供指引和协助；工作状态懒散，巡逻速度过快或过慢，躲隐蔽处抽烟、休息、边巡逻边玩手机等；服务礼仪不规范，路遇业主不主动让路；巡逻车辆或用具破损等。

【风险防范】规避巡逻巡查触点类风险，可参考以下措施：

1）加强培训与教育。定期开展工作态度和服务质量培训，提升岗位人员的职业素养和服务意识，细化行为准规范。

2）明确工作职责。制定详细的工作职责和指引，同时加强巡查。

3）服务礼仪培训。组织服务礼仪培训，提高岗位人员正确的服务礼仪知识和技巧。

4）强化文明用语。制定文明用语规范，使用恰当、礼貌的语言。

（2）巡逻巡查中公共秩序类风险　巡逻巡查中公共秩序类具体的风险点：

1）巡逻巡查路线安排不当。包括：巡逻路线过长、路线重复，不仅导致巡逻效率低下，还可能因巡逻人员疲劳而疏忽关键区域的安全隐患；高风险区域未涵盖，或留有过多的巡查死角，为不法分子提供了可乘之机，增加了物业区域的安全隐患。

2）巡逻巡查不到位。包括：未按规定的路线巡逻；未按规定的时间巡逻；接到监控中心通知后，未及时赶到目的地等。这种不到位的巡查行为不仅可能导致安全隐患的漏检，还可能在紧急情况下延误救援时机，对业主的生命财产安全构成威胁。

3）对公共秩序处理不当。对巡逻中发现的在公共区域乱摆放、乱晾晒、乱搭建、乱停车、噪声扰民、宠物扰民等不文明现象，不做处理或处理不当，导致矛盾升级。

4）对设备设施关注不足。未发现公共区域设备设施、安防设备损坏，或发现后不主动上报，导致损失扩大。

【风险防范】规避巡逻巡查中公共秩序类风险，可参考以下措施：

1）合理规划巡逻路线，根据物业区域的地形、建筑布局及安全风险评估结果，制定科学、高效的巡查路线。

2）利用现代技术手段，如智能巡更系统，实时监控巡逻人员的行踪和巡查情况，确保无死角覆盖。

3）建立严格的巡逻巡查制度，明确巡逻人员的工作职责和要求，确保他们按照规定的时间和路线进行巡查。

4）加强对巡逻人员的培训和考核，提高他们的安全意识和责任心，确保他们能够及时发现和处理安全隐患。

5）落实巡逻工作监管制度与情况报告制度，提高对巡逻数据信息进行储存、检查、记录的手段和方法，便于问题的解决和处理，总结经验改进巡逻工作。

（3）巡逻巡查中安全防范类风险　巡逻巡查中安全防范类具体的风险：

1）巡逻时没有关注盗窃途径上的关键部位。包括：对不法分子容易翻越进入重点部位，未进行重点关注，如围墙、栅栏、树木等，一旦巡逻岗忽视了对这些区域的巡查，不法分子便可能趁机而入，实施盗窃等不法行为；对业主的疏忽，如忘关的落地窗、入户门等安全隐患等，疏忽视而不见，或未能及时提醒业主，可能导致安全防范案件的发生，给业主的财产和人身安全带来严重威胁。

2）未发现进入物业管理区域的不法分子。包括：巡逻路线一成不变，被不法分子摸透规律；对小区内可疑及闲杂人员，未引起足够的重视；对居家报警，未及时赶到；对周界红外报警，未能及时响应，或未对报警情况进行核实即简单解除。这些情况都可能导致安全事件的扩大和恶化。

【风险防范】规避巡逻巡查中安全防范类风险，可参考以下措施：

1）制定详细的巡查路线和时间表，确保关键部位能够得到足够的关注和巡查。同时，可采用"定线与不定线结合巡逻法"或者"点与线相结合的巡逻方法"，以避免被不法分子掌握规律（可参考图4-2）。

2）加强对巡逻岗的培训，提高其对盗窃途径关键部位的认识和重视程度，确保在日常巡查中能够重点关注这些区域。

3）加强对业主的安全宣传和教育，提高业主的安全意识和自我保护能力，共同维护物业安全。

4）制定详细的报警处理流程，确保巡逻岗在接到报警信号后能够迅速响应并进行核实。

5）利用信息技术手段，如智能巡更系统，实时监控巡逻人员的行踪和巡查情况，确保无死角覆盖。

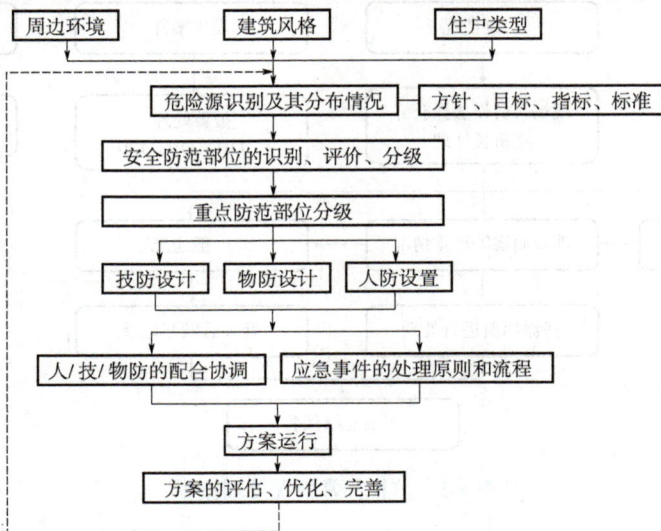

图 4-2　巡逻方案策划示意

（4）监控服务的风险　监控服务具体的风险点：

1）监控工作人员素质和能力不足。包括：不按岗位标准和要求工作，工作中注意力不集中、懈怠，不能第一时间对意外情况或突发事件作出反应；监控专业技能差，操作不熟练，错过对可疑信息的复查或重点观察。

2）监控设施缺陷。包括：监控设施数量不足或性能落后，不能满足安全防范需求；监控设施布置不合理，监控设施设备发生故障维修不及时等。这些情形有可能导致意外情况继续发生或损害扩大，监控数据存储的数据丢失、不全甚至没有实现存储，不能为业主或相关部门查询提供有效帮助，承担意外事件直接责任或连带责任的风险。

【风险防范】规避监控服务的风险，可参考以下措施：

1）加强制度落实，强化岗位培训，监控人员须掌握独立操作技能，能迅速判断异常，做出妥善处理（可参考图4-3）。

2）提高监控人员对监控资料的保管、保密意识，制定监控资料的查询、利用规章，防止监控信息的恶意泄露与传播。

3）建立安全防范系统设施设备台账和保养维修制度，及时掌握设备情况，在条件允许的情况下，逐步提升安防系统性能。

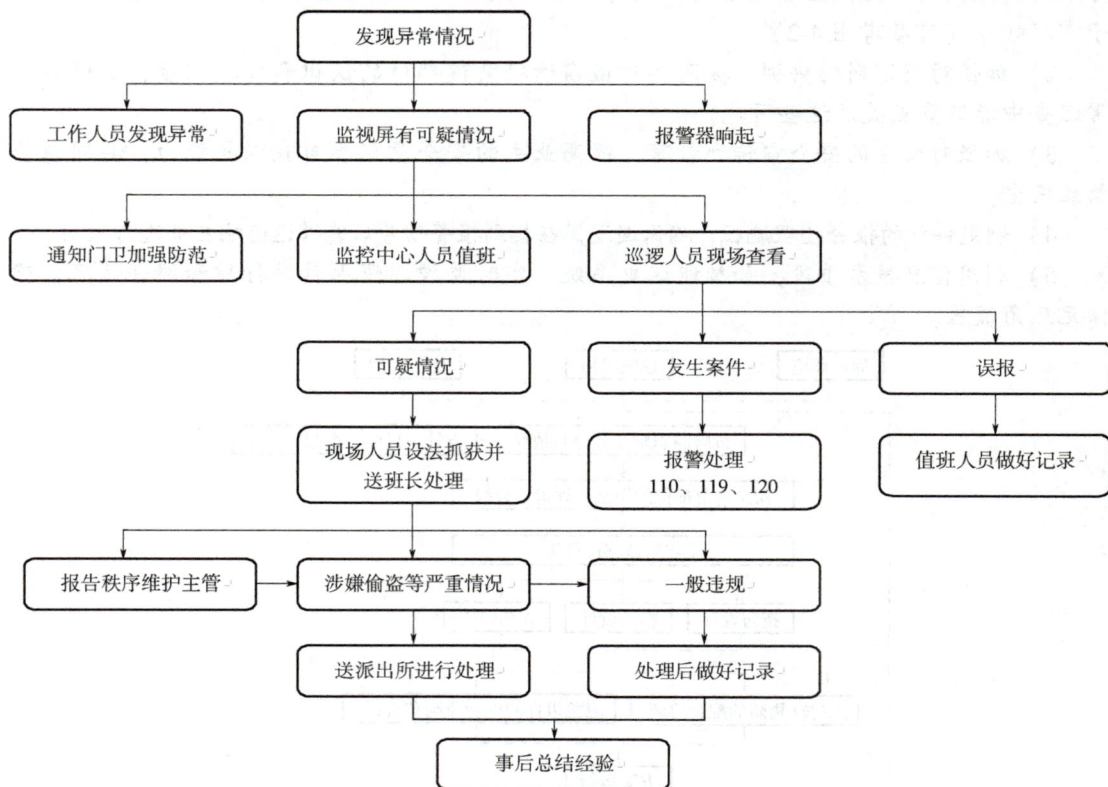

图 4-3　监控异常情况处理流程

【案例分析】

12月，某小区业主丁某发现，自己停在小区车位上的车前挡风玻璃被人用石头砸碎了，但是由于车位刚好处于监控盲区，无法找到肇事者，物业服务公司也拒绝赔偿，于是丁某将物业服务公司诉至法院，要求对方赔偿车辆玻璃维修费1600元。

法院审理认为，双方签订的物业服务合同中规定，物业服务公司对小区人员的财产不负保险和保管责任，但合同中也约定，物业服务公司的义务包括协助小区安全防范和安全监控。丁某已经缴纳了停车费和物业费，车辆停放之处刚好是监控死角，物业服务公司应谨慎履行管理职责。但是物业服务公司在长期服务过程中一直未解决监控盲区问题，在巡查过程中也未能及时发现并阻止丁某的车辆玻璃被砸坏，未尽到合同约定的安全保障义务，故应承担相应的赔偿责任。综合考虑到物业服务公司的过错程度、业主的损害后果等因素，最终法院判定物业赔偿业主300元。

（5）秩序维护员职业安全类风险　秩序维护员职业安全类具体的风险点：

1）工作冲突风险。

①与客户、外来人员等发生暴力冲突的风险。在执行职务过程中，有时可能会遇到情绪激动的客户或外来人员，如果处理不当，可能会引发暴力冲突，给秩序维护员带来伤害。

②与不法分子发生正面冲突导致受伤风险。在执行职务时，可能会遇到不法分子，如窃贼、抢劫等，在制止他们的不法行为时可能会导致秩序维护员受伤。

③驱逐危险动物或流浪动物时受伤风险。在执行一些特殊任务过程中，可能会遇到一些危险的动物，如蛇、狗、马蜂等，由于这些动物本身具有攻击性，秩序维护员有遭受伤害的风险。

2）工作意外伤害。

①恶劣天气情况导致身体伤害风险。在酷暑、寒冬、雷电等恶劣天气情况下，秩序维护员仍然需要执行职务，如安全巡逻、对讲使用等，这些情况下容易发生身体伤害。

②高处或离开地面作业时坠落风险。秩序维护员进行高处或离开地面作业，如翻窗开门、翻越围墙测试红外线等，发生坠落事故。

③交通事故风险。秩序维护员使用巡逻车辆，如自行车、摩托车、电瓶车等，或在复杂的交通环境中，如汽车道、车辆出入口等地方执勤时，存在发生交通事故的风险。

【风险防范】规避秩序维护员职业安全类风险，可参考以下措施：

1）定期进行防身技能和安全意识的培训，提高应对突发状况的能力。

2）配备必要的防护工具，如防身喷雾、安全帽、防护罩、手套等。

3）对于危险动物的驱逐，应由专业人员进行，并确保使用适当的工具和方法。

4）高处或离开地面作业时，必须佩戴安全带等防护装备，并确保有专人监护。

5）定期对巡逻车辆进行检查和维护，确保车辆状态良好，使用巡逻车辆时，务必遵守交通规则，注意行车安全。

6）在汽车道、车辆出入口等地方执勤时，设置明显的警示标志，并穿戴反光背心等醒目的防护装备，提高安全性。

4.1.3　人员与设备物资的风险

1.秩序维护人员配备风险

秩序维护人员配备风险点：

1）人力不足风险。如果配置的秩序维护员数量不足，可能导致安全巡查不到位，出现安全漏洞，无法及时应对突发事件，从而威胁整个区域的安全。

2）技能不匹配风险。若秩序维护员缺乏必要的专业技能或培训，可能无法有效地执行安全巡查、紧急事件处理等任务，从而影响整个秩序维护工作的效果。

3）人员流动性风险。秩序维护员流动性过高可能导致工作交接不畅，影响工作的连续性和稳定性，也可能导致团队凝聚力下降，影响整体工作效率。

4）团队协作风险。如果团队成员之间配合不默契，或者存在沟通障碍，可能会降低整体的工作效率，甚至可能因配合不当而导致安全事故。

【风险防范】规避秩序维护人员配备风险，可参考以下措施：

1）合理配置人力资源：根据区域面积、风险等级等因素，合理配置秩序维护员数量，确保能够全面覆盖并有效执行安全巡查任务。

2）加强技能培训：定期对秩序维护员进行技能培训，包括安全知识、巡查技巧、紧急事件处理等，提高其专业素养和应对能力。

3）优化激励机制：通过提供合理的薪酬福利、晋升机会等，激发秩序维护员的工作积极性，降低流动性，保持团队的稳定性。

4）强化团队协作：加强团队成员之间的沟通与协作，通过团队建设活动、定期会议等方式，增强团队凝聚力，提高整体工作效率。

5）制定应急预案：针对可能出现的突发事件，制定详细的应急预案，并进行定期演练，确保秩序维护员能够在紧急情况下迅速、有效地应对。

2. 安防设备与系统配置风险

安防设备与系统配置风险点：

1）技术风险。安防设备与系统可能因技术缺陷或过时而无法满足当前的安全需求。如监控摄像头分辨率低、识别能力差，或报警系统响应速度慢等。

2）设备老化风险。安防设备随着使用时间的增长，可能会出现性能下降、故障率增加等问题，影响系统的稳定性和可靠性。

3）人为操作风险。包括误操作、未按照规范操作等，可能导致系统误报、漏报或失效。

4）集成与兼容风险。不同品牌、型号的安防设备与系统可能存在兼容性问题，导致系统集成困难，影响整体性能。

5）数据安全风险。安防系统涉及大量敏感数据，如监控视频、门禁记录等，若未采取有效的数据保护措施，可能导致数据泄露或被篡改。

【风险防范】规避安防设备与系统配置风险，可参考以下措施：

1）技术更新与升级。定期评估现有安防设备与系统的性能，根据实际需求进行技术更新和升级，确保技术先进性和适用性。

2）定期维护与保养。制订设备维护计划，定期对安防设备进行检查、清洁、维修和保养，延长设备使用寿命，降低故障率。

3）加强培训与操作规范。对秩序维护员进行安防设备与系统操作培训，确保他们熟悉设备性能、操作方法和注意事项，减少人为操作风险。

4）统一接口标准。在采购安防设备时，尽量选择接口标准统一的设备，降低集成与兼容风险。

5）加强数据安全保护。采取数据加密、访问控制、备份恢复等安全措施，确保安防系统数据的安全性和完整性。

任务 4.2　车辆管理风险防范

任务单见表4-2。

表 4-2　任务单　　　　　　　　　　　　　　　　NO. 004002

任务描述	尝试编制一份针对住宅项目（或校园物业）的车辆管理工作风险管理清单		
任务准备	1）学生分组 2）回顾车辆管理的相关知识 3）完成一定的知识储备，也可边做边学	关键知识	车辆管理的内容与规范 车辆管理的各类风险 物业服务人的法律责任

任务实施（团队任务）要求

1）学生分组收集整理所需资料和重要数据

2）按车辆管理岗位分工或一定的逻辑顺序编制风险管理清单，若有不确定的内容可多方咨询

3）要求多角度全面思考

任务成果评价	学生互评和教师评价 评价依据：选择方法正确，风险管理清单完整规范 评选优秀作品

4.2.1　车辆管理准备阶段的风险

1. 车辆管理文件的风险

制定车辆管理文件的风险点：

1）起草制定具有法律效力的文件时，忽略合法规避相关法律风险的条款内容等。例如，制订物业服务合同或车位使用（租赁）协议时，对停车管理是车辆保管关系还是车位租用关系表达不清或用词不当；对外经营的车位，未提前办理营业执照。

2）车辆管理文件不健全或不规范的风险。文件内容过于复杂或模糊，可能导致车辆管理人员理解困难或产生歧义，进而影响执行效果。

【**风险防范**】规避车辆管理文件的风险，可参考以下措施：

1）认真研读车辆管理纠纷案件判决，从中学习规避法律风险的思路与办法。

2）车位使用（租赁）协议的相关条款须明确双方建立的是车位使用关系，而不是保管关系，并形成相关证据保留。

3）依法依规制定车辆管理制度，形成健全的、可操作性强的管理办法。

4）内部规章制度及营业执照、收费许可证或其他文件上避免使用"保存、保管、看管"等字样。

2. 停车场设备准备风险

风险点：设备设施不齐全；照明未达标或照明浪费；停车场消防设施不足；门禁、对讲

等设施不能正常使用；车位号、标线、私家车牌等标识不清晰；车辆出入口门岗红外、地感未配套；充电设备或线路配备不能满足使用等。

【风险防范】规避停车场设备准备风险，可参考以下措施：

1）逐一检查、增补、修缮、调整，确保消防设备运行正常、设备房无异常、照明设备正常、辅助设施正常。

2）根据新能源车辆相关法规，尤其是地方性政策，并结合业主需求，合理规划和配置充电设备和线路。

【案例分析】

2022年8月19日，林某驾车在小区地下车库行驶时，与路面横放的人防门发生碰撞，造成车辆受损。事故发生后，林某要求保险公司出险，并报警。在该起事故中，林某的车辆共发生维修费93500元。保险公司支付给修理单位维修费后，起诉物业服务公司并提出代位求偿。

保险公司诉称，案涉事故发生时，物业服务公司没有采取设置警示标志等相应措施以保障通行安全，导致事故发生，故物业服务公司应对事故造成的损失承担赔偿责任。

一审法院审理后认为，物业服务公司在安装小区人防门的过程中将人防门放置在小区地下车库的通行路面上，却未采取设置明显警示标志等相应措施以保障通行安全，构成违约，应承担相应赔偿责任；林某行驶在灯光正常的道路过程中，与明显可视的物品发生碰撞，未尽到安全驾驶义务，对事故发生也存在一定过错，故酌定物业服务公司对林某的损失承担90%即84150元的赔偿责任。案涉事故发生后，保险公司已经向被保险人赔偿了保险金，办理了索赔权益转让手续，故依法有权行使保险人代位求偿权。

物业服务公司不服一审判决，提出上诉。二审法院做出了维持一审判决的终审判决，物业服务公司需承担90%的责任，应向保险公司支付赔偿款84150元。

3. 确定收费标准风险

确定收费标准风险点：

1）车位租赁费用、车位场地使用费、车位管理费收费标准风险。若车位租赁费用、车位场地使用费、车位管理费的收费标准未能严格遵循所在地政府的相关规定，或者与物业服务人与业主之间签订的协议存在出入，这不仅可能引发业主的不满和投诉，还可能使物业企业面临法律风险，如罚款或更严重的行政处罚。

2）访客临时停车收费风险。访客临时停车收费标准若不符合当地政府规定或业主与物业服务人之间的协议约定，不仅会引发访客的不满和抵触情绪，也可能给物业服务人带来法律纠纷和经济损失。

3）收费制度、缴费管理规程缺陷风险。若收费制度不健全或缴费管理规程存在漏洞，可能导致收费过程中的混乱和不透明。在这种情况下，不仅可能出现收费不公、错收漏收等问题，还可能给不法分子提供可乘之机，如收费人员的贪污行为。这些风险点不仅损害了业主的利益，也严重影响了物业服务人的形象和信誉。

【风险防范】规避收费标准风险，可参考以下措施：

1）物业服务人应定期审查并更新车位相关收费标准，确保其严格符合所在地政府的相关规定。同时，加强与业主的沟通，确保收费标准与业主协议中的约定一致。对于任何变更或调整，应提前通知业主并征得他们的同意。

2）制定明确的访客临时停车收费标准，并在显著位置公示。加强对访客停车的管理和监督，确保收费过程的透明和公正。对于不符合规定的收费行为，应及时予以纠正和处理。

3）建立健全的收费制度和缴费管理规程，确保收费过程的规范化和透明化。加强对收费人员的培训和监督，防止贪污等不法行为的发生。

4）强化内部监督与审计。物业服务公司应建立内部监督机制和审计制度，定期对车位费用的收取、使用和管理进行审计和检查，确保费用的合规性和安全性。对于发现的问题和违规行为，应及时进行处理和纠正。

5）加强与业主的沟通与互动。物业服务公司应加强与业主的沟通和互动，及时解答业主关于车位费用等问题的疑虑和投诉，增强业主的信任和满意度。同时，应通过定期公示、召开业主大会等方式，向业主公开车位费用的收取和使用情况，接受业主的监督。

4.2.2　车辆管理实施的风险

1. 车辆出入管理的风险

车辆出入管理的风险点：

1）管理风险。包括：异常车辆进出管理不善，无牌车辆、未登记车辆、欠费车辆随意进场；破损车辆进场时未记录；工作人员办理效率低，或不遵守制度，业主不配合工作；箱式货车未检查、登记信息与车辆信息不一致的，随意出场，或检查核实效率低导致拥堵混乱等情况；自行车或摩托车，随意进出地下停车，随意停放等。

2）技术风险。如果停车场的出入管理系统出现故障（如自动识别系统失效、收费系统瘫痪等），会造成车辆进出卡失效、不能识别等情形，导致人员冲突、车辆通行慢甚至拥堵。

[风险防范]　规避车辆出入管理的风险，可参考以下措施：

1）加强门岗员工操作程序培训，熟练掌握操作技能，规范服务礼仪，提高工作效率和效果；对异常车辆或突发事件，制定应急处置方案。

2）对故意堵塞出入口的行为主动与当事人沟通、劝阻，必要时报警处置，切不可采取过激甚至违法的处理方式。

3）加强车辆出入管理记录并建档保存。

4）强化出入设施设备检查，及时维修或更新，保持其正常使用。

2. 车辆在场管理风险

车辆在场管理风险的风险点：

1）车辆停放不规范。包括：占用他人车位、占用多个车位、压线停车等；非车位停车，占用道路或绿化带停车等。

2）车辆刮蹭风险。停车场内车辆密集，或驾驶员操作不当，可能存在相互刮蹭、碰撞的风险，界定责任时容易出现推诿扯皮的情况。

3）火灾风险。停车场车辆密集停放，一旦发生火灾，容易造成严重后果。电气故障、充电不规范、不当使用车载物品等都可能成为火灾的源头。

4）安全隐患。停车场内可能存在盗窃、抢劫等安全隐患。如果监控不足或安保措施不到位，可能会给不法分子提供可乘之机。

5）异常情况。如业主车辆车窗未关、车门未锁，闲杂可疑人员在停车场徘徊等。

（扩展资料：停车场管理要点）

[风险防范] 规避车辆在场管理风险，可参考以下措施：

1）标识清晰化。在停车场内设置清晰的车位标识和停车指引，明确指示车主按照规定的车位停放。

2）智能管理系统。引入智能停车管理系统，通过车牌识别等技术，自动分配车位，并监控车辆停放情况，及时纠正不规范停车行为。

3）巡查与引导。加强停车场巡查力度，及时纠正占用他人车位、压线停车等行为，并引导车主规范停车。

4）定期检查消防设备。定期对停车场的电气设施、消防设施进行检查和维护，确保其正常运行。

5）规范充电行为。对电动车充电设施进行规范管理，指定充电区域，禁止在非指定区域充电。

6）定期巡查。停车场管理人员应定期对停车场进行巡查，发现车窗未关、车门未锁、闲杂可疑人员等异常情况及时通知车主或采取相应措施。

3. 车辆受损或被盗的风险

风险点：业主和物业使用人车辆停放产生纠纷，车主车辆或车内物品被盗索赔认定纠纷等。例如，业主和物业使用人违规行车或不慎行车，造成他人车辆损坏；车主未锁闭车窗、车门，车内物品被盗；车主未按车位停放或随意停放车辆被损被盗；物业服务企业未建立健全车辆管理制度，未采取措施降低风险损失或未尽到管理责任等情形，导致人员冲突、经济赔偿、连带赔偿责任等。

[风险防范] 规避车辆受损或被盗的风险，可参考以下措施：

1）加强制度建设，规范作业程序，杜绝管理漏洞，加强车辆安全巡视，并做好巡视记录。

2）发现车窗门异常或车辆损坏情况，及时留存证据并通知车主确认。

3）明确车辆停放非保管法律关系，并在显著位置明确告知，避免在车辆出现刮损或丢失时引起法律纠纷而担责。

4）完善监控安防系统，加大对停车区域、道路的技术监控，并留存监控信息。

5）加大物业管理区域内文明行车、文明停车、车辆防盗防损的宣传，加强对占用他人车位、乱停乱放现象的管理力度，及时纠正不良行为，保证物业服务区域的交通安全。

[案例分析]

2014 年 2 月 1 日，阎某花费 4200 元购买了一辆电动自行车。2018 年 5 月，他入住 L 市某小区，把电动自行车一直存放在小区营销中心门前停车场的电车棚里。2020 年以后，他较少使用这辆车。

2020 年 5 月 31 日下午，小区物业服务公司秩序部中队长看到阎某的这辆电动自行车积灰，长期没有使用痕迹，便断定这辆车为"僵尸车"，组织人员把车从电车棚里用板车拉出。

此后，物业服务公司没有通过张贴公告、楼管发消息等方式，通知车辆所有人及时前去处理车辆。

2020 年 7 月 22 日晚，阎某的父亲去电车棚取车时，发现这辆电动自行车不见了，立即找到物业服务公司秩序维护员。7 月 23 日至 7 月 24 日，阎某及家人与物业服务公司秩序维护员多次在小区停车棚附近寻找，都没有找到这辆电动自行车。

此后，阎某的父亲拨打 110 电话报案，派出所民警出警。由于摄像头记录时间只有半个月，民警也没能找到有利线索。

无奈之下，阎某把物业服务公司诉至区人民法院，请求法院判令物业服务公司赔偿他丢失电动自行车的损失 4200 元。

阎某认为，他按照物业服务公司提供的场所和要求停放车辆，没有占用公共通道，不产生安全风险，不违反法律法规。物业服务公司擅自挪动他的电动自行车后，没有尽到发布通知责任，没有尽到"挪车管车"责任，侵犯了他的物权，同时也是导致车辆丢失的主要原因。他有权要求物业服务公司予以赔偿。

物业服务公司辩称，因为电车棚空间有限，物业服务公司对长久停放的车辆进行移放，而且只是把车移放到距离电车棚几米远的地方，是合理合法的物业服务公司管理行为。物业服务公司移放车辆的行为没有主观上的过错，也不是一个加害行为。物业服务公司把车移到电车棚几米远的地方，并不一定导致车辆丢失。物业服务公司移放的行为，与车辆丢失不存在直接的因果关系。此外，阎某 2014 年购买电动自行车的价格为 4200 元，他使用 6 年后，考虑到车辆磨损折旧问题，他让物业服务公司赔偿 4200 元，没有依据。

思考：物业服务公司在此案例是否应该承担责任？法律依据是什么？

4. 电动自行车管理风险

风险点：乱停乱放，如电动车违规停放在楼道，违规停在地下车位，违规进入电梯，停在入室内，或者在随意停放在公共区域等；不规范充电，如入室充电，楼道充电，或飞线充电等；行驶不规范，如横穿广场，随意在休闲健身区域骑行，或者碾压绿地行驶等情况；严格管理后，业主无处停放电动自行车，无处充电。

【风险防范】 规避电动自行车管理风险，可参考以下措施：

1) 加强巡查与监管。物业或相关部门应加强对充电区域的巡查，对发现的不规范充电行为及时制止和处理。

2) 设置标识与指引。在小区、楼道、地下车位等区域设置明显的电动车停放标识，指引车主正确停放。

3) 开展安全教育。通过举办安全讲座、发放宣传资料等方式，向业主普及电动车充电安全知识，提高居民的安全意识。

4) 增设停车设施。合理规划并增设电动车停车位，建立电动车集中充电设施，引导车主在指定地点进行充电，以满足居民的停车需求，降低乱停乱放的风险。

思考：如果你是物业管理项目经理，为规范电动自行车停放和充电，计划在住宅小区内建立自行车棚和集中充电设施，需要做好哪些准备工作？

【法律依据】

《高层民用建筑消防安全管理规定》（2021年）第三十七条，禁止在高层民用建筑公共门厅、疏散走道、楼梯间、安全出口停放电动自行车或者为电动自行车充电。

鼓励在高层住宅小区内设置电动自行车集中存放和充电的场所。电动自行车存放、充电场所应当独立设置，并与高层民用建筑保持安全距离；确需设置在高层民用建筑内的，应当与该建筑的其他部分进行防火分隔。

另外需要关注电动自行车停放、充电相关的地方性政策。

任务4.3　消防管理的风险防范

任务单见表4-3。

表4-3　任务单　　　　　　　　　　　　　　　　　　　　　　NO. 004002

任务描述	尝试编制一份针对住宅项目（或校园物业）的消防管理工作风险管理清单		
任务准备	1）学生分组 2）回顾物业消防管理的相关知识 3）完成一定的知识储备，也可边做边学	关键知识	消防设备的内容与规范、消防管理的法律规定及火灾预防的相关知识
任务实施（团队任务）要求			
1）学生分组收集整理所需资料和重要数据 2）按工作内容或一定的逻辑顺序编制风险管理清单，若有不确定的内容可多方咨询 3）要求多角度全面思考			
任务成果评价	学生互评和教师评价 评价依据：选择方法正确，风险管理清单完整规范 评选优秀作品		

物业消防管理是指在日常管理中通过有效措施预防物业火灾发生，在火灾发生时采取应急措施，以最大限度地减少火灾的损失。消防工作包括防火和灭火两个方面的内容。《消防法》《高层民用建筑消防安全管理规定》均规定了物业服务企业应当依法履行的消防安全职责。

【法律依据】

《消防法》第十八条，同一建筑物由两个以上单位管理或者使用的，应当明确各方的消防安全责任，并确定责任人对共用的疏散通道、安全出口、建筑消防设施和消防车通道进行统一管理。

住宅区的物业服务企业应当对管理区域内的共用消防设施进行维护管理，提供消防安全防范服务。

《高层民用建筑消防安全管理规定》第四条，高层民用建筑的业主、使用人可以委托物业服务企业或者消防技术服务机构等专业服务单位（以下统称消防服务单位）提供消防安全服务，并应当在服务合同中约定消防安全服务的具体内容。

第十条，接受委托的高层住宅建筑的物业服务企业应当依法履行下列消防安全职责：

（一）落实消防安全责任，制定消防安全制度，拟订年度消防安全工作计划和组织保障方案。

（二）明确具体部门或者人员负责消防安全管理工作。

（三）对管理区域内的共用消防设施、器材和消防标志定期进行检测、维护保养，确保完好有效。

（四）组织开展防火巡查、检查，及时消除火灾隐患。

（五）保障疏散通道、安全出口、消防车通道畅通，对占用、堵塞、封闭疏散通道、安全出口、消防车通道等违规行为予以制止；制止无效的，及时报告消防救援机构等有关行政管理部门依法处理。

（六）督促业主、使用人履行消防安全义务。

（七）定期向所在住宅小区业主委员会和业主、使用人通报消防安全情况，提示消防安全风险。

（八）组织开展经常性的消防宣传教育。

（九）制定灭火和应急疏散预案，并定期组织演练。

（十）法律、法规规定和合同约定的其他消防安全职责。

第二十七条，高层公共建筑内有关单位、高层住宅建筑所在社区居民委员会或者物业服务企业按照规定建立的专职消防队、志愿消防队（微型消防站）等消防组织，应当配备必要的人员、场所和器材、装备，定期进行消防技能培训和演练，开展防火巡查、消防宣传，及时处置、扑救初起火灾。

第四十一条，高层公共建筑内的单位应当每半年至少对员工开展一次消防安全教育培训。

高层公共建筑内的单位应当对本单位员工进行上岗前消防安全培训，并对消防安全管理人员、消防控制室值班人员和操作人员、电工、保安员等重点岗位人员组织专门培训。

高层住宅建筑的物业服务企业应当每年至少对居住人员进行一次消防安全教育培训，进行一次疏散演练。

4.3.1　火灾预防的风险

1. 志愿消防队建设方面的风险

志愿消防队建设方面的风险点：

1）人员流动与培训风险：志愿消防队员可能由于个人原因流动频繁，导致队伍稳定性差。此外，新队员需要经过一定时间的培训及适应期才能熟练掌握消防知识和技能，这对于志愿消防队的应急响应能力构成了挑战。

2）消防能力风险：对于志愿消防队员，如果没有经过良好的消防技能培训，缺乏基本的消防知识和技能，那么在紧急情况下可能无法有效应对。

3）组织与管理风险：志愿消防队的组织与管理需要高效、规范，以确保在紧急情况下能够迅速、有效地响应。然而，由于物业企业可能缺乏专业的消防管理经验，导致志愿消防队的组织和管理存在漏洞和不足，增加了火灾应对的风险。

【**风险防范**】 规避志愿消防队建设方面的风险，可参考以下措施：

1）加强对志愿消防队员的选拔和培训，确保队员具备基本的消防知识和技能，提高队伍的整体素质。

2）积极争取政府和消防救援机构的支持。

3）建立健全志愿消防队的组织和管理制度，明确职责分工，规范操作流程，确保队伍的高效运作。

2. 消防设施设备存在的风险

消防设施设备存在的风险点：

1）假冒伪劣产品风险：防火门、防火窗、防火卷帘等消防产品可能存在假冒伪劣的情况，这些产品一旦投入使用，不仅无法起到应有的防火作用，反而可能在火灾发生时加剧火势蔓延。

2）设备损坏或故障风险：消防设施设备如防火门、防火卷帘等可能存在关闭不严、缺乏或损坏闭门器、控制器回路故障等问题，这些都可能导致设备在火灾发生时无法正常运作。

3）维护保养不当风险：消防设施的维护保养如果不及时或不到位，可能导致设备老化、损坏，进而影响其正常运行。例如，排烟风机、防烟风机损坏或没有连接电源，排烟道、送风道受损漏烟（风）等。

4）人为因素风险：在消防设施的安装和维护过程中，可能存在人为操作不当或故意破坏的情况，如擅自拆除闭门器、灭火器等；业主和物业使用人随意使用消防用水致使物业服务中心不得已关闭消防供水系统等。这些都可能对消防设备的正常运行构成威胁。

【**风险防范**】 规避消防设施设备存在的风险，可参考以下措施：

1）严格采购管理。确保采购的消防设施设备符合国家标准和质量要求，杜绝假冒伪劣产品进入使用环节。

2）定期检查和维护。定期对消防设施设备进行检查和维护，确保其处于良好的工作状态。对于发现的故障、损坏或者丢失，应及时修复或更换。

3）加强培训和演练。定期对物业服务人员和业主进行消防安全培训，提高消防安全意识和技能。

3. 业主火灾自防的风险

业主火灾自防的风险点：

1）电气线路问题：老旧小区的电气线路可能老化、破损，容易引发火灾。此外，私拉乱接电线、违规使用大功率电器也是常见的电气火灾隐患。

2）燃气使用不当：部分居民可能未按照规范使用燃气，燃气管道老化、漏气，燃气灶具不合格或未定期检查等，这些都可能引发火灾或爆炸。

3）易燃物品堆放：小区楼道、阳台等公共区域堆放的杂物，如纸箱、木材等易燃物品，一旦遇到火源，极易引发火灾。

4）居民消防安全意识不足：部分业主可能缺乏基本的防火安全知识，违规动用明火作业，不正确燃放烟火爆竹等行为，都会带来火灾隐患。

【风险防范】规避业主火灾自防的风险，可参考以下措施：

1）加强电气线路检查与维护。定期对小区的电气线路进行检查，及时更换老化、破损的电线和电器设备。提醒居民不要私拉乱接电线，违规给电动车充电。

2）规范燃气使用。定期检查燃气管道和燃气灶具的安全性能，确保无漏气、老化等问题。

3）清理易燃物品。定期组织人员对小区楼道、阳台等公共区域进行清理，确保无易燃物品堆放。

4）开展消防安全宣传教育。提高居民的自防意识和自救能力。张贴消防安全提示和警示标志的设置，提醒居民时刻关注消防安全。

4.3.2　消防组织的风险

1. 火灾险情未及时发现的风险

火灾险情未及时发现的风险点：

1）监控中心监控设备故障或失效：监控设备可能因老化、损坏或维护不当而出现故障，导致无法正常工作。这包括摄像头模糊、无信号、黑屏等问题，使得监控中心无法实时观察火灾情况或及时发现火源。

2）火灾探测系统不灵敏或误报：火灾探测系统可能由于灵敏度设置不当、灰尘积累或设备老化等原因，出现不灵敏或误报的情况。这可能导致无法准确判断火灾是否真正发生，或者延误了火灾的发现时间。

3）人为疏忽或操作不当：监控中心的工作人员可能因疲劳、注意力不集中或缺乏专业培训等原因，导致对监控画面的观察不仔细，或者对火灾信号的识别不准确，可能导致无法及时传递报警信号。

【风险防范】规避火灾险情未及时发现风险，可参考以下措施：

1）定期检查和维护监控设备。确保监控设备处于良好状态，避免出现故障或失效的情况。

2）定期校准和测试火灾探测系统。确保探测系统的灵敏度和准确性，减少误报和不灵敏的情况。

3）加强人员培训和管理。提高监控中心工作人员的专业素质和技能水平，确保能够准确判断火灾情况并及时传递信息。

4）优化信息传递流程。建立清晰、高效的信息传递流程，确保监控中心与其他应急部门之间的信息畅通无阻。

2. 火灾消灭过程中的风险

火灾消灭过程中的风险点：

1）与消防队的沟通失误：因为紧张或慌乱，没有准确地向消防队描述火灾信息，没有主动迎接消防车、清理消防通道等。

2）消防通道阻塞：消防通道被占用（如停放车辆、堆放杂物等），严重影响火灾时的救援工作。

3）灭火设备低效：灭火器等设备缺少或损坏，导致火灾初起时无法有效扑救；自动喷淋系统没有启动、消防管网无水或水压低等，导致火势扩大。

4）对火势判断不准确：在灭火初期，对火势的大小、蔓延速度等判断不准确，可能导致灭火策略不当，无法有效控制火势。（扩展资料：物业公司突发事件火灾处理流程.pdf）

【风险防范】规避火灾消灭过程中的风险，可参考以下措施：

1）标识与警示。在消防通道上设置明显的标识和警示牌，禁止停放车辆和堆放杂物，定期对消防通道进行检查，发现占用情况及时清理，确保通道畅通无阻。

2）对自动喷淋系统、消防管网等进行定期测试，对灭火器等设备进行定期检查和维护，确保其能够在火灾发生时正常工作。

3）制定应急预案。制定详细的火灾应急预案，明确各方职责和协作流程，提高应对火灾的效率和准确性。

4）定期演练与评估。定期组织跨部门的火灾应急演练，对沟通协作情况进行评估和改进。

（扩展资料：消防安全标识图）

【法律依据】

《消防法》第十六条，机关、团体、企业、事业等单位应当履行下列消防安全职责：

（一）落实消防安全责任制，制定本单位的消防安全制度、消防安全操作规程，制定灭火和应急疏散预案。

（二）按照国家标准、行业标准配置消防设施、器材，设置消防安全标志，并定期组织检验、维修，确保完好有效。

（三）对建筑消防设施每年至少进行一次全面检测，确保完好有效，检测记录应当完整准确，存档备查。

（四）保障疏散通道、安全出口、消防车通道畅通，保证防火防烟分区、防火间距符合消防技术标准。

（五）组织防火检查，及时消除火灾隐患。

（六）组织进行有针对性的消防演练。

（七）法律、法规规定的其他消防安全职责。

单位的主要负责人是本单位的消防安全责任人。

《公安部关于规范电动车停放充电加强火灾防范的通告》第四条，严厉查处违规停放充电行为。物业服务企业、主管单位和村民委员会、居民委员会，应当立即组织对住宅小区、楼院开展电动车停放和充电专项检查，及时消除隐患。对检查发现电动车违规停放、充电的，应当制止并组织清理；对拒不清理的，要向公安机关消防机构或者公安派出所报告。

4.3.3 火灾逃生的风险

火灾逃生的风险点：

1）业主对逃生路线不熟悉。在火灾发生时，如果业主对逃生路线不熟悉，可能会导致恐慌和混乱，甚至引发伤亡。

2）逃生设施不完善或维护不当。逃生设施（如楼梯、消防通道、应急照明等）如果存在问题或维护不当，将直接影响逃生效果。

3）业主自救能力不强。部分业主可能缺乏火灾自救知识和技能，无法在火灾初期采取有效措施进行自救。

4）缺乏统一指挥和协调。在火灾逃生过程中，如果缺乏统一指挥和协调，可能导致业主行动混乱，甚至引发次生事故。

【风险防范】规避火灾逃生风险，可参考以下措施：

1）物业管理应定期组织业主进行火灾逃生演练，确保每位业主都熟悉逃生路线和安全出口。在公共区域（如电梯间、走廊等）设置明显的逃生指示牌，以便业主在紧急情况下能够迅速找到逃生方向。

2）物业服务人应定期对逃生设施进行检查和维护，确保其处于良好状态。

3）物业管理应加强火灾自救知识的宣传和普及，提高业主的自救能力。在逃生演练中，培训业主如何使用灭火器材、如何正确逃生等技能。

4）物业管理应制定详细的火灾逃生预案，明确逃生程序、职责分工和指挥体系。在逃生演练中，模拟实际火灾场景，加强指挥和协调能力的训练。

【案例分析】

2019 年某日凌晨 1 时许，某市某小区某单元楼道口发生火灾。该起火灾烧损烧毁 12 辆电动自行车、2 辆自行车、1 辆电三轮车、1 辆摩托车，一楼通道墙体、大门、玻璃门等也在火灾中受损。

火灾发生后，辖区消防大队经调查作出火灾事故认定书，认定起火部位位于大门西侧，起火原因为吴某存放在该区域内的一电动自行车电气线路故障引发火灾。

令人痛心的是，火灾发生后居住在该单元楼 1 楼的一男子逃生过程中受伤，被送至市医院抢救，后被连夜送往省医院治疗，多日后不幸离开人世。

死者家属一纸诉状将能查明的包括吴某在内的 10 名车主及小区物业服务公司起诉至法院，要求赔偿各项损失 65 万余元。

起火电动自行车的车主吴某称，其车购买不到一年就起火，应该追加电动车厂家和销售者为被告。也有其他车主称，物业服务公司管理不到位，没有划定电动车的停车位，小区也没有车棚，存在过错。

物业服务公司则认为，其在楼道处贴有警示或温馨提示的标语，严禁业主私拉线路，占用公共楼道，其严格对小区管理，尽到义务。

市中院二审认为，吴某等 10 名车主车辆均停放在案涉小区单元楼的楼道口，该楼道口系该单元住户唯一的安全出口，他们将车辆停放在安全出口，占用、堵塞安全出口的行为违法。

案涉火灾因吴某的电动自行车电气线路故障引发，进而引燃其余 15 辆车辆，因此，吴某存在过错，而 16 辆车辆燃烧产生了大量浓烟和有毒气体，能够认定其他 9 位车主违法停放车辆的行为对火灾的扩大后果具有一定的过错，也应当承担相应的责任。

市中院二审认定，吴某承担 60% 的赔偿责任，赔偿 37 万余元。其余 9 名车主，因其中 2 人分别停放 2 辆车辆，法院酌定该 2 人各承担 2% 的责任，各赔偿 1.2 万余元；另外 7 名车主各承担1%的责任，赔偿0.6万余元。

法院认为，物业服务公司对于小区单元楼安全出口违规乱停乱放可能产生的安全隐患应比一般人具有更清醒的认识，但该物业服务公司却怠于履行管理义务，未采取相应的措施加以管理，未能排除安全隐患，存在过错，应当承担责任。据此判决，物业服务公司承担25%的责任，扣除已经支付的费用，仍需支付12万余元。

项目任务小结

本项目单元介绍了秩序维护的相关风险点及防范措施、车辆管理和消防管理的相关风险点及防范措施。

通过本项目的学习，学生应可以针对秩序维护工作的出入口岗、巡逻巡查岗、监控岗等岗位的工作进行风险识别和分析，并能够初步编制秩序维护风险管理清单；针对消防管理工作的火灾预防、消防准备、消防组织和火灾逃生等方面进行风险识别和分析，并能够初步编制消防管理风险管理清单。

不同的物业项目具有不同的性质，风险点也会有一定的差别，风险防范措施和风险管理清单需要根据具体项目进行修改和补充。

思 考 题

1. 如何界定物业服务人在安全防范方面的责任？
2. 出入口岗的触点类风险有哪些？该如何应对？
3. 针对校园物业，试规划秩序维护员的巡逻路线。
4. 车辆在场管理的风险有哪些？该如何应对？
5. 消防设施设备存在哪些风险隐患？该如何应对？

自 测 题

一、单项选择题

1. 物业安全防范目的是通过保证（　　　），保障物业管理区域内的人身安全和财产安全。

  A. 物业基本秩序   B. 物业安全秩序

  C. 物业安全保障   D. 物业安全使用

2. 在物业安全防范管理中，物业服务人承担的角色是在物业管理区域内（　　　）公安、消防、执法等有关部门进行安全防范和基本秩序维护等管理活动。

  A. 执行   B. 保护   C 协调   D. 协助

3. 物业服务公司（　　　）保护业主的人身、财产安全。

  A. 应采取合理措施   B. 无义务

  C. 有偿   D. 应该

4. 《民法典》第九百四十一条规定，物业服务人将物业服务区域内的部分专项服务事项委托给专业性服务组织或者其他第三人的，应当就该部分专项服务事项向（　　　）负责。

  A. 业主   B. 业主委员会   C. 业主大会   D. 专业性服务组织

5. 当巡逻人员在公共区域发现损坏的设备设施时，他们合理的处理方式是（　　　）。

  A. 忽略它，认为这不是他们的责任

  B. 立即停止巡逻并修复设备设施

  C. 上报给相关部门并等待进一步指示

  D. 通知业主自行处理

6. 车辆管理文件的风险防范中，会增加风险的措施是（　　　）。

  A. 研读车辆管理纠纷案件判决，学习规避法律风险的思路与办法

  B. 在车位使用（租赁）协议中明确双方建立的是车位使用关系，而非保管关系

  C. 制定健全、可操作性强的车辆管理制度

  D. 及时给客户开具"车辆保管费"收据或发票

7. 消防设施设备存在的风险点中，不属于人为因素风险的是（　　　）。

  A. 擅自拆除闭门器   B. 故意破坏消防设备

  C. 消防设备老化   D. 随意使用消防用水

8. 关于消防设施设备风险防范措施，不正确的是（　　　）。

  A. 应严格采购管理，确保消防设备符合国家标准和质量要求

  B. 定期对消防设备进行检查和维护，确保其处于良好的工作状态

  C. 不需要对物业服务人员和业主进行消防安全培训

  D. 同一建筑物由两个以上单位管理或使用的，应明确各方的消防安全责任

二、多项选择题

1. 以下是及时发现火情的正确措施的有（　　　）。

  A. 定期检查和维护监控设备

B. 提高监控中心工作人员的专业素质和技能水平

C. 加强火灾探测系统的灵敏度，使其对所有火源都能立即报警

D. 优化信息传递流程，确保监控中心与其他应急部门之间的信息畅通无阻

2. 在物业管理中，出入口岗的触点类风险包括（　　　　）。

A. 出入管理岗位人员着装不规范

B. 工作态度松懈

C. 服务礼仪不规范，语言不文明

D. 工作用具破损杂乱

三、案例分析题

【案例1】2022年9月11日夜，H园108栋一业主将私家车驶进小区，停放在地面私家车位上楼休息。随后赶到的巡逻员发现车的后窗玻璃已经破碎，当即向值班班长汇报，并做了详细记录。考虑到夜已经很深了，车主可能已经就寝，而且现场情况可以认定车窗是在车场以外损坏的，说不定车主知道此事，故没有打扰他予以核对确认。

第二天一大早，巡逻员向车主通报其车辆后窗玻璃破碎。不料车主竟一口咬定是停进私家车位后被高处抛物所致，反倒要求物业公司予以赔偿。

分析上述案例，车辆破损进入车场，需要注意哪些问题？

【案例2】一天，物业服务公司的秩序维护员接到与住户联网的报警器发出报警信号，立即赶赴发出报警信号的住户家门口，可以听到住户家中有响动的人声，但敲门却没有回答。于是，秩序维护员就用工具将门强行破开。门破开后，发现家中只有一位白发苍苍的老人，而报警信号则属于报警器误报，该物业服务公司领导闻讯后立刻赶到住户家中赔礼道歉，并负责修理好损坏的房门。接下来业主向该物业服务公司提出了赔偿的要求。

在上述案例所述情形下，物业服务公司接到住户家中报警信号后是否可以破门而入？请你评判在这件事情的处理上，该物业服务公司做法是否妥当？还存在什么不足？

项目 5　物业设施设备风险防范

【导入案例】

6月24日凌晨，吴某住的小区一段围墙突然倒塌，将他的汽车砸坏。因多次与物业服务公司协商无果，该车一直未能修理。后来吴某单独委托价格鉴定机构对汽车的修理价格进行了评估，物业服务公司拒绝恢复车辆原状和赔偿损失，吴某不得已只能根据评估报告自行修理。他请求法院让物业服务公司支付汽车修理费、拖车费和评估费共计31026元。

物业服务公司辩称：事故发生后，吴某向某保险公司提出赔偿申请，并于同日获得保险公司赔偿的车辆维修费和拖车费27923.40元，因此，吴某无权作为诉讼主体请求物业服务公司支付修理费、拖车费和评估费等费用。在本案中，吴某的实际损失为22626元，保险公司实际赔偿了吴某27923.40元，即吴某的损失已全部获得赔偿，而保险公司赔偿超过评估价值的部分属于保险公司的自愿行为，其也无权向物业服务公司追索。

此外，物业服务公司曾对小区的围墙进行过维修保养，并尽到了物业管理单位的义务。事故发生当日因降雨量很大，致使建造多年的围墙倒塌，并损坏了吴某的车辆，因此吴某的损失属于因意外原因导致的损失，不应由物业服务公司承担。

思考：围墙倒塌是否属于意外原因导致？物业服务公司应否对车辆受损承担责任？吴某在起诉前收取了保险公司支付的保险赔偿金，是否还有向物业服务公司主张赔偿的权利？

项目描述

本项目分为2个教学任务，分别是：任务5.1 公共设施设备风险防范和任务5.2 房屋修缮管理风险防范。

完成知识储备的学习，在此基础上完成实训任务："编制一份针对校园物业的设施设备管理的突发事件应急预案"和"编制针对住宅项目（或校园物业）的房屋修缮管理的突发事件应急预案"。通过本项目的学习，使学生对设施设备管理工作、房屋修缮管理的风险点和防范措施等内容有一个完整认知，能够初步编制风险管理清单。

教学目标

【素质目标】培养学生知法守法、诚实守信的思想品德与职业操守，遵守制度、规范行为的工作态度，培养学生的安全防范意识，提高其安全防范能力。

【知识目标】熟悉设施设备管理工作内容和房屋修缮管理工作内容；熟悉设施设备管理及房屋修缮管理工作的易发风险点，掌握相应的风险防范措施。

【能力目标】能够运用所学的知识，识别设施设备管理及房屋修缮管理工作的风险点并制定防范措施。

⊙ 课前自学

回顾并熟悉设施设备管理及房屋修缮管理工作的相关知识。

任务 5.1　公共设施设备风险防范

任务单见表 5-1。

表 5-1　任务单　　　　　　　　　　　　　　　　NO. 005001

任务描述	尝试编制一份针对校园物业的设施设备管理（某个设备或某个事件）的突发事件应急预案		
任务准备	1）学生分组 2）回顾设施设备管理工作的相关知识 3）完成一定的知识储备，也可边做边学	关键知识	设施设备管理工作内容与规范、设施设备的常见风险
任务实施（团队任务）要求			
1）学生分组收集整理所需资料和重要数据 2）风险应急预案要清晰、直观，可操作性强，配风险应对流程图 3）要求多角度全面思考			
任务成果评价	学生互评和教师评价 评价依据：选择方法正确，风险应急预案完整规范 评选优秀作品		

　　物业本身或公共设备设施的管理不善，都可能造成业主或非业主使用人的人身和财产损失，因物业、公共设备的多样性和分布的分散性特点，随之而来的是风险事件频繁发生。尤其是随着发展，物业中公共设备设施种类越来越多、技术越来越复杂，相应的风险也越来越多样化。

5.1.1　公共设备设施管理中的法律责任

1. 物业服务人的责任范围

　　根据《物业管理条例》第二条"本条例所称物业管理，是指业主通过选聘物业服务企业，由业主和物业服务企业按照物业服务合同约定，对房屋及配套的设施设备和相关场地进行维修、养护、管理，维护物业管理区域内的环境卫生和相关秩序的活动"，物业服务人管理的范围为"房屋及配套的设施设备和相关场地"。结合《物业管理条例》第二十八条"物业服务企业承接物业时，应当对物业共用部位、共用设施设备进行查验"和《民法典》第九百四十二条"物业服务人应当按照约定和物业的使用性质，妥善维修、养护、清洁、绿化和经营管理物业服务区域内的业主共有部分"等内容，"房屋及配套的设施设备和相关场地"可以理解为"物业共用部位、共用设施设备和相关场地"。

　　《物业管理条例》第五十一条中提到"供水、供电、供气、供热、通信、有线电视等单位，应当依法承担物业管理区域内相关管线和设施设备维修、养护的责任"。

　　综合相关的法律法规，物业服务人在设备设施管理中的法定责任范围，为物业管理区域业主共有的物业共用部位、共用设施设备和相关场地，不含供水、供电、供气、供热、通信、有线电视等相关管线和设施设备。物业服务合同另有约定的除外。

2. 物业服务人的责任程度

《民法典》中提到物业服务人对物业共用部分和共用设施设备具有"妥善维修、养护"的职责，在《物业管理条例》中也是用"维修、养护"来描述物业服务人的职责。

在《物业服务收费管理办法》第十一条中提到"物业共用部位、共用设施设备的大修、中修和更新、改造费用，应当通过专项维修资金予以列支，不得计入物业服务支出或者物业服务成本"。《物业管理条例》第五十五条提到"物业存在安全隐患，危及公共利益及他人合法权益时，责任人应当及时维修养护，有关业主应当给予配合。责任人不履行维修养护义务的，经业主大会同意，可以由物业服务企业维修养护，费用由责任人承担"。故物业服务人对物业共用部位和共用设施设备具有"妥善维修、养护"的职责，但不承担"大修、中修和更新、改造费用"。

根据《建设工程质量管理条例》和《消费者权益保护法》的相关规定，在保修期内，产品质量问题由建设单位、生产厂家或者销售商承担保修义务，并对造成的损失承担赔偿责任。

住宅小区共有部分和专有部分示意图如图5-1所示。

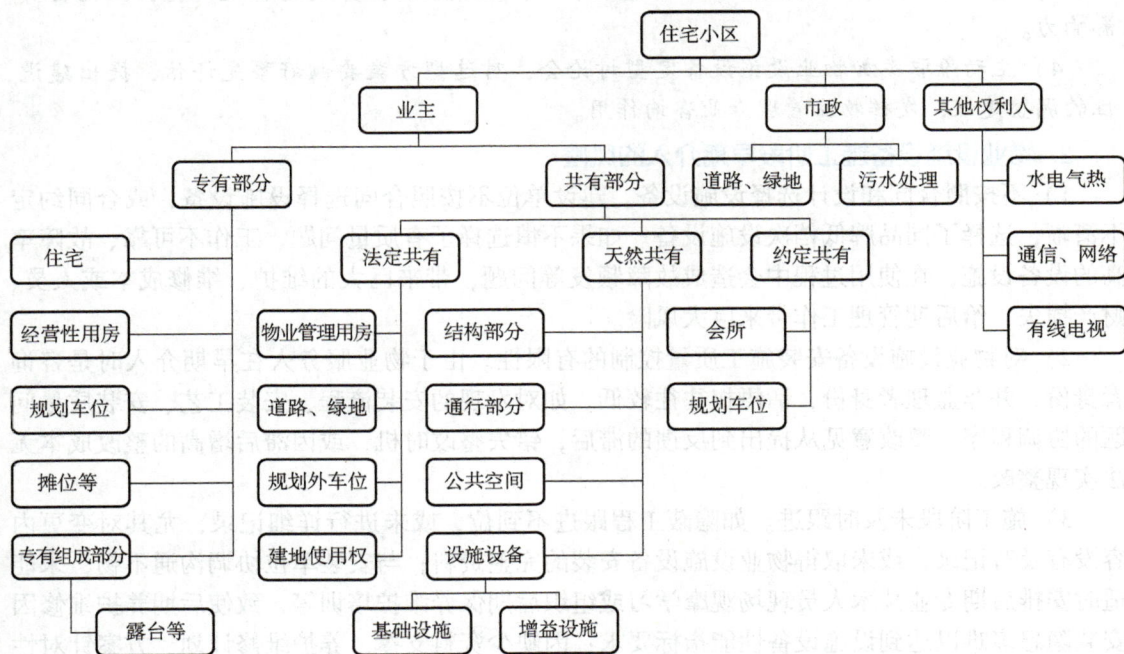

图 5-1 住宅小区共有部分和专有部分示意图

【案例分析】

陈某年初购得一套商品房，因梅雨季节连日阴雨，该商品房部分墙面开始渗水，损坏了陈某室内的部分装修。陈某为此多次向物业服务公司反映，物业服务公司也两次派人前来维修。虽经维修，该房墙面渗水问题仍有存在。物业服务公司表示，其已尽了维修义务，陈某应向房地产开发商进行交涉。陈某对此甚为不解。

思考：陈某是否应向房地产开发商主张权利？为什么？

5.1.2　物业设施设备管理前期的风险

1. 物业设施设备配置早期介入风险

1）物业设施设备的配置选型不符合物业项目需求。例如，电梯选型落后，与物业项目形象定位不符，或配置数量不足，使用频率过高，电梯故障频发；中央空调系统定型功率不足，长期高负荷工作，设备提前老化、安全隐患多；水电气等供应容量低，后期无法满足需求的增加。

2）对开发建设期间的不合理设计和不合理施工造成的不良后果往往无法或难以纠正，后期运行技术要求苛刻，运行维护成本高，易引发故障等情形，导致运营管理困难、人身伤害财产损失、服务满意率低的风险。

【风险防范】规避物业设施设备配置早期介入风险，可参考以下措施：

1）早期介入最好能够在功能设计或设备选型阶段，最晚也要在设备订货合同签订前。

2）从设备的技术性、经济性、安全性、可靠性、生产效率、使用寿命、可维修性、操作调节方便、灵活等方面进行预期性管理。

3）早期介入工作人员主动提供给建设单位、设计单位，并通过积极沟通，强化自身影响力。

4）主动争取参加物业设施设备定型讨论会，对选型方案要做好事先评估，提出建设性的调整建议，发挥物业管理专业咨询作用。

2. 物业设施设备施工阶段早期介入的风险

1）不按照合同和设计选择设施设备。建设单位不按照合同选择设施设备，或合同约定不清晰，选择了同品牌低档次设施设备。如果不慎选择了有质量问题、工作不可靠、故障率高的设备设施，在使用过程中会造成故障频发等问题，带来巨大的维护、维修成本或人员、财产损失，给后期管理工作带来巨大风险。

2）对物业设施设备安装施工质量控制的有限性。由于物业服务人在早期介入时是咨询者身份，并非监理者身份，话语权往往较低。如对发现的安装流程、安装工艺、安装质量问题的协调程序，整改意见从提出到反馈的滞后，错失整改时机，或因滞后增高的整改成本无法实现整改。

3）施工阶段未及时跟进。如隐蔽工程跟进不到位，或未进行详细记录，尤其对变更内容没有及时记录，或未取得物业设施设备安装的完整资料；与安装单位协调沟通不畅，未能适时安排后期专业技术人员现场观摩学习或组织后期保养维护培训等，致使后期养护维修因安装隐患多难以达到设施设备性能指标要求；因缺少资料支撑，养护维修计划、方案针对性差；因专业技术人员的实际操作能力不足，养护维修结果没有达到技术要求，导致管理成本高、安全隐患多、事故频发的风险。

【风险防范】规避物业设施设备施工阶段早期介入的风险，可参考以下措施：

1）及时提出意见。对按合同购置设施设备的行为，及时提出质疑与建议，以书面形式且要得到对方签收回执，以明确相关责任。

2）强化沟通。与施工单位建立良好的沟通机制，确保对施工过程有充分了解。

3）现场跟进与记录。对施工环节，要确保现场跟进到位，并做好详细记录，安排专业技术人员现场观摩学习。

4）完善资料收集。确保取得物业设施设备安装的完整资料，为后期养护维修提供有力支撑。

【案例分析】

某小区在施工过程中，物业服务公司就曾多次向开发商提出，小区道路上的管井过多过密，希望能够调整位置或者加以妥善处理。然而由于是早期介入的咨询者身份，人微言轻，再加上销售火爆，没有市场压力，这一意见和建议并未得到开发商足够的重视。

业主住进小区后，矛盾马上就暴露出来了。没有实行人车分流的小区道路上人来车往，那些与井箍密贴不严的井盖被压得咣当乱响，尤其到了夜间，搅得旁边的住户心神不安。于是，许多业主纷纷就此问题投诉到物业服务公司。

思考：对已然存在的难题，物业服务公司该怎么办？

5.1.3　物业设施设备管理实施的风险

1. 物业设施设备运行风险

1）人为风险。例如，业主误触、误碰危险设备，或非正常使用电梯等设备，私自打开设备间，操作相关设备仪器等行为；物业员工在操作设施设备时，若违反操作规程或操作不当，可能引发事故或损坏设施设备；物业员工带病、带酒工作等不规范行为；操作人员不具备相关的职业资格证书等情况。

2）设施设备自身风险。设施设备因老化、磨损、故障等原因，可能导致设施设备性能下降或失效，从而引发事故或影响物业项目的正常运行；需要防护或隔离的设施设备未做防护或隔离，导致儿童或动物误触、误碰等情况。

3）环境风险。例如，设施设备的运行环境不符合技术指标要求，造成故障易发频发；外部天气变化、自然灾害、外力破坏等因素，可能对设施设备造成损坏或影响其正常运行；突然停电停水，导致设施设备无法运行，没有妥当处置；电梯困人等情况。

（扩展资料：主要物业设施设备常见风险点）

【风险防范】规避物业设施设备运行风险，可参考以下措施：

1）加强员工培训。提高员工的安全意识和操作技能，确保员工能够正确、安全地操作设施设备。

2）建立定期检查制度。对设施设备进行定期检查，确保其处于良好的运行状态。

3）制定应急预案。针对设施设备可能出现的风险，制定相应的应急预案，确保在突发事件发生时能够迅速、有效地应对。

4）重视环境变化。满足温度、照明、通风、湿度要求，并采取必要措施以保证设施设备运行的环境标准要求。

5）增设安全标识。提醒业主正确使用设施设备，增强业主的安全意识，在重点位置增设安全标识。

（扩展资料：安全标识）

【扩展阅读】

对公共区域安全防范的重点部位，设置警示标识；对可能引发人身伤亡事故的部位或场所，要设置统一规范、文明礼貌、用语简明且醒目的警示标识，告示注意事项，明确禁止行为。如下列部位应做好标识：

1）水景、亲水平台：应标明水深，照明及线路应有防漏电装置。

2）儿童娱乐设施、健身设备：应由生产企业在醒目位置设置使用说明标牌，注明使用方法、生产企业名称，提供质保承诺和维修电话。

3）假山、雕塑：应标明禁止攀爬等行为。

4）楼宇玻璃大门：应有醒目的防撞条等防护措施及警示标识。

5）电梯：应设有安全使用和故障注意事项的标识，维修养护时应设置围护措施。

6）电表箱、消防箱：应保持箱体、插销、表具和器材完好，设置警示标识。

7）水箱、水池：应加盖或加门并上锁。

8）暗井、污水处理池：应保持盖板完好，维修养护时应设置围护和警示标识。

9）垃圾堆放：应规定生活和建筑垃圾分类堆放，建筑垃圾实行袋装化。

10）挖沟排管：应标明施工期、设置围护和警示标识。

11）脚手架：应确保稳固、警示标识明确、行人出入口有防护、护栏牢靠。

2. 物业设施设备检查维护的风险

1）维护不当。若维护人员技术水平低、责任心不强，或维护流程不规范，可能导致设施设备维护不到位，引发故障或安全隐患。

2）维护成本过高。若设施设备维护频繁或维护成本过高，可能导致物业服务成本增加，影响物业项目的经济效益。

3）缺失养护计划。物业设施设备得不到计划性维护保养，年久失修等情形，导致物业设施设备运行的服务满意率下降、财产损失、人身伤害的风险。

4）不具备设备检查维修资质。部分物业服务人不具备特种设备维修资质，如没有特种设备安装改造维修许可证（电梯）等。

【风险防范】 规避物业设施设备检查维护的风险，可参考以下措施：

1）建立健全规章制度，加强人员持证上岗管理。

2）制订合理的维护计划。根据设备的维修周期进行设备维修，制订合理的维护计划和预防性维修计划，对设备运行状态的监测。

3）控制维护成本。通过合理的维护管理和技术创新，降低维护成本，提高设施设备的使用寿命和效率。

4）委托专业公司。可将自身不具备设备检查维修资质的相关检修事项委托给专业公司。

（扩展资料：物业工程设备年度保养计划 . xlsx）

（扩展资料：小区物业设施设备管理标准图表）

3. 检查维护人员职业安全类风险

主要风险表现在缺乏防护意识或作业安全防护不到位。

1）缺乏防护意识是指维护人员在作业过程中未能充分认识到潜在的危险因素，或者对安全操作规程不够熟悉，或是对过去安全记录的过度自信，从而忽视了必要的安全防护措施。这种情况下，维护人员可能会因为疏忽大意而导致事故的发生。

2）作业安全防护不到位通常表现为未按照相关规定和标准配备及使用安全防护用品，例如，不按规定穿戴劳保用品，劳保用品损坏不及时更换；登高作业未佩戴安全带或安全带磨损，作业工具、工件脱落，以及铁屑飞溅；工件随意堆放、超高堆放；动火作业未进行现场防火准备与防火检查；特种作业人员未经专业培训，无证上岗；作业前未检查电、液、气动力源是否断开，未在开关处挂"正在检修禁止开动"警示牌等。此外，作业现场的安全设施也可能存在不足，如缺少警示标志、应急照明、通风设备等，这些都会增加维护人员面临的风险。

【风险防范】规避检查维护人员职业安全类风险，可参考以下措施：

1）加强对维护人员的安全教育和培训，提高他们的安全意识和防护意识。

2）应建立健全的安全管理制度和操作规程，确保维护人员在作业过程中能够严格按照规定执行安全防护措施。

3）定期对作业现场进行安全检查和维护，及时发现和消除安全隐患，确保维护人员的职业安全。

【案例分析】

3月22日下午，维修人员何某在对低压配电柜生锈位置进行喷漆翻新时，擅自将配电柜出线柱的塑料防护罩拆除，导致喷漆金属罐碰到带电接线柱造成短路，短路电弧击穿喷漆外壳，引发瓶内气体着火，导致何某双手起了水泡，面部红肿，何某被送往医院救治，幸运的是何某的双手能自由活动，基本清醒，无生命危险。

【案例分析】

某物业项目，负责弱电维修的工作人员需要对电梯轿厢内的摄像头进行维修。为此，该工作人员尝试联系电梯驻场的专业维保人员以获取协助，然而，驻场维保人员却一直未能到场。

出于着急，该弱电维修人员前往电梯值班室，寻找电梯维保人员协助。然而，当他到达值班室时，发现室内空无一人。此时，他注意到值班室的桌子上放有一把三角钥匙。由于急于完成工作，该工作人员在未经许可的情况下，擅自取用了这把三角钥匙进行电梯轿厢摄像头的维修工作。

不幸的是，这一行为导致了极其严重的后果，该弱电维修人员因操作不当而死亡。这一悲剧的发生，不仅给个人和家庭带来了无法挽回的损失，也对项目的安全管理和操作规范提出了深刻的警示。

4. 物业设施设备档案管理的风险

在物业管理领域，设施设备档案建立制度的规范化显得尤为关键。档案是记录设施设备从购置、安装、运行到维护、报废全过程的宝贵资料。通过档案，可以了解设备的历史性能、维修记录、故障处理等信息，为设备的日常维护和管理提供重要参考。然而，现实中却存在诸多不足，这些不足不仅影响了档案管理的效率和秩序，还给物业的正常运行带来了不小的风险。

1）档案建立制度缺乏。部分物业服务人在设施设备的档案管理上缺乏明确的制度规定，导致档案建立工作缺乏统一的标准和流程。这直接导致了档案建立过程中的混乱和不规范。

2）档案内容不完整。由于缺乏制度约束，物业设施设备管理档案内容往往不完整。例如，缺乏设施设备原始档案、承接查验双方交接清单等关键资料。这些资料的缺失使得物业服务人难以全面了解设施设备的性能和状况，增加了运行维护的难度和风险。

3）档案管理不规范。在档案管理方面，存在随意堆放、无归类编排等问题，这使得档案资料的查找和使用变得十分困难。同时，由于缺乏借用使用手续规定，档案资料的流失和损坏现象也时有发生。

4）运行维护成本提高。由于档案管理混乱、使用效率低下等原因，物业服务人在设施设备的运行维护上往往需要投入更多的成本。这不仅增加了物业服务人的负担，还可能影响物业的正常运行和服务质量。

5）安全隐患增加。档案资料的缺失和不规范管理可能导致物业服务人对设施设备的维护和管理不到位。这可能会引发一些安全隐患，给业主和物业服务人带来不必要的损失和风险。

6）事故责任难确认。在设施设备发生事故时，如果档案资料不完整或不规范，可能导致事故责任的认定变得困难。这不仅会影响事故处理的效率和公正性，还可能给相关方带来不必要的纠纷和损失。

【风险防范】规避物业设施设备档案管理的风险，可参考以下措施：

1）规范物业设施设备档案建立制度。

2）重视并做好设施设备原始技术档案的建立，承接方应安排专人按有关规范和制度的规定分类整理建档。

3）重视建立完整齐全的设施设备管理档案，包括设备运行日志、故障处理记录、巡检记录、事故处理报告、维修保养计划、维修保养报告、设备检查评定及设施设备的报废申请、评估、报废记录等。

4）做好设施设备档案保管工作，统一编号，规范管理，分类归档，定期进行登记和资料归档、更新。

5.1.4　物业设施设备更新的风险

因各种原因，物业设备在运行过程中会出现劣化（图5-2），更新就是一个必然的选择。物业设施设备更新是指用新的、效率更高、更经济合理的设备，去更换技术上陈旧、落后或经济上不宜继续使用的设施设备的活动，有原型更新和技术更新两种类型。原型更新（又称简单更新、形式更新）是指同型号的设施设备以新换旧，这种更新能保证原有功能和运行效率、减轻修理工作量，但不具有技术进步的性质，不能大幅度地提高效果或效率。技术更新是指以技术上更加先进，经济上更加合理的新设施设备来代替物质上、经济上不能继续使用的陈旧设施设备，通过这种更新可以实现技术进步，提高效果或效率。在物业设施设备更新中主要存在技术性、经济性风险及资金来源的风险。

1. 设施设备更新的技术性风险

1）对现有设施设备的老化程度判断失误。如过于乐观地评估了现有设施设备的健康情况，导致更新计划推迟，从而错过了最佳的更新时机。

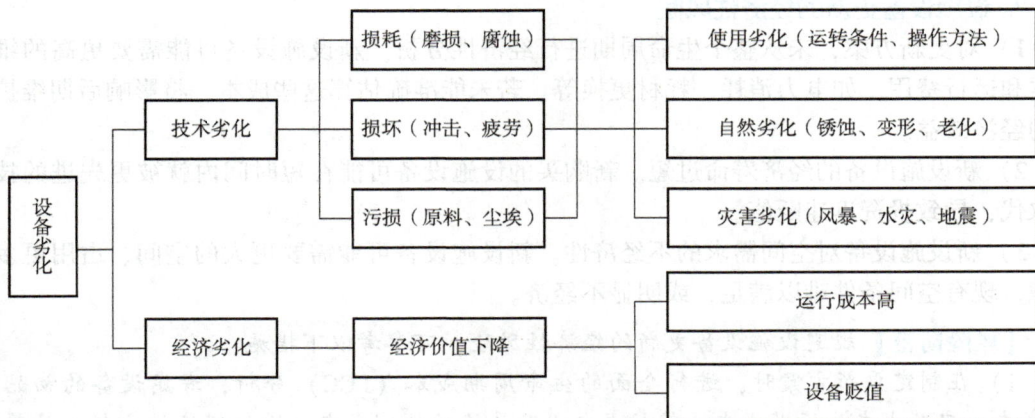

图 5-2　设备劣化的原因

2）对现有设施设备是否达到所要求的功能、能耗、效率的问题判断失误。如一些设施设备可能已经无法满足当前的生产或服务需求，或者其能耗和效率已经无法达到行业标准。

3）没有对设施设备更新改造的技术可行性进行分析。如对老旧电梯进行更新改造，未对新电梯的技术可行性进行充分分析，仅关注了新电梯的运载能力和速度，而忽略了其与现有楼宇控制系统的兼容性、安装空间的要求、电源和电气系统的匹配等重要技术细节，需要额外投入大量资金进行系统集成和改造。

4）新设施设备的节能性和环保性不符合要求。仅关注新设施设备的效率和成本，而忽略了能源消耗和环境保护。

5）新设施设备的引入可能对维护人员的专业能力提出更高的要求，或需要对现有的管理流程进行调整，否则可能会导致管理效率降低，甚至引发安全事故。

【风险防范】规避设施设备更新的技术性风险，可参考以下措施：

1）定期进行设施设备检查和评估，建立设备维护记录，追踪设施设备的性能退化情况。必要时，引入第三方专家进行设施设备评估，确保评估的客观性。

2）定期进行设施设备性能测试，与行业标准进行对比。及时了解行业设施设备的发展趋势和性能标准。

3）对设施设备进行能源审计，准确掌握设施设备的能耗情况。

4）在设施设备更新改造前，进行全面的技术可行性研究。邀请设施设备供应商或技术专家参与评估，考虑设施设备与系统之间的兼容性，确保新设施设备能够顺利集成到现有系统中。

5）在设施设备采购前，要求供应商提供设施设备的能耗数据和环保认证。对新设施设备进行生命周期评估，包括能源消耗、排放物等环境影响。

6）在引入新设施设备前，对维护人员进行技术能力评估，与设施设备供应商达成人员培训协议和计划，制定详细的设施设备操作规程和维护手册，供维护人员参考。

7）调整管理流程，以适应新设施设备的引入，包括制订新的维护计划、安全检查流程等。

2. 设施设备更新的经济性风险

1）对更新方案，未从整个生命周期进行经济性分析。新设施设备可能需要更高的维护成本和运行费用，如电力消耗、耗材更换等。若未能准确估算这些成本，将影响后期维护运营的经济效益。

2）新设施设备的经济寿命过短。新购买的设施设备可能在短时间内就被更先进的技术所取代，导致投资迅速贬值。

3）新设施设备对空间需求的不经济性。新设施设备可能需要更大的空间、占用更多的面积，现有空间条件难以满足，或明显不经济。

【风险防范】 规避设施设备更新的经济性风险，可参考以下措施：

1）在制定更新方案时，进行全面的生命周期成本（LCC）分析，考虑设备的初始购买成本、安装成本、运营成本、维护成本以及最终的处理成本，进行经济性分析，计算设备最佳更换时期。

2）在更换新设施设备前，进行深入的市场和技术调研，选择具有良好技术前景和较长经济寿命的设施设备，避免投资迅速贬值。

3）考虑设施设备的可扩展性和可升级性，以便在未来技术更新时能够以较低的成本进行升级。

4）在选择新设施设备之前，对现有的空间条件进行详细的评估，确保新设施设备能够在现有空间内安装并高效运行。如果现有空间确实无法满足新设施设备的需求，考虑进行空间改造或扩建，但要确保改造或扩建的成本与设备的经济效益相匹配。

【扩展阅读】

1. 设备的经济寿命

确定设备最佳更新期主要是依据设备的经济寿命，就是年平均使用成本最小的年限。

设备使用年限越长，年资产消耗成本越少，但由于设备日益老化，其年运行成本就会增多。反之，设备使用年限越短，年资产消耗成本越多，年运行成本越少。因此确定两项费用之和最少的年限，即设备的最佳更新期（N_0），如图5-3所示。

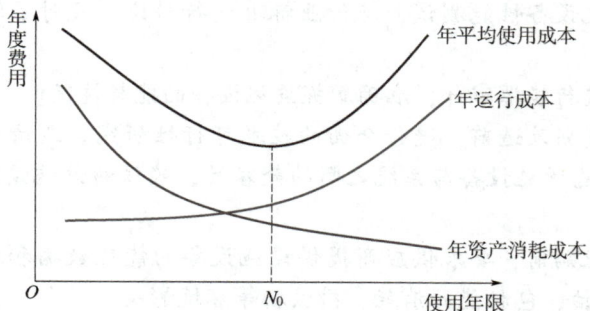

图5-3　设备的经济寿命示意图

年平均使用成本＝年运行成本＋年资产消耗成本

年资产消耗成本是指设备在使用过程中，由于磨损、老化等原因，每年分摊的设备购置成本。

年运行成本是指每年为设备的运行和维护所支付的费用，含维修费、保养费、能源损耗费等。

2. 低劣化数值法

低劣化数值法是确定设备最佳更新期的常用方法之一。参照国家颁布的有关资产折旧规定，结合设备其经济寿命内所发生的维修费、能耗、动力超额支出等因素，（不考虑设备残值）可以拟出以下测算方法：

$$Y = \frac{\lambda T}{2} + \frac{FO}{T}$$

式中　Y——设备最佳更新期；

　　　T——设备使用年度；

　　FO——设备的原始价值；

　　　λ——年低劣化增加值（如维修费、能耗的超额支出等）。

若要使设备费用最小化，则将 Y 对 T 求导，得 $\dfrac{dY}{dT} = \dfrac{\lambda}{2} - \dfrac{FO}{T^2} = 0$，则最佳使用年限 T_{opt} 为

$$T_{opt} = \sqrt{\frac{2FO}{\lambda}}$$

例如：某设备的原始价值为 40000 元，每年低劣化增值为 4000 元，则其最佳使用年限为

$$T_{opt} = \sqrt{\frac{2 \times 80000}{4000}} = 6 \text{ 年}$$

以上例子说明：当设备在年低劣化增加值（维修费、能耗的超额支出）不断增加的情况下，要总体衡量对该设备是否继续使用还是更新。

3. 设备全生命周期成本（LCC）。

设备全生命周期成本是指设备在有效使用期间所发生的与设备有关的所有成本。从物业实施设备更新的角度考虑，这个成本涵盖了设备从采购成本、安装成本、运行成本、维护成本到最后报废的整个生命周期内所产生的费用总和。

采购成本：涉及设备的购买价格、运输费、保险费及与采购过程相关的其他费用。

安装成本：包括原设备拆除费用、建筑改修费用、劳务费用、材料费用及机械使用费用，还可能存在一些其他的费用，如安装现场的清理费用、安全措施费用、临时设施的搭建费用等。

运行成本：设备在使用过程中产生的费用，主要是能源消耗费如水费、电费和燃料费等。

维护成本：包括设备的定期检查、预防性维护、故障修理及更换零部件等费用。

废弃处置成本：当设备达到其使用寿命终点时，处理或回收设备所产生的费用。

【案例分析】

某超高层办公楼产权属单一业主，分散出租。该办公楼采用中央空调制冷。运行时间为每年 5 月 1 日至 9 月 30 日，空调能源费按每月每平方米实行定额收费，由物业服务企业收

取，盈亏包干。

一家具有国家备案资质的节能服务公司来该大厦调研后，提出可实行合同能源管理模式实施节能管理。方案主要内容如下：由节能服务公司出资，采用一种经实验室论证成功的创新技术改造空调设备（主要是主机及其配套设备）；改造工程时间自今年2月25日起实施，周期60d（若出现改造工程逾期情况，节能服务公司将提前10d告知）；预计改造后空调节能率可达30%，节省的能源费用按8:2的比例在节能服务公司与物业服务企业之间进行分配，合同期为6年。

思考： 根据上述给定条件，在此方案实施中，业主和物业服务企业可能遭遇的重大风险是什么？若实施节能改造，被更换拆除的设备设施处置权归谁所有？简要说明理由。

3. 更新资金来源的风险

1）业主意见不统一。在物业小区，设备更新的资金需要经业主委员会或业主大会的批准。然而，业主可能对设备更新的必要性和资金筹集方式存在不同的看法，导致意见不统一，从而延误设备更新的进程。

2）维修基金使用风险。业主对公共维修金的使用也存在意见不统一的情况。部分老旧小区可能存在无公共维修金或公共维修金余额不足的情况，这可能导致在需要紧急更新设备时，无法及时获得资金支持。

3）资金挪用风险。在设备更新过程中，存在资金被挪用的风险。如果物业服务人或相关人员将筹集的资金挪作他用，将导致设备更新计划受阻，甚至可能引发法律纠纷。

4）物业服务人错位参与合同能源管理。在合同能源管理模式下，节约多少能源资源对于物业服务人没有效益体现，导致物业管理人员参与节能工作的积极性和主动性不够；物业服务人越权参与合同能源管理。

【风险防范】 规避更新资金来源的风险，可参考以下措施：

1）收集业主的意见和建议，更新方案尽量融入业主的合理需求。

2）设立专门的协调小组，负责协调不同业主之间的利益和意见，以达成共识。

3）建立业主参与的资金管理制度和监督机制，定期对资金进行审计和公示，确保资金使用公开透明。

4）明确物业服务人在合同能源管理中的角色和职责，避免越权行为。

5）积极参与能源管理合同的制定过程，争取达成激励条款，如将节能效益与物业服务人的业绩挂钩，提高其参与节能工作的积极性和主动性。

【案例分析】

某出租型写字楼，电梯已经明显老化，虽然能够正常运行，但能源费用、维护维修费用逐年增加，而且维修期间对租户的正常使用也会产生一定的影响，引发租户支付租金意愿下降。于是，物业服务企业向业主建议更换电梯。假设该楼现有电梯的运行费用为30万元/年；新电梯的更新购置成本为300万元，经济使用寿命为15年，年运行费用为15万元。

思考： 假设继续使用旧电梯，导致的租金损失为5万元/年，换成新电梯会带来额外的租金收益为6万元/年，则把租金增减因素考虑进去以后（租金损失可看成费用增加，租金收益可看成费用减少），在不考虑旧电梯变现价值等情况下，更换电梯每年可节约多少元费用（静态计算）。

任务 5.2　房屋修缮管理风险防范

任务单见表 5-2。

表 5-2　任务单　　　　　　　　　　　　　　　　　　NO. 005002

任务描述	尝试编制一份针对校园物业的房屋修缮管理的突发事件应急预案		
任务准备	1）学生分组 2）回顾房屋修缮管理工作的相关知识 3）完成一定的知识储备，也可边做边学	关键知识	房屋修缮管理工作内容与规范、房屋修缮的常见风险
任务实施（团队任务）要求			
1）学生分组收集整理所需资料和重要数据 2）风险应急预案要清晰、直观，可操作性强，配风险应对流程图 3）要求多角度全面思考			
任务成果评价	学生互评和教师评价 评价依据：选择方法正确，风险应急预案完整规范 评选优秀作品		

房屋修缮管理是为做好房屋养护维修工作而进行的计划、组织、控制、协调等管理过程，房屋修缮管理的范围主要是业主共有部分，其目的是保持、恢复或提高房屋的安全性，延长房屋的使用寿命，改善房屋的使用功能。

5.2.1　房屋修缮管理中的法律责任

1. 房屋修缮管理责任范围

根据上节中"公共设备设施管理中法律责任"的分析，物业服务人在房屋修缮管理中的责任范围，是对物业管理区域的业主共用部位，提供"妥善维修、养护"，但不承担"大修、中修和更新、改造费用"。物业服务合同另有约定的除外。

2. 房屋质量问题的法律风险

1）业主对物业服务人维修责任的误解。例如，部分业主可能认为物业服务人应对所有物业内的设施、设备负责保修，包括个人住宅内部的设施，实际上物业服务人的保修责任通常仅限于共用部位和共用设施，如电梯、楼道、公共照明等；有些业主可能将物业服务人与建设单位的责任混淆，认为物业服务人应对开发商遗留的问题或设计缺陷负责，其实物业服务人主要负责物业的日常管理和维护，而开发商则对物业的建设质量和设计问题负责。

2）物业服务人未依合同约定履行所应承担的义务。例如，对质保期内的屋面渗漏水、单元门对讲系统失灵等质量问题，物业服务人拒不与建设单位沟通解决，要求业主自行与建设单位协调；建设单位将房屋质量问题的小修委托物业服务人，但物业服务人拖延维修等情形，导致财产损失赔偿、合同违约等法律责任风险。

【风险防范】规避房屋质量问题的法律风险，可参考以下措施：

1）依法依规地在物业服务合同中明确约定质量保修责任主体及保修范围、保修期限、保修责任等内容。

2）建立质量保修沟通制度，主动与建设单位做好房屋质量问题保修的沟通协调与保修落实。

3）接受建设单位质量问题小修项目保修委托的物业服务人，主动公示其所承担的质量保修的范围、标准等信息，以明晰责任。

4）建立质量保修作业程序，做好各环节工作记录并留存。

根据《消费者权益保护法》和《建设工程质量管理条例》的相关规定，在保修期内，产品质量问题由建设单位、生产厂家或者销售商承担保修义务，并对造成的损失承担赔偿责任。

> 《建设工程质量管理条例》第四十条，在正常使用条件下，建设工程的最低保修期限为：
>
> （一）基础设施工程、房屋建筑的地基基础工程和主体结构工程，为设计文件规定的该工程的合理使用年限。
>
> （二）屋面防水工程、有防水要求的卫生间、房间和外墙面的防渗漏，为5年。
>
> （三）供热与供冷系统，为2个采暖期、供冷期。
>
> （四）电气管线、给水排水管道、设备安装和装修工程，为2年。
>
> 注：实际执行时还需要参考地方性法规。

5.2.2 房屋修缮准备阶段的风险

1. 人员准备的风险

人员准备的风险主要存在于专业技术人员的责任意识和专业技能无法满足实际需求。例如，不主动进行日常巡查或日常养护，维修项目依靠业主报修，实施滞后；维修技能低，根除不了问题，导致同样的问题需要重复性维修；专业服务能力差，修缮过程中与业主沟通困难甚至产生冲突，导致投诉率高、维修成本高、满意率低的风险。

【风险防范】规避房屋修缮人员准备的风险，可参考以下措施：

1）明确房屋修缮岗位职责、作业程序，要求人员应熟悉物业管理区域各类房屋的分布状况、房屋内外结构、设备设施的性能和使用状况。

2）加强业务知识培训，能清楚正确地找出发生故障或病害的位置，并分析确定产生的原因，掌握应有的房屋修缮施工技能。

3）制定并落实巡查勘察制度，做好房屋养护，主动发现须维修项目，及时维修作业。

2. 物料储备的风险

物料储备的风险主要存在于维修材料储备的种类缺少、数量不足、质量不合格，管理有漏洞。例如，维修材料采购缺少依据，采购种类与维修计划安排脱节，急修常因断料无法实施；库存盘点统计不准确，数量不足致使维修延期；维修材料入库验收不规范，维修材料质量问题致使重复维修；物料库没有专人管理，私拿私取材料，浪费严重，且到用时往往断供等情形，导致维修拖沓、维修质量低、维修成本高、投诉率高、满意率低的风险。

【风险防范】规避房屋修缮物料储备的风险，可参考以下措施：

1）编制维修材料计划，严格落实到货验收制度。

2）完善维修材料领取制度，领取维修材料必须严格按所报材料计划领取，剩余的维修材料要交回统一保管。

3）对领用材料的规格质量要进行检查鉴别，并正确处置维修材料。

4）加强维修材料的保管，建立明细台账，做好日常库存统计，定期做好盘点。

5.2.3　房屋修缮管理实施阶段的风险

1. 房屋日常巡查的风险

在日常巡查中，如果工作人员不尽职、不认真、不到位，可能会导致房屋问题不能及时被发现。例如，缺乏规范的作业程序要求，巡查工作过于随意，不能准确地反映房屋的实际情况；巡查过程中未能及时记录或记录缺失、不做记录，使得问题的追踪和解决变得困难；未能及时发现房屋装修安全隐患及使用过程中对房屋造成的损坏等情形；未能及时发现和处理使用过程中对房屋造成的损坏，可能会导致房屋质量下降、使用寿命缩短等问题，进一步加大房屋使用安全的风险。

【风险防范】规避房屋日常巡查的风险，可参考以下措施：

1）制定详细的巡查作业程序，规范巡查工作的流程和要求，确保巡查工作的全面性和准确性。

2）加强巡查人员的培训和教育，提高其对房屋安全隐患的识别和处理能力，确保巡查工作的有效性。

3）建立完善的巡查记录制度，确保巡查过程中发现的问题能够及时记录、追踪和解决。

2. 房屋修缮工作的风险

1）质量风险。修缮工程可能因材料质量不达标、施工工艺不规范等原因导致修缮质量不达标，可能导致房屋结构不稳定、漏水、电气故障等问题。

2）计划风险。房屋修缮计划性不够，尤其是应季性养护得不到有效开展，修缮工程可能因天气、人员、材料供应等因素导致进度延误。

3）成本风险。由于材料价格波动、人工费用上涨等原因导致修缮成本超出预算。

4）沟通风险。修缮工作涉及业主、施工单位、设计单位等多方面，如果沟通不畅或信息传递不及时，可能导致误解和纠纷。

【风险防范】规避房屋修缮工作的风险，可参考以下措施：

1）编制房屋养护计划和维修计划，按照计划组织实施计划养护和计划维修。

2）制定详细的施工方案和质量标准，确保施工过程符合规范要求。

3）对专业性要求较高的修缮项目，可以选择具有丰富经验和专业技能的施工队伍，确保施工质量。

4）加强与材料供应商、设计单位的沟通协调，确保材料供应及时、设计变更合理。

5）优化施工方案，降低人工和材料消耗，对超出预算的情况进行及时调整和处理。

6）建立有效的沟通机制，确保各方能够及时了解工程进展和存在的问题。

【案例分析】

郭某在自家小区散步却突然掉进污水井摔伤，她将J物业服务有限公司（小区物业服务人）以及H建设有限公司（施工方）起诉到朝阳区人民法院。

50岁的郭某起诉称，12月7日晚上，原告在居住的小区内散步，突然掉进了一口污水井，当时井口没有井盖，井口上面仅放着一层薄木板。由于天色较黑，薄木板看上去很像是地板，并且井口周围也没有任何警示标志，原告以为是地板就踩了上去，没想到刚踩在上面就掉进井内，造成原告左腿膝盖骨折，右手指及髋骨骨裂。

事发后，原告找到J物业服务有限公司和在该地施工的H建设有限公司要求索赔，但均遭到拒绝。

原告认为，被告J物业服务有限公司作为小区的物业管理单位，应当在小区内行人过往通道的危险地段设置警示标志或者采取必要的防范措施。而被告H建设有限公司作为施工单位，在施工现场的危险地段应当设置明显的警示标志或采取必要的防范措施，以保证行人的安全。但两被告均未尽到其安全保障义务，应负有一定的责任。故起诉至法院，要求两被告赔偿原告医疗费、误工费、护理费、住院伙食补助费、交通费、精神抚慰金等共计3万元。

思考： 郭某的诉讼请求会被支持吗？

3. 施工安全类风险

1）劳动防护用品的缺失。维修人员在进行作业时，未能配备如工具袋、手套、安全帽等必要的劳动防护用品，这增加了工作过程中受伤的风险。

2）现场安全检查的疏忽。作业前未组织实施必要的现场安全检查，如动火作业未配备消防器材，窨井作业未检测地下空间空气质量，登高、高处作业未检查登高设施、工具的安全性及观察气候条件等，这些疏忽可能导致火灾、中毒、坠落等安全事故的发生。

3）安全围合与警示的不足。作业现场未进行必要的安全围合和警示，可能导致非作业人员误入作业区域，从而引发意外伤害。

4）违反施工作业流程。如在水管爆裂的情况下，未对周边电气设施进行必要的防护就组织抢修，这不仅可能导致电气设施受损，还可能引发更严重的安全事故。

【风险防范】 规避房屋修缮施工安全类风险，可参考以下措施：

1）建立作业安全防护制度。编制有针对性的作业安全手册、维修施工安全措施，对维修人员进行劳动保护教育，确保他们充分认识到劳动防护用品的重要性，并在作业过程中正确佩戴。

2）严格执行现场安全检查。作业前必须组织实施全面的现场安全检查，确保各项安全措施到位。对于特殊作业，如动火、窨井、登高作业等，应配备相应的安全设施和器材，并严格按照操作规程进行。

3）加强现场安全围合与警示。对作业现场进行必要的安全围合，设置明显的警示标识，防止非作业人员进入危险区域。

4）遵循施工作业流程。严格按照施工作业流程组织施工，确保在抢修等紧急情况下也能采取必要的防护措施，防止房屋应急抢修时的次生损失。

【案例分析】

某小区的某污水井排水出现问题，物业服务公司 3 名维修人员先后下井对污水提升泵进行维修，在出现中毒情况后，井口外的物业服务公司员工又有 7 人下井救援，都依次中毒晕倒。消防部门接警后参与抢险救援。本次事故，因硫化氢、甲烷引起窒息性气体中毒，造成王某某等 6 名物业员工死亡，李某等 4 人受伤，另有一名消防员在施救过程中牺牲。法院开庭审理此案，对物业服务公司总经理南某和该小区物业管理执行经理陈某以重大安全事故罪提起公诉。检察院认为：该公司未按规定设置安全生产管理机构或配备专职安全生产管理人员；未组织制定本单位危险作业安全管理和操作规程；未进行必要的安全投入；未及时发现和消除井下作业存在的安全隐患；未组织制定和实施本单位生产安全事故应急救援预案；在作业前对有限空间作业现场检查不到位；未及时向总公司申请相关的劳动防护用品和相关检验检测设备；且事故发生后，在未采取有效安全防护措施的情况下贸然组织施救，故造成重大人员伤亡的事故。

【知识链接】

（1）有限空间存在的危险有害因素　主要有缺氧窒息、中毒、燃爆及其他危险有害因素。

1）缺氧窒息：单纯性窒息气体包括二氧化碳、氮气、甲烷、氩气、水蒸气、六氟化硫等。

2）中毒窒息：常见的可能造成窒息的有毒物质包括硫化氢、一氧化碳、苯系物、磷化氢、氯气、氮氧化物、二氧化硫、氨气等。

3）易燃易爆类物质包括甲烷、天然气、氢气、挥发性有机化合物等。

（2）有限空间作业安全措施　有限空间作业应当严格遵守"先通风、再检测、后作业"要求。存在爆炸风险的，应当采取消除或者控制措施，相关电气设施设备、照明灯具、应急救援装备等应当符合防爆安全要求。

作业前，应当组织对作业人员进行安全交底，监护人员应当对通风、检测和必要的隔断、清除、置换等风险管控措施逐项进行检查，确认防护用品能够正常使用且作业现场配备必要的应急救援装备，确保各项作业条件符合安全要求。有专业救援队伍的，应急救援人员应当做好应急救援准备，确保及时有效处置突发情况。

【法律依据】

《民法典》第一千二百五十八条，在公共场所或者道路上挖掘、修缮安装地下设施等造成他人损害，施工人不能证明已经设置明显标志和采取安全措施的，应当承担侵权责任。

窨井等地下设施造成他人损害，管理人不能证明尽到管理职责的，应当承担侵权责任。

4. 修缮责任主体难以确定的风险

1）建设单位与业主的责任难以确定。如已经入住使用一定年限但仍在保修期内的屋面渗水、卫生间漏水、窗台渗水是否属于质量问题，在建设单位与业主之间易形成争议。

2）建设单位与物业服务人的责任难以确定。如设计、施工中电梯前室地面没有做找坡处理，楼道水管爆裂造成电梯水淹，建设单位与物业服务人之间的损失责任主体确认的争议，建设单位借机推脱或拒绝履行维修、改建或重建义务。

3）物业服务人和业主的责任难以确定。例如，业主在屋面构架太阳房或安装太阳能热水器等室外设施，导致屋面防水开裂造成顶楼业主家渗水；单元门、消防门、楼梯扶手等发生损坏的情况，是使用不当还是维护不当造成的，难以确认。

【风险防范】规避修缮责任主体难以确定的风险，可参考以下措施：

1）做好日常巡查记录，记明房屋设施的使用和运行状况，尤其是渐变性故障，早发现早处理。

2）注重承接查验，明确建设单位房屋质量问题的责任边界，在承接查验阶段对服务质量问题、质量遗留问题等与建设单位建立整改备忘录，并督促实施。

3）加强正确使用房屋的宣传教育，引导业主形成良好的使用习惯，保证房屋的使用安全。

5.2.4 施工现场管理的风险

1. 施工现场的基本认识

施工现场管理是指物业服务人对物业管理区域内的施工现场活动，包括施工人员、施工设备、施工材料及施工车辆等进行监督管理，以保证施工活动有序进行及施工安全。

物业服务人施工现场管理的责任包括但不限于：

防止建筑物、构筑物或者其他设施倒塌造成他人损害。

防止从建筑物中抛掷物品或者从建筑物上坠落的物品造成他人损害。

防止堆放物倒塌造成他人损害。

防止在公共道路上堆放、倾倒、遗撒妨碍通行的物品造成他人损害。

在公共场所或者道路上挖坑、修缮安装地下设施等时，或根据现场施工需要，设置覆盖物、防围和明显警示标志并采取安全措施。

加强明火、电焊等具有火灾危险的作业管理，采取相应的消防安全措施。

特种设备操作人员和自动消防系统的操作人员，必须持证上岗。

按照国家标准为操作人员配备相适应的合格的劳动防护用品，并监督操作人员佩戴或使用。

2. 施工现场的风险防范

（1）施工人员的风险防范 关于施工人员，特别是外来施工人员所呈现的风险，主要聚焦于其不文明和不安全的行为表现。例如，着装随意、言行粗鲁、高声喧哗、故意制造作业噪声，或在非施工区域长时间逗留等违反劳动纪律行为；施工人员安全生产意识薄弱，缺乏个人安全保护意识，甚至违反操作规程。这些情况均可能影响业主和物业使用人工作、生活，导致人员伤害、财产损失的风险。

【风险防范】规避修缮施工人员的风险防范，可参考以下措施：

1）加强现场管理，开展安全文明施工培训，强调施工现场的纪律和规定。

2）加强与施工单位现场管理人员的沟通，督促其加强施工人员个人安全防护，提高安全施工意识，严格按照操作规程组织施工作业。

3）加强施工现场的监督管理，通过对施工现场和物业管理区域的巡查，对违规行为应及时督促改正，严格执行协议和规章制度中的处理规定。

（2）施工车辆进出的风险

1）安全风险：施工车辆体积大、操作复杂，如果在小区内行驶或停放不当，可能会刮擦到其他车辆或小区设施，甚至可能撞到居民，造成人身伤害。

2）交通秩序风险：外来施工车辆进入小区后，可能不遵守小区内部的交通规则，导致交通混乱，影响居民的正常出行。

3）噪声和环境污染风险：施工车辆运行时可能会产生较大的噪声，或者乱鸣笛、长鸣笛等；同时，部分施工车辆尾气排放不达标，或滴漏油剂等，还可能造成环境污染。

【风险防范】规避施工车辆进出的风险，可参考以下措施：

1）制定明确的施工车辆行驶和停放规定，包括行驶路线、速度限制、停放位置等，并要求施工车辆严格遵守。

2）加强施工车辆的管理，施工期间增加巡查的频次，发现施工车辆违规及时纠正，发生事故及时处理。

3）将施工信息、施工车辆出入、通行和停放信息等，告知业主和使用人，提醒注意出行安全。

3. 施工材料、设施设备的风险防范

（1）材料堆放风险

1）占用公共通道与场地：施工材料超出施工区域范围，占用公共通道和场地随意存放，未设置警示标志。

2）摆堆不安全：材料摆堆过高，堆放不稳固，可能发生倒塌或滑落，对人身和财产安全产生威胁。

3）特殊材料处理：对于易生灰尘、产生异味甚至易燃易爆的建筑材料，未采取安全存放措施，如加盖防尘布、设置隔离区域等。

【法律依据】

《民法典》第一千二百五十五条，堆放物倒塌、滚落或者滑落造成他人损害，堆放人不能证明自己没有过错的，应当承担侵权责任。

第一千二百五十六条，在公共道路上堆放、倾倒、遗撒妨碍通行的物品造成他人损害的，由行为人承担侵权责任。公共道路管理人不能证明已经尽到清理、防护、警示等义务的，应当承担相应的责任。

（2）设备运行风险　施工机械与设施设备存在故障或隐患，带病运行带来的安全风险；施工过程中可能需要临时用电，如果不规范使用或管理不当，可能引发火灾等安全事故；临时布置的管线，给业主出行带来不便，甚至是安全隐患；设备机械运行时产生的粉尘污染、噪声污染等。

【风险防范】规避修缮设备运行风险，可参考以下措施：

1）划分施工区域和材料存放区域，确保施工区域与公共区域划分清晰。

2）要求施工单位做好施工区域、存放停放区域及周边的安全警示和防范措施，对临时布置的管线做好防护和警示。

3）提前告知业主和物业使用人施工期间的安全注意事项，对业主和物业使用人的反映和投诉，及时核查和整改，做好安抚和解释工作。

4. 外来单位施工的风险防范

风险点：没有对物业专营企业、施工单位进行必要的资质审核、安全生产条件审查；对施工现场和施工过程缺少有效监管，未能规范施工方实施现场安全维护、必要的安全提示，或巡查频次过低，未能及时发现安全隐患；对业主和使用人没有尽到告知义务及采取必要的安全防范措施等情形，致使发生安全事故，导致人员伤害、财产损失等。

【风险防范】规避外来单位施工的风险，可参考以下措施：

1）做好外来施工单位的审核工作，施工前的提示告知工作，签订严密的施工责任确认协议。

2）加强施工现场和施工过程的监管，指定专人负责对施工现场和施工过程进行监管。

3）要求施工方设置明显的安全警示标志，进行必要的安全围挡，并提供安全维护措施，确保施工现场的安全。

4）履行对业主和使用人的告知义务，明确告知施工风险和安全注意事项。

【自主学法，提高安全意识】

自学《安全生产法》（2021 年修订）。

项目任务小结

本项目单元介绍了物业设施设备管理的相关风险点及防范措施和房屋修缮管理的相关风险点及防范措施。

通过本项目的学习，学生应能够针对物业设施设备管理中的法律责任，设施设备管理前期、运行、维护及更新等环节进行风险识别和分析，并初步编制设施设备管理风险管理清单；应能够针对房屋修缮管理工作的人员、物料准备、现场施工等方面进行风险识别和分析，并初步编制房屋修缮管理风险管理清单。

由于不同的物业项目具有不同的性质，风险点也会有一定的差别，风险防范措施和风险管理清单需要根据具体项目进行修改和补充。

思 考 题

1. 简述物业设施设备配置早期介入的风险及防范措施。
2. 简述物业设施设备运行的风险及防范措施。
3. 简述物业设施设备检查维护的风险及防范措施。
4. 简述物业设施设备更新中存在的风险及防范措施。
5. 简述外来单位施工的风险及防范措施。

自测题

一、单项选择题

1. 下列关于物业服务人对物业共用部分和共用设施设备的职责描述，正确的是（　　）。
   A. 物业服务人负责物业共用部分和共用设施设备的全部维修、养护费用
   B. 物业服务人承担物业共用部分和共用设施设备的大修、中修和更新、改造费用
   C. 物业服务人对物业共用部分和共用设施设备具有"妥善维修、养护"的职责，但不承担大修、中修和更新、改造费用
   D. 物业服务人仅负责物业共用部分和共用设施设备的日常巡检，不负责维修、养护

2. 物业服务人负责房屋修缮管理的范围主要是建筑物的（　　）。
   A. 共有部分
   B. 专有部分
   C. 共有设备设施
   D. 共有部分和专有部分

3. 根据《消费者权益保护法》和《建设工程质量管理条例》的相关规定，下列描述正确的是（　　）。
   A. 保修期内，物业共用部分和共用设施设备的维修费用应由物业服务人承担
   B. 保修期内，产品质量问题由建设单位、生产厂家或销售商承担保修义务，并对造成的损失承担赔偿责任
   C. 保修期外，物业共用部分和共用设施设备的维修费用应由物业服务人承担
   D. 保修期内外，物业共用部分和共用设施设备的维修费用均由业主自行承担

4. 物业设施设备施工阶段早期介入的风险不包括（　　）。
   A. 建设单位按照合同选择高质量的设施设备，并在使用过程中运行稳定，故障率低
   B. 物业服务人在早期介入时作为咨询者，对安装施工质量的控制有限，可能导致整改成本增加
   C. 施工阶段未及时跟进隐蔽工程，导致后期养护维修难以达到设施设备性能指标要求
   D. 因缺少安装资料支撑，养护维修计划、方案针对性差，导致管理成本高、安全隐患多

5. 为了规避物业设施设备运行风险，不是关键步骤的措施是（　　）。
   A. 定期进行员工的安全意识和操作技能培训
   B. 忽视设备设施的定期检查，只在出现故障时进行维修
   C. 针对不同风险制定详细且可行的应急预案
   D. 在重点位置增设安全标志，提醒业主注意使用安全

6. 在设施设备更新的技术性风险中，以下不属于可能的风险的是（　　）。
   A. 过于乐观地评估现有设备的老化程度，导致更新计划推迟
   B. 忽视新设备引入后维护人员专业能力的提升和管理流程的调整
   C. 更新后的设备价格高于预算，导致项目成本超出预期
   D. 仅关注新设备的效率和成本，忽略了其节能性和环保性

7. 确定设备最佳更新期的主要依据是设备的（　　），并且这一寿命是指年平均使用成本最小的年限。

    A. 技术寿命　　　　B. 经济寿命　　　　C. 物理寿命　　　　D. 使用寿命

8. 在规避外来单位施工风险时，以下措施错误的是（　　）。

    A. 严格审核外来施工单位，签订明确的施工责任协议

    B. 仅在施工结束后对施工现场进行检查，无需在施工过程中进行监管

    C. 要求施工方设置安全警示标志，并采取必要的安全围挡措施

    D. 向业主和使用人明确告知施工风险和安全注意事项

二、多项选择题

1. 物料储备的风险主要表现在维修材料储备的（　　）。

    A. 缺少针对性的种类　　　　　　　　B. 数量不足

    C. 储备环境优良　　　　　　　　　　D. 质量不合格

    E. 管理有漏洞

2. 以下属于物业设施设备运行管理的风险的有（　　）。

    A. 物业设施设备超负荷运行　　　　　B. 物业设施设备使用操作不当

    C. 作业现场防护不到位　　　　　　　D. 没有规范的物业设施设备档案建立制度

    E. 没有或缺失维修保养计划

三、案例分析题

某业主4年前在某小区购买了一套商品房，但一直没有居住。一天，该业主接到物业服务公司房屋漏水的通知，经查看，是其所购商品房卫生间的水表接头处破裂，并造成楼下两层住户的部分财物因浸泡受损，两户业主均提出赔偿要求。

该业主认为，自己并未入住所购商品房，水管破裂不是自己人为造成的，而是水表接头处老化断裂所致，自己不应对漏水负全责。

物业服务公司认为，业主购买房屋后，房屋漏水造成的损失理应由业主承担。

分析上述案例，楼上业主长期未入住，其房屋中管道老化破裂，给楼下业主造成的损失应该由谁来承担？在紧急情况下，物业服务公司是否可以进入本案楼上业主家进行必需的维修，因此给楼上业主造成的损失应该由谁承担？

项目 6　物业空间服务风险防范

【导入案例】

　　某小区原有一块很大的绿地，绿地上种植着各色花草，还有凉亭供业主休息，业主们都喜欢在这里锻炼身体。但随着小区内的小车数量不断增多，车位也越来越紧张。一到下班时间，有车的业主都赶着回来抢车位，有的车停在了小区外的商铺旁，有的车甚至堵住了出入口，严重影响了小区的交通。

　　为了解决停车难的问题，物业服务公司在小区的绿地上铺上了水泥，画上了白线，变成了一个公共临时停车场，并进行收费。

　　将公共绿地变成公共停车场，对于大部分有车业主来说是一个解决停车难的好方法；但是对于没有车的业主来说，没有了公共绿地，就等于减少了业主们的活动空间。因而许多没有车的业主反对将公共绿地变成公共停车场，于是业主与物业服务公司产生了纠纷。部分业主甚至准备将物业服务公司告上法庭，要求将公共停车场改回公共绿地。

　　思考： 案例中物业服务公司的做法有什么不妥？该如何避免此类风险？

项目描述

　　本项目分为3个教学任务，分别是：任务6.1 清洁环境管理风险防范、任务6.2 绿化环境管理风险防范和任务6.3 环境安全管理风险防范。

　　完成知识储备的学习，在此基础上完成实训任务：“完成一份针对校园物业清洁环境风险的调查报告”和“完成一份针对校园物业绿化环境风险的调查报告”。通过本项目的学习，使学生对清洁环境管理工作、绿化环境管理和环境安全的风险点和防范措施等内容有一个完整认知，能够初步编制风险调查报告。

教学目标

　　【素质目标】 培养学生知法守法、诚实守信的思想品德与职业操守，遵守制度、规范行为的工作态度；培养学生的安全防范意识，提高其安全防范能力。

　　【知识目标】 熟悉清洁环境管理工作内容和绿化环境管理工作内容；熟悉清洁环境管理、绿化环境管理及安全管理工作的易发风险点，掌握相应的风险防范措施。

　　【能力目标】 能够运用所学的知识，识别清洁环境管理、绿化环境管理及环境安全管理工作的风险点，并制定防范措施。

回顾并熟悉清洁环境管理、绿化环境管理、环境安全管理工作的相关知识。

任务 6.1　清洁环境管理风险防范

任务单见表6-1。

表 6-1　任务单　　　　　　　　　　　　　　　　　　NO. 006001

任务描述	尝试完成一份针对校园物业清洁环境风险的调查报告		
任务准备	1）学生分组 2）回顾清洁环境管理工作的相关知识 3）完成一定的知识储备，也可边做边学	关键知识	保洁管理工作内容与规范、清洁环境的常见风险
任务实施（团队任务）要求			
1）学生分组收集整理所需资料和重要数据 2）对校园物业清洁环境安全隐患进行排查 3）要求多角度全面思考			
任务成果评价	学生互评和教师评价 评价依据：选择方法正确，风险调查报告完整规范 评选优秀作品		

　　空间管理是指对一个区域或环境进行合理的规划、设计、使用和维护，使其达到最优的状态。一方面优化空间资源的利用效率和效果，节约空间成本；另一方面注重人对空间的感受，满足工作和生活空间需求，提升人的生活体验和工作中的创造力。这个过程涵盖了多个方面，包括空间的规划、布局、使用和维护等。

　　1）空间规划。根据物业的实际情况和需求，制定合理的空间规划方案，包括室内和室外的空间规划。室内空间规划要考虑到各个功能区域的合理布局和连接，满足使用者的生活和工作需要；室外空间规划要充分考虑景观、绿化、交通等因素，打造美观、安全、舒适的室外空间。

　　2）空间布局。为每个空间合理布置家具、装饰、设备等，使其功能得到最大化发挥，提高使用效率和舒适度。同时，也要考虑节约空间、减少浪费，提高空间利用率。

　　3）空间使用管理。根据物业中不同空间的功能和使用者需求，合理分配和利用空间，确保各个空间得到充分利用，并评估空间的使用效率，核算空间使用成本。

　　4）空间维护。对物业中的各个空间进行定期的维护和保养，保持其功能完善、环境清洁、设备设施安全，延长使用寿命，提高空间美观度等。

　　物业服务人作为物业空间的管理者，并非业主或使用人，更适合承担的是物业空间的维护工作，也就是狭义上的物业空间维护，即物业环境空间，包括绿化环境、清洁环境、安全环境等。

6.1.1 清洁环境管理的触点类风险

清洁与绿化工作，作为业主日常生活中频繁接触的部分，其卫生清洁的状况及绿化养护的质量，均会带给业主直接的感官体验。这种体验不仅关乎业主对物业服务人员工作成果的客观评价，更在一定程度上决定着业主对物业服务整体满意度的判断。因此，务必高度重视这两项工作，确保为业主提供一个整洁、舒适且充满生机的居住环境，进而提升业主的满意度和归属感。

风险点：

1）不关注触点风险。部分物业服务人对业主高频接触的场合缺乏必要的关注，如电梯内有异味、轿厢壁有污迹，停车场地面有杂物、积水，主要通勤道路有散落的纸屑和烟蒂，宣传栏内有胡乱张贴、通知斑驳褪色等。

2）只关注触点风险。只对业主看得到的地方（如小区内的公共道路、入户大堂、电梯轿厢、公共走廊、小区公共绿化及小品、水景等）实施保洁，而对业主看不到的地方（如楼顶天台、二次加压水箱以及地下停车场等隐蔽角落）经常不进行甚至从不进行保洁等。

【风险防范】规避清洁环境管理的触点类风险，可参考以下措施：

1）正确地认知触点服务的重要性。

2）物业服务人要认真按照物业服务合同的约定做好保洁服务工作，既要关注触点服务，又不能放松非触点区域的保洁工作。

3）加强对保洁工作的监督，严格执行保洁工作标准，通过定时检查、随时抽查等措施，及时发现问题，并组织整改。

6.1.2 保洁工作准备阶段的风险

1. 保洁制度准备风险

1）管理体系不完善。对保洁人员的培训、监管和考核缺乏依据，这导致保洁人员在上岗前未能接受系统的培训，对于工作要求和操作规范了解不足；在日常工作中也缺乏有效的监管机制，保洁人员的工作质量无法得到及时有效的评估和改进；由于缺乏明确的考核标准，保洁人员的绩效也无法得到合理的评价和奖惩。这些情况不仅影响了保洁工作的质量和效率，也增加了物业公司的管理难度和风险。

2）保洁流线和控制点设计不合理。保洁流线的设计不合理，导致保洁人员在工作场景转换时需要浪费更多的时间，进而影响了清洁效果和效率；保洁时间和动线与业主通勤产生冲突，尤其是通勤高峰时间，容易引起业主的不满。

3）岗位地图和岗位流程不规范、不齐全。缺乏明确的岗位地图，保洁人员对于各个区域的清洁范围和职责划分不够清晰，容易出现工作重叠或遗漏；岗位地图划分不合理，会导致部分员工保洁区域过大，保洁人员之间工作量不均衡，引起员工内耗；岗位流程的不规范，导致保洁人员在工作中缺乏明确的操作指南和标准，使得清洁工作无法做到规范化和标准化。这些情况不仅影响了保洁工作的质量和效率，也增加了物业公司的管理成本和风险。

【风险防范】 规避保洁制度准备风险，可参考以下措施：

1）建立完善的保洁管理体系，明确保洁人员的职责和工作要求（参考图6-1）。

2）设立有效的监管机制和考核标准，定期对保洁人员的工作质量进行评估，及时发现问题并改进。

3）优化保洁流线设计，合理规划保洁人员的工作路径，减少不必要的转场时间，提高清洁效率（参考图6-2）。

4）合理安排保洁时间，避免与业主通勤高峰时段产生冲突，减少业主的不满情绪。

5）定期对保洁流线和控制点进行评估和调整，以适应不同场景和需求的变化。

6）制定详细的岗位地图，合理划分保洁区域，明确各个区域的清洁范围和职责划分。

7）制定规范的岗位流程，为保洁人员提供明确的操作指南和标准，确保清洁工作规范化和标准化。

8）定期对岗位地图和岗位流程进行审查和更新，以适应工作环境的变化和需求的调整。

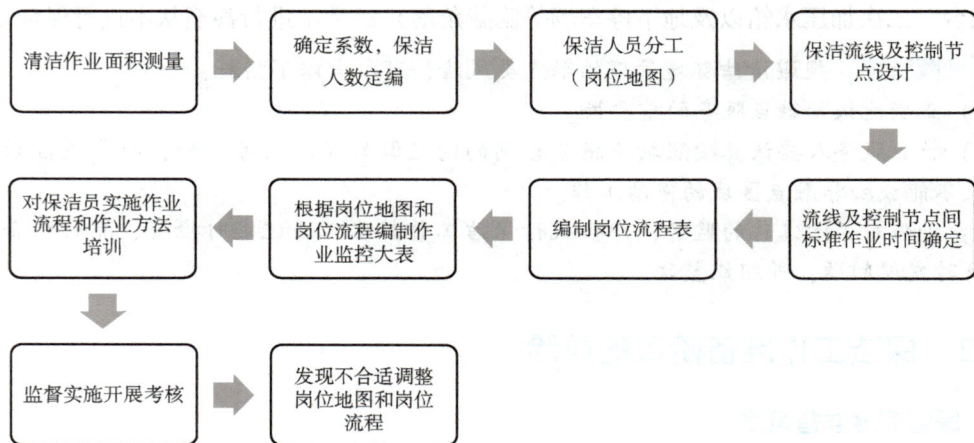

图 6-1　保洁管理体系流程

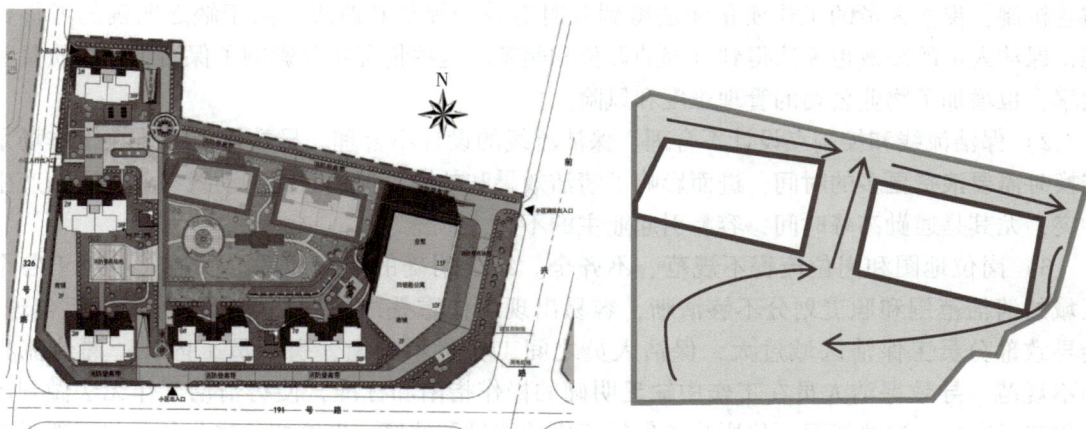

图 6-2　保洁岗位地图与保洁流线示意图

2. 保洁人员数量配置风险

1）人员配置标准过低。由于成本考虑或其他原因，配置的保洁人员数量过少，这导致保洁人员在日常工作中需要面对大量的清洁任务，无法按时完成，也无法保证清洁的质量，公共区域卫生状况恶化，影响业主的满意度。

2）人员配置标准过高。出于追求高标准的清洁效果或出于其他考虑，配置了过多的保洁人员。尽管这在一定程度上确保了清洁工作的质量和效率，但也导致了成本的显著增加，还可能由于人员之间的协调问题而降低工作效率。

3）清洁作业面积测量错误。由于清洁作业面积测量错误，导致人员数量配置不合理，各个保洁区域实际配置的人员数量要么过多要么过少，都会对清洁工作的质量和效率产生负面影响，也会增加物业公司的管理难度和风险。

【风险防范】规避保洁人员数量配置风险，可参考以下措施：

1）确定合理的保洁人员配置标准。可以根据企业管理经验或行业标准，针对不同的项目和不同的保洁区域，确定不同的保洁人员配备标准（参考表6-2）。

2）使用专业测量工具。采用专业的测量工具和方法，确保清洁作业面积的准确性（参考表6-3）。

3）定期评估与调整。根据实际工作情况和业主反馈，定期评估保洁人员数量是否满足需求，并及时调整。

表6-2　保洁人员数量配置的参考标准

主体清洁作业					
类别	作业对象	标准人均作业面积/m²	核定人均作业面积/m²	核定作业人数	核定人均作业面积计算说明
楼道清洁	多层	850			根据楼道贴面材质、入住人数、装修户数等确定以下系数的取值： 难度系数：0.8～1.2 入住系数：0.8～1.2 装修系数：0.8～1.2
	高层	1050			
外围清洁	车行	8500			根据小区清洁作业难度、容积率、入住率、设施数量确定以下系数取值： 难度系数：0.8～1.2 容积系数：0.8～1.2 入住系数：0.8～1.2 设施补时：外围作业工时的0%～10%
	人行及车位	5500			
	车库	10000			
	架空层	3000			
	商业街	4000			

注：核定作业人数是指在理论计算人数基础上做出的人数取整或微调人数；其他人员是指轮休、替岗、机动人员，不包括在核定人数当中。

表 6-3　清洁作业面积参考统计表

	明细	面积	备注
项目数据	（一）总建筑面积		
	（二）总占地面积		
	（三）分类建筑面积		
	（四）清洁作业面积		
	（1）楼内清洁作业面积		
	（2）外围清洁作业面积		
	1）车行道路清洁作业面积		
	2）人行及车位清洁作业面积		包括露天车位及架空层车位
	3）绿化清洁作业面积		
	4）车库清洁作业面积		按材质设定难度系数
	5）架空层清洁作业面积		
	6）商业步行街清洁作业面积		
	7）室外网球场等露天运动场地清洁作业面积		
	8）其他清洁作业面积		
	（3）室内清洁作业面积		
	1）办公区清洁作业面积		计算套内面积
	2）会所清洁作业面积		计算套内面积
	3）其他清洁作业面积		

	明细	数量	规格
外围大型公共设施设备	儿童游乐设施及健身设施数量		
	大型景观区清洁作业面积		
	垃圾中转站清洁作业面积		
	其他清洁作业面积		

3. 保洁人员技能与素养风险

1）消极的工作态度。在保洁人员队伍中，存在部分员工工作态度消极、工作责任心不强的情况。这种消极态度直接导致了工作效率的低下，进而影响了整体清洁工作的进度，给保洁服务的质量带来了负面影响。

2）专业技能水平不足。随着科技的进步和新型材料的广泛应用，清洁行业也在不断发展变革。然而，部分保洁人员仍固守着传统的清洁方法，未能及时学习并掌握新型清洁技术和相关知识。这种专业技能的不足不仅影响了工作效率，更可能导致清洁质量不达标，甚至可能对物业设施造成损害。

3）违规捡拾废品行为。在保洁工作中，部分员工存在违规捡拾废品的现象。部分员工在工作时间过分关注废品捡拾，以至于影响了正常的清洁工作进度。更为严重的是，有些员工甚至未经业主同意，擅自拿走业主尚未丢弃的纸壳等物品，这种行为不仅违反了职业道德，也侵犯了业主的合法权益，对保洁服务的声誉造成了严重损害。

【风险防范】规避保洁人员技能与素养风险，可参考以下措施：

1）加强工作态度管理。建立严格的考勤制度和绩效评估体系，对保洁人员的工作态度进行定期考核。

2）加强培训和引导，提升员工对工作的认同感和责任感，提高职业道德。

3）提升专业技能水平。定期组织专业技能培训，确保保洁人员能够掌握最新的清洁技术和知识。

【案例分析】

李某的母亲是一位保洁员，在 W 小区工作。近日，她因在工作之余帮业主搬纸箱而被物业罚款700 元。考虑到她原本的工资仅为2300 元，李某对罚款表示强烈不满，并多次向 W 物业服务公司总部提出异议，但均未得到满意的回应。

该物业服务公司工作人员说："罚她是因为我们在监控上看到她在小区里捡纸壳子，绕一圈后在废品收购站把这些纸壳子卖掉了，之后再绕回小区。我们是依照规定开处的处罚。"

至于具体的处罚金额，该工作人员说，这是公司系统自动生成的。保洁员是 W 物业服务公司请的外包公司的员工，按照这家保洁公司的规定，员工不能随意捡拾小区内的物品，并私自卖掉。"公司系统会根据违规事件，自动生成罚款金额。"该工作人员说。

最终，双方达成一致，将原有的 700 元罚款改为 200 元。

对此，有业主对此表示支持，也有业主觉得纸箱"可以卖钱，扔掉可惜了"。

思考：保洁员是否可以捡拾（回收）废品，你怎么看？

4. 保洁设备准备风险

1）设备配置不当。如果选择的保洁设备不适合特定的清洁任务，可能会导致清洁效果不佳，甚至可能对被清洁物造成损害。因此，在选择保洁设备时，需要充分考虑清洁对象的材质、污渍种类和清洁要求等因素。

2）设备性能不足。保洁设备的性能直接影响清洁效果和工作效率。如果设备性能不足，如吸力不够、转速过慢等，可能会影响清洁工作的正常进行。

3）设备故障或损坏。在使用保洁设备前，如果没有进行充分的检查和维护，可能会导致设备在使用过程中出现故障或损坏。这不仅会影响清洁工作的进度，还可能增加维修和更换设备的成本。

4）设备维护不当。保洁设备在使用过程中需要定期进行维护和保养，以确保其正常运行和延长使用寿命。如果维护不当，可能会导致设备性能下降、故障频发，甚至提前报废。

【风险防范】规避保洁设备准备风险，可参考以下措施：

1）在进行保洁设备选择时，应对清洁对象进行全面评估，包括材质、污渍类型、清洁标准等，以确保所选设备适合特定的清洁任务。

2）在采购设备前，进行性能测试和比较，参考行业标准和专业建议，选择性能稳定、质量可靠的设备型号。

3）建立健全的设备检查制度，使用前和使用后都要进行例行检查，确保设备没有损坏或故障。

4）建立设备档案，记录设备的采购、使用、维修和报废情况，方便管理和追踪。

【案例分析】

罗某是 TD 保洁公司雇员，专职于某小区生活垃圾的收集工作，负责将垃圾倾倒至地埋式垃圾集装箱。此集装箱设计高约 2m，配备有重达百余斤的铁质箱盖，箱盖以销子为轴进行启闭。罗某在执行职务过程中，遭遇箱盖轴部损坏的意外情况。在尝试拉开箱盖时，因轴部失效，箱盖失去支撑，瞬间导致罗某随箱盖一同坠入集装箱内。

事故发生后，罗某被紧急送医接受治疗。期间，保洁公司仅垫付了部分医疗费用，后续治疗费用则未予支付，使得罗某的治疗进程受阻。罗某强调，他作为 TD 保洁公司的雇员，在执行公司指派的任务时遭受伤害，因此公司应承担全部责任。

在双方多次协商无果后，罗某选择通过法律途径维护自身权益，将 TD 保洁公司告上法庭。罗某诉求 TD 保洁公司赔偿其治疗费用、残疾赔偿金、被抚养人生活费及精神损害赔偿金等总计 20 余万元。法院经审慎审理后，支持了罗某的诉讼请求，并做出了相应判决。

6.1.3 保洁工作实施阶段的风险

1. 保洁职业安全风险

1）保洁劳动防护的风险。例如，在实施保洁作业时没有劳动防护，或劳动防护不到位，如未戴手套处理垃圾，被瓶、罐的破片、刀片划伤等；地面湿滑导致保洁工作中滑倒、摔倒的风险。

2）清洁剂与化学品的使用风险。保洁工作中，清洁剂和化学品是必不可少的。然而，这些化学物品往往带有一定的毒性或刺激性，如果不当使用或误用，可能会导致皮肤接触、吸入或眼睛溅入等伤害。此外，某些清洁剂混合使用可能会产生有害的气体或反应，增加安全风险。

3）感染风险。保洁工作可能接触到大量的细菌和病毒，尤其在清洁公共场所和医疗机构时，易受感染。

4）电器设备使用风险。在清洁过程中，可能需要使用吸尘器、洗地机、烘干机等电器设备。若操作不当或设备维护不善，可能会导致电击、火灾等风险。例如，使用湿手触摸电器设备、电源插座老化等都可能引发触电事故。

【风险防范】 规避保洁职业安全风险，可参考以下措施：

1）提供充足的劳动防护用品，如手套、防滑鞋、护目镜、口罩等，并确保保洁员在使用前进行正确的穿戴。

2）定期对保洁员进行安全教育和培训，教授正确的操作方法和应急处理措施。

3）在清洁公共场所和医疗机构时，保洁员应穿戴一次性手套、口罩等防护用品，减少接触细菌和病毒的机会。

4）对保洁员进行清洁剂和电器设备使用培训，确保他们了解正确的操作方法和注意事项。

2. 清洁不到位风险

1）清洁不彻底。例如，地面清扫不干净，留有尘埃和杂物；污渍擦除不彻底，留有明显的痕迹；玻璃擦拭后留有水痕或污渍，影响整体清洁度。

2）隐蔽部位不清洁。楼顶、楼道、绿化带等区域往往存在卫生死角，这些地方容易积聚灰尘、垃圾等杂物，且不易被察觉。

3）装修垃圾清理不及时。对于业主室内装修产生的垃圾，为节省费用，采取累积几次再清运的方式，造成小区公共场地装修垃圾大量堆积。

4）存在"二次污染"。个别清洁工在收集小区垃圾后，为了省去运送至指定地点的麻烦，将垃圾随意丢弃、倾倒，这不仅违反了垃圾处理的相关规定，还可能对周边环境造成二次污染。

【风险防范】规避清洁不到位风险，可参考以下措施：

1）制定严格的清洁标准。明确每个区域的清洁要求和标准，确保保洁人员清楚地知道应达到的清洁程度。

2）定期培训和考核。对保洁人员进行定期的专业技能培训，并进行考核，确保他们掌握正确的清洁方法和工具使用技巧。

3）使用高效清洁工具和产品，提高清洁效率和质量。

4）制定清洁计划。针对楼顶、楼道、绿化带等隐蔽部位，制定专门的清洁计划，确保定期、全面地进行清洁。

5）加强巡检。对保洁人员工作过程、隐蔽部位进行巡检，确保清洁工作得到落实。

6）优化垃圾清运流程。制订合理的垃圾清运计划，确保装修垃圾得到及时清运。

（扩展资料：清洁工作：现场检查标准）

3. 作业现场第三人保护风险

（1）危害人身安全 如在进行地面清洁作业，特别是拖地或处理积水时，若未能及时提醒业主注意防滑防摔，可能导致业主在湿滑的地面上摔倒受伤。这种疏忽不仅危害业主的人身安全，也可能引发法律纠纷，损害物业服务公司的形象和声誉。

（2）影响通勤效率 如在电梯或楼道进行清洁作业时，若保洁人员未能合理安排工作时间和路线，可能与业主争夺电梯或楼道的使用权，导致业主通勤效率降低。这不仅给业主带来不便，也可能引发业主对保洁工作的不满和投诉。

（3）冒犯隐私 如卫生间等私密空间的清洁工作涉及业主的个人隐私，若保洁人员未能妥善处理这一问题，可能侵犯业主的隐私权，引发法律纠纷和信任危机。

（4）通行不便 如主要通勤道路的清洁工作若选择在业主通勤高峰时间进行，清扫动作过大、扬尘及占用道路等情况，业主可能需要躲避或绕行，干扰了业主的正常出行，引发道路交通拥堵和业主的不满情绪。

【风险防范】规避作业现场第三人保护风险，可参考以下措施：

1）设立警示标志。在拖地或处理积水后，立即在湿滑区域设置明显的"小心地滑"警示标志，提醒业主注意行走安全。

2）错峰清洁。选择合适的时间，尽量避免在业主通勤高峰时段进行主要通勤道路的清洁工作，优化清洁方法，减少清扫动作过大和扬尘的情况，保持道路清洁且不影响业主通行。

3）提前通知。如需在高峰时段进行必要的清洁工作，应提前通知业主，并请求他们的理解和配合。

4）尊重隐私。保洁人员在进入卫生间等私密空间前，应敲门并等待业主回应，确保业主不在场或同意后再进行清洁。加强保洁人员的隐私保护意识培训，确保他们了解并遵守隐私保护规定。

4. 保洁高处作业的风险

1）高处坠落风险。这是高处作业中最显著的风险之一。保洁人员在高楼外立面工作时，可能会因为失足、安全带松动或设备故障等原因发生坠落，导致严重的伤害甚至死亡。

2）高处作业设备故障风险。保洁人员使用的设备，如悬挂式平台、绳索、吊篮等，如果在使用过程中发生故障，会严重威胁到人员的安全。

3）天气因素风险。恶劣的天气条件，如强风、大雨等，会极大影响保洁人员的操作能力和安全。这种天气不仅增加了高处保洁工作的难度，还可能直接导致事故的发生。

4）物体飞落风险。高处作业可能导致工具、材料等物体从高处掉落，对地面上的人员造成伤害。

5）不具备相应资质。可能存在保洁公司不具备高处作业服务企业资质或登高作业服务企业资质，保洁人员不具备特种行业高处作业资格证的情况。

【风险防范】规避保洁高处作业的风险，可参考以下措施：

1）核实资质。对保洁公司或保洁人员，核实是否具有相应的作业资质。

2）确保使用合格的安全设备。佩戴合格的安全带、安全帽等个人防护装备，并确保其正确穿戴和使用。

3）使用稳固的作业平台。选择稳定可靠的作业平台，如吊篮或悬挂式平台，并定期检查其完好性和安全性。

4）设置安全网或护栏。在作业区域下方设置安全网或安装临时护栏，防止人员坠落或物品掉落造成伤害。

5）定期检查设备。对高处作业设备进行定期检查和维护，确保其处于良好状态，防止设备故障导致的事故。

6）关注天气预报。在进行高处作业前，密切关注天气预报，避免在恶劣天气条件下进行作业。

7）使用工具袋。确保保洁人员使用工具袋或工具箱，将工具、材料等物品妥善存放，防止其从高处掉落。

【案例分析】

某小区，一名保洁工擦外层玻璃时，绑在身上的保险绳断裂，从十楼坠下，送往医院后，无生命危险。

事发地位于该小区4号楼B座，该楼共有16层，楼房旁边是宽约4m的绿化带，绿化带中种有三四米高的大树。多名目击者称，上午11点许，一名保洁工在擦外层窗户时，"绑在身上的保险绳突然断了"，保洁工从高处坠下。这名保洁工先是摔到二楼的防盗窗上，接着又摔到一棵大树的树冠上，最后落在地面上。

该小区物业工作人员称，小区外层玻璃有灰尘，物业服务公司就聘请了保洁公司擦玻璃。

据了解，事发时有多名保洁工在高处擦外层玻璃。一名保洁工称，他们身上绑有两根固定在楼顶的绳子，一根是直接绑在身上的保险绳，一根是绑着坐板的绳子，自己能控制绳子的长度，"他的两根绳子都断了"。

对于绳子断裂的原因，有目击者称，由于保洁擦玻璃时来回摇摆，"十四楼防护窗上的薄钢板把保险绳割断了"。

"他们的保险绳都已经用一年了。"一名物业工作人员说，"一年前就开始来擦玻璃，到现在都没换过。"但保洁公司负责人对此否认。"绳子三四月份才换过。"这名负责人说，工作前都检查绳子了，"由于条件限制，只能是目测检查。"

思考：保洁公司有什么问题？应该怎么做？

6.1.4 保洁工作日常管理的风险

1. 保洁试剂的保管风险

（1）人员管理不善　未设立专人负责保洁试剂的保管工作，导致试剂的随意取用，这不仅增加了公司的物料成本，还可能引发库房内的环境污染问题。

（2）使用不当　保洁人员在使用试剂时，若剂量配比不准确，不仅无法达到预期的保洁效果，造成资源浪费，而且若安全防护措施不到位，还可能对使用人员造成直接伤害。

（3）处置不当　保洁试剂或容器在使用后若被随意丢弃，不仅可能对环境造成污染，还可能因残留的化学物质对人员造成伤害。

【风险防范】规避保洁试剂的保管风险，可参考以下措施：

1）设立专人负责保洁试剂的保管工作，明确职责，确保试剂的有序取用和管理。

2）制定详细的保洁试剂使用流程和剂量配比标准，确保保洁人员都能正确、安全地使用试剂。

3）加强对保洁人员的监督和指导，确保在使用试剂时严格遵守安全操作规程。

4）对废弃的保洁试剂或容器进行统一回收和处理，防止残留的化学物质对人员造成伤害，避免对环境造成污染。

2. 保洁外包的管理风险

（1）沟通不畅　保洁人员与其他部门或业主之间的沟通可能存在障碍，导致信息传递不及时或不明确，影响了工作的顺利进行。

（2）协作不足　在处理一些需要跨部门协作的保洁任务时，可能存在协作不足的情况，导致工作无法按时完成或效果不佳。

（3）考核监督力度不够　外包保洁人员可能不服从物业服务人的管理，甚至可能出现违规行为，对保洁工作的整体效果造成负面影响。

【风险防范】规避保洁外包的管理风险，可参考以下措施：

1）建立定期沟通机制。保洁公司设立专职管理人员，建立物业监督人员、保洁管理人员和保洁员工的沟通机制。

2）加强监督力度。形成监督人员检查、项目层面抽查和客户投诉监督相结合的检查监督体系。

3）完善考核制度。制定详细的考核标准和流程，明确对保洁公司和保洁人员的职责和绩效要求，通过对保洁公司的奖惩，敦促其加强对保洁人员的管理。

任务6.2　绿化环境管理风险防范

任务单见表6-4。

表6-4　任务单　　　　　　　　　　　　　　　　　　　　NO. 006002

任务描述	尝试完成一份针对校园物业绿化环境风险的调查报告		
任务准备	1）学生分组 2）回顾绿化环境管理工作的相关知识 3）完成一定的知识储备，也可边做边学	关键知识	绿化管理工作内容与规范、绿化管理的常见风险
任务实施（团队任务）要求			
1）学生分组收集整理所需资料和重要数据 2）对校园物业绿化环境安全隐患进行排查 3）要求多角度全面思考			
任务成果评价	学生互评和教师评价 评价依据：选择方法正确，风险调查报告完整规范 评选优秀作品		

　　绿色是生命之色，可以使人益寿延年，可以陶冶情操，净化环境。物业管理中，通过行使组织、协调、督促、宣传教育等职能，创造出一个清洁、安静、优美、舒适的生活环境和工作环境，是物业服务人的职责。

6.2.1　绿化早期介入阶段的风险

1. 绿化设计或绿植选择错误的风险

　　1）外来树种风险。建设单位盲目追求"高大上"，在没有了解外来树种在当地的相关应用经验，或充分考证当地的气候特点是否适于外来树种生长的基础上，盲目引进自认为会达到美观、新奇效果的外来树种，结果造成引入的树种生长不良或经不起当地气候的考验而死亡。有些外来树种因脱离原来环境的抑制，大量繁殖，侵占周围植物的生长空间，使原来的树木无法生存。

　　2）"一日成景"风险。因施工安排不合理或在短期内即要求呈现绿化的景观效果，致使一些小区在绿化建设中大搞"一日成林"或"一夜成景"，从山上或偏远地区移植大规格苗木，同时，移植技术不够满足苗木的后续健康生长，造成大规格苗木在小区内的成活率低、生长势衰弱等问题。

　　3）绿化带的树种选择。在一些造园式绿化的小区多设计有弯曲小道和篱墙，此处植物的选择一般偏重于玫瑰、刺玫等观花型花灌木，以保证良好的成景效果，但是这类植物的生长较快，如果修剪不及时，枝条延伸过长，容易刺伤行人，尤其是小孩。

　　4）垂直绿化不合理。垂直绿化中，不仅仅是将可攀援植物栽植到地上，还要提供其可攀援的支架或支撑，诸如凉亭或廊道等。有的栽植在乔木旁，如果乔木树种不适宜被攀援时，会造成乔木的生长不良。也有些攀援植物会依附楼墙攀援，进入业主的阳台家中，对业主的生活造成一定的干扰。

5）缺乏美感。观叶、观花、观果的植物搭配不当，缺少根据季节变化来配置适宜的景观效果；乔灌木和花灌木的配置杂乱，没有形成相互衬托、高低错落有致的景观；诸如此类的还有常绿树与落叶树搭配问题、颜色搭配等问题。

6）地被植物单一。草本植物尤其是禾本科草坪的比例（面积）过大，既增加了管理成本和难度，也略显单一。

7）乔木种植点离建筑物太近。乔木种植点至建筑物、管线处必须要有一定的安全距离，否则不但会影响居民采光，还会对管线和建筑基础造成一定的破坏。但是在部分楼盘中，为了虚化建筑立面，往往乔木种植点离建筑很近。

【风险防范】规避绿化设计或绿植选择错误的风险，可参考以下措施：

1）根据整个项目的建设进度，统筹考虑各树木花草的面积、数量、规格，苗源、栽植时间、各种植物的定植位置、顺序等。

2）居住小区可选择乡土树种，这样的树种更适应本地气候和生存环境，易于存活。

3）选择当地的具有观赏性的树种，这样观赏效果较易与预期保持一致，避免因为气候环境等原因造成的效果偏差。

4）合理配置植物，根据适地适树的原则，选择落叶、常绿树种进行搭配。可选择观花型、观果型、观叶型等进行搭配。注意乔灌木和花灌木搭配、颜色搭配等问题，构成多层次的复合生态结构。

5）在地被植物的选择上，应增加多样性，引入多种地被植物，提高绿化景观的丰富度和美观度。

6）在乔木种植时，应确保与建筑物、管线保持一定的安全距离。充分考虑居民采光和管线安全，避免对居民生活和建筑基础造成破坏。

（扩展资料：植物配置标准及注意要点）

【案例分析】

5月28日上午，家住某小区的4岁小孩李某，由其姥姥陪同，在横穿小区喷水池小溪时，身体失去平衡，右眼被池边种植的铁树叶尖刺伤。经医院诊断，李某右眼角膜白斑，需做角膜移植术，经某法医验伤所鉴定，其伤残程度为8级。

为此，李某作为原告，其母林某作为法定代理人向法院提起诉讼，要求该小区的建设单位和物业服务公司进行经济赔偿。

作为被告的两家公司认为：应由其监护人承担原告受到伤害的全部责任。首先，小区的喷水池小溪中铺有人造乱石，并立有警示牌，提示监护人不应让未成年人进入该区域玩耍，本案中的监护人未履行好看管原告的义务。其次，原告所在小区是市级园林式住宅小区，绿化布局合理、科学、合法。

法院经过庭内外调查后认为，侵权民事责任有主、客观要件，即行为人主观有过错，客观上有损害事实存在，损害行为的违法性及违法行为与损害事实之间有因果关系。本案中，原告在独自横穿小溪时，身体发生倾斜，被铁树划伤右眼的客观事实存在。但被告在小区内进行绿化、建筑水池是为了提高业主的生活质量，且种植铁树植物没有过错。同时，考虑到人造乱石高低不平的安全隐患，喷水池旁立有警示牌，被告的管理义务已经尽到，故原告要求二被告赔偿理由不充分，法院不予支持。

本案焦点有两个：第一，小区内栽种铁树究竟恰不恰当；第二，物业服务公司是否尽到了安全防范责任。此案中，被告在小区内栽种铁树的事实客观存在，但其目的主要是为了进行绿化，美化环境。同时，作为被告的物业服务公司已考虑到可能存在的安全隐患，在水池旁立有警示牌，并在法庭上出示了警示牌生产厂家开具的正式发票，证明警示牌安装时间是在原告被铁树伤害之前。《物业管理条例》第三十五条第二款规定："物业管理企业未能履行物业服务合同的约定，导致业主人身、财产安全受到损害的应该依法承担相应的法律责任。"从本案来看，物业公司尽到了安全防范义务，不存在管理上的疏漏和缺陷。而原告李某是无行为能力人，因监护人监护不力，造成李某受伤，故物业服务公司不应承担赔偿责任。

2. 绿化配套建设未完成的风险

（1）维护成本风险　在绿化配套建设尚未完成的情况下，项目可能面临维护成本显著上升的问题。由于缺乏足够的绿化覆盖，土壤易于裸露，进而增大扬尘产生的概率。这不仅加重了环境清洁的难度，还可能增加清洁成本。

（2）投诉与纠纷风险　对于新建物业，若采取分期开发、分批交付的模式，而绿化配套建设未能同步完成，则可能引发业主对物业服务质量的误解和不满。业主可能错误地将绿化不足归咎于物业服务人，进而产生投诉行为，甚至可能引发物业费的纠纷。

（3）安全隐患风险　绿化配套建设的不完善还可能带来一系列安全隐患。例如，由于绿化不足，可能导致管井、管线等基础设施裸露在外，增加意外伤害的风险；在补建施工期间，施工区域可能占用部分通道，不但影响业主的正常出行，也增大了跌倒等意外事件的发生概率。

【风险防范】规避绿化配套建设未完成的风险，可参考以下措施：

1）在业主入住时，通过宣传册、现场公示等方式，向业主明确告知绿化建设的进度和计划，避免业主产生误解。

2）对于裸露的管井、管线等设施，采取临时覆盖或围挡措施，降低意外伤害风险。

3）敦促建设单位及时完成绿化补建工作。在绿化施工过程中，加强现场安全管理，确保施工区域的安全隔离和警示标志的设置。

6.2.2　绿化管理准备阶段的风险

绿化管理准备阶段的风险主要包括物品储备不充分和员工准备不到位。

（1）物资储备不充分　若未能充分预估和准备所需的各类物品，特别是在特殊气候条件下，风险尤为突出。例如，在台风季节，若支撑杆的储备数量不足，一旦遭遇强风天气，树木可能因缺乏足够的支撑而发生倒伏，这不仅破坏了绿化景观，还可能对周边环境和设施造成损害；若保温物资不足，绿植在寒冷季节可能因无法抵御低温而遭受冻伤甚至死亡，这将严重影响绿化效果，并增加后续补植的成本。

（2）员工准备不到位　专业技术能力的不足可能导致员工在种植、修剪、施肥等关键环节出现错误；不恰当的种植可能导致植物生长不良或死亡；不恰当的修剪方法可能损伤植物，影响其正常生长；不恰当的施肥则可能导致植物营养失衡，引发各种生长问题。

【风险防范】规避绿化管理准备阶段的风险，可参考以下措施：

1）加强对员工的专业知识和技能的培训，重点强化绿化工具使用、施药作业、安全防护等专业技能培训。

2）重视绿化、安全防护用品储备，保证满足绿化作业的物资需要。

6.2.3　绿化管理实施阶段的风险

1. 绿化养护工作效果差

（1）绿化养护工作计划性差　如在实际操作中，物业服务人未能制订详尽且系统的绿化养护工作计划，导致养护工作的实施缺乏明确的目标和步骤，从而影响了绿化效果的持续性和稳定性。

（2）绿化养护技术不到位　由于技术操作的不规范或缺乏专业性，植物的长势常常受到不良影响，成活率较低。这主要体现在植物养护过程中的关键环节，如土壤改良、浇水、施肥等未能得到有效执行，从而制约了植物的健康生长。

（3）绿化养护工作不及时　如绿篱、造型树和绿地等未及时修剪，或绿地中杂草丛生等情况，容易带给业主不佳的直观感受，引起业主对物业服务人的负面评价。

（4）绿化补种的风险　由于上述问题的存在，小区内的绿化区域往往需要频繁进行补种。这不仅增加了物业的管理成本和工作量，还可能对小区的整体绿化效果造成负面影响。

【风险防范】规避绿化养护工作效果差的风险，可参考以下措施：

1）制订详细的年度、季度和月度绿化养护工作计划，明确养护目标、任务和时间节点；定期对计划的执行情况进行检查和评估，及时调整和完善计划，确保养护工作的连续性和有效性。

2）定期组织绿化养护技术培训和交流活动，提升养护人员的专业技能和知识水平。

3）建立健全绿化养护工作制度，明确各项工作的责任人和执行时间。加强巡查，及时发现和处理植物生长不良、病虫害等问题。

4）关注物业服务触点，确保修剪、除草等工作的及时开展。

5）加强对养护工作的监督检查，确保各项措施得到有效执行。

（扩展资料：绿化日常养护要点）

2. 作业现场安全保护风险

作业现场安全保护风险表现为绿化工人在作业过程中可能受到伤害，或因其操作导致他人受伤。例如，当绿化工人搬运绿化器械或其他重物时，可能被砸伤或刮伤；在高温气候下作业，工人可能因中暑而引发健康问题；修剪过程中遗撒的枝木可能绊倒或刮伤行人，造成意外伤害。若绿化工人缺乏必要的安全防护培训，在施药作业中未佩戴适当的防护装备，可能导致中毒或皮肤损伤；更为严重的是，在上风口或人员密集场所施药作业，可能引发他人中毒，进而引发人员伤害和财产损失等。

【风险防范】规避作业现场安全保护风险，可参考以下措施：

1）提高安全防范意识，要求绿化人员规范作业。作业时必须按照要求穿戴好劳保防护用品。

2）常备防暑等常用药物，可以调整夏季作息时间，规避高温作业。

3）做好作业现场围护、警示，加强绿化施工现场的安全巡视，及时清理残枝、杂物。

【法律依据】

《民法典》第一千一百九十八条，宾馆、商场、银行、车站、机场、体育场馆、娱乐场所等经营场所、公共场所的经营者、管理者或者群众性活动的组织者，未尽到安全保障义务，造成他人损害的，应当承担侵权责任。

因第三人的行为造成他人损害的，由第三人承担侵权责任；经营者、管理者或者组织者未尽到安全保障义务的，承担相应的补充责任。经营者、管理者或者组织者承担补充责任后，可以向第三人追偿。

6.2.4 日常管理的风险

1. 公共绿地改造风险

（1）绿地用途变更风险　物业服务人在未经业主同意的情况下，擅自改变绿地用途，如将草坪改为停车场，不仅违反了物业服务合同的约定，也可能违反了相关法律法规和规章政策。此类行为会对小区的整体环境和绿化效果造成不良影响，侵害了业主的权益，进而增加法律纠纷和赔偿责任的风险。

（2）绿化作业违规风险　在进行绿化作业过程中，物业服务人若违反法律法规、规章政策的规定，如随意砍伐树木、擅自改变原绿地规划更换树木种类等，不仅破坏了小区的绿化景观，还可能对生态环境造成破坏，容易引发业主的不满和社会舆论的谴责。

（3）绿地秩序维护风险　如存在业主侵占绿地的情况，若物业服务人存在制止、报告不力的情况，不仅影响小区的整体环境和美观度，还可能引发业主之间的纠纷和投诉，对物业服务人的形象和声誉造成负面影响。

【风险防范】规避公共绿地改造风险，可参考以下措施：

1）规范绿地用途变更程序。对于涉及绿地用途变更的事项，要尊重业主合法权益，对公共绿地的任何处置、改造行为，都须得到业主共同决定事项的表决通过，方可实施，物业服务人应严格按照相关法律法规和规章政策的规定，履行审批和报备手续。

2）加强培训，做好专业知识更新。及时了解掌握国家有关绿化养护的政策、标准，提高绿化管理能力。

3）强化绿地秩序维护措施。加强对业主侵占绿地行为的制止和报告力度。对于发现的侵占行为，应及时进行劝阻和制止，并向相关部门报告。

2. 绿化被人为破坏的风险

绿化被人为破坏的风险主要源于两个方面：一是物业公司的管理不当或个别员工的破坏行为；二是部分居民的不当行为。例如，绿化项目中的绿植和相关设施可能遭受人为的破坏、损毁甚至盗窃等非法行为的侵害。这些行为不仅导致绿化成果的丧失，还可能对绿地的整体美观度和生态环境造成不良影响。特别是在公共区域或人员流动较大的地方，由于人员密集、监管难度较大，这种风险更为突出。

【风险防范】规避绿化被人为破坏的风险，可参考以下措施：

1）加强管理与监管力度。加强对绿化项目的监管力度，定期对绿化区域进行巡查和检查，及时发现和处理破坏行为。

2）提高保护绿化意识。开展绿化保护的宣传教育活动，提高员工和居民的保护绿化意识。

3）合理利用监控设备。在绿化区域的关键部位和人员流动较大的地方设置监控设备，进行实时监控。

3. 树木倒塌或果实坠落伤人的风险

（1）树木倒塌风险

1）雨雪冰冻导致树木倒塌。在雨雪冰冻的极端天气中，树木的枝干可能因覆盖厚厚的冰雪层而变得异常沉重。当冰雪层积累到一定程度时，树木可能无法承受其重量而倒塌。这种倒塌不仅可能损坏周边的建筑和设施，还可能对行人或车辆造成严重的伤害。

2）大风天气引发树木倒塌。在强风天气中，树木的根系可能因土壤松动而失去稳固性。此外，强风也可能直接吹断树木的枝干或导致整棵树倒塌。倒塌的树木可能砸中行人、车辆或建筑物，造成人员伤亡和财产损失。

（2）果实坠落伤人风险

1）果实成熟自然坠落。在某些果树种类中，当果实成熟时，它们可能因重力作用而自然坠落。如果树下有行人或停放的车辆，坠落的果实可能造成伤害或损坏。虽然这种伤害通常较轻，但仍需引起注意。

2）恶劣天气加速果实坠落。在恶劣天气中，如暴雨、大风等，果实可能因受到外力的冲击而提前坠落。这些果实可能带有较高的速度和冲击力，对行人或车辆造成更严重的伤害。

【风险防范】规避树木倒塌或果实坠落伤人风险，可参考以下措施：

1）密切关注天气预报，及时采取防范措施，如修剪树木、加固根系、设置警示标志等。

2）定期对果树进行检查和修剪，去除那些可能坠落的果实，设置警示标志，并及时清理掉落的果实，避免它们堆积在树下或道路上，从而减少行人或车辆因踩到或撞到果实而受伤的风险。

【案例分析】

一、2024年2月2日白天，武汉下起冻雨，万物表面都冻结出冰层，形成"雨凇"奇景。雨凇是景观也是气象灾害，它不易铲除，破坏性强，边降边冻，黏附在裸露物的外表不流失，形成越来越厚的坚实冰层，从而使物体负重加大。2月4日，武汉迎来入冬以来最大的一场雪，积雪达6.6cm。小区里和马路两边出现大量树木断枝甚至倒伏现象。据武汉市园林和林业局不完全统计，2月3日以来，他们已处理倒树972处、断枝2.32万余处。

二、绿化芒果树由于具有种植成本低、粗生易长、病虫害少和遮阴效果良好等优点，在广东各地区的城市绿化建设中被广泛应用。绿化芒果树除了有良好的绿化效果以外，在开花和挂果期间还能发挥很好的观赏作用，其开花和挂果地段可以成为一道亮丽的城乡风景。但成熟脱落的芒果会对车辆或市民的出行和日常生活带来不便。6月22日，广州市L女士56岁的母亲，因为踩到掉落的绿化芒而摔倒，事故导致其右边膝盖粉碎性骨折。

【法律依据】

《民法典》第一千二百五十七条，因林木折断、倾倒或者果实坠落等造成他人损害，林木的所有人或者管理人不能证明自己没有过错的，应当承担侵权责任。

4. 绿化外包业务管理风险

绿化外包业务管理风险主要表现在绿化专营企业选择不当，或合同约定不严密。例如，没有全面考察绿化专营企业，签约后发现其不具备相应资质和履约能力；因合同约定疏漏，绿化管理外包标准低于物业服务合同约定；绿化专营企业绿化作业致人伤害、致物损害等情形，导致物业服务人合同违约、人员伤害财产损失等经济赔偿、责任连带的风险。

[风险防范] 规避绿化外包业务管理风险，可参考以下措施：

1）转委托招标中须全面深入地考察投标人的履约能力，包括其专业资质、管理经验、以往经营信誉、设备与人员配置、客户评价等。

2）重视外包合同的签订及履行工作，通过合同约定转移风险。

3）日常管理应加强沟通、指导和监督，尽量避免直接管理外包单位员工，以防在产生纠纷时被判定为"名为外包、实为派遣"。

4）应要求承包公司制订具体的工作计划，包括岗位设置及职责、服务标准、技术要求、垃圾清运时间、责任和义务等，并在合同中约定，从而作为监督检查的依据。

任务 6.3　环境安全管理风险防范

任务单见表 6-5。

表 6-5　任务单　　　　　　　　　　　　　　　　　　　　NO. 006003

任务描述	尝试编制一份针对校园物业的环境安全管理（某个事件）的突发事件应急预案		
任务准备	1）学生分组 2）回顾相关知识 3）完成一定的知识储备，也可边做边学	关键知识	环境安全管理工作内容与规范、环境安全管理的常见风险
任务实施（团队任务）要求			
1）学生分组收集整理所需资料和重要数据 2）风险应急预案要清晰、直观，可操作性强，配风险应对流程图 3）要求多角度全面思考			
任务成果评价	学生互评和教师评价 评价依据：选择方法正确，风险应急预案完整规范 评选优秀作品		

6.3.1　卫生消杀的风险

1. 卫生消杀准备阶段的风险

1）消杀计划不完善。如对消杀对象、消杀区域、消杀药剂选择、消杀方式选择没有提前规划，导致实施过程中混乱，消杀结果差。

2）消杀用具和药物准备不当或不足。消杀作业未能按照要求的剂量和频次进行消杀施药，或拖延消杀时间等，未达到消杀效果。

【风险防范】规避卫生消杀准备阶段风险，可参考以下措施：

1）制订卫生消杀工作计划，内容应包括消杀对象、消杀区域、消杀药剂选择、消杀方式选择、消杀费用预算及人员配置等。

2）做好充足的消杀药剂、物料和工具的储备，且留有适当的余量。

2. 卫生消杀实施阶段的风险

卫生消杀实施阶段的风险主要表现在：消杀人员操作不当，造成人员伤害；消杀工具和药物处理不当造成污染等。例如，在上风口或者人员密集场所、人员密集时间消杀作业造成他人中毒；消杀药品喷洒在扶手或者食品上造成人员中毒；在公共水域清洗消杀工具，造成水域污染等，导致人员伤害的风险。

【风险防范】规避卫生消杀实施阶段风险，可参考以下措施：

1）做好培训，培训内容包括卫生消杀操作标准、作业指导书、消杀药品的使用与安全、个人防护、中毒和损伤的预防和急救方法等，让消杀人员提高认识，熟悉操作规程，做好防护，降低风险。

2）消杀作业应安排在人员休息、非办公或经营时间进行，并事先做好通知，现场设立警示标志，减少与人员的直接接触。

3）作业完毕，应将器具、药具统一清洗保管，并及时清理药物空瓶、过期消杀饵料。清洗器具，不得在天然水域内进行，清洗污水要安全处理。及时且安全清除被消杀的虫害尸体，防止二次危害传播。

（扩展资料：消杀管理：除"四害"、除白蚁）

6.3.2 环境污染的风险

1. 噪声污染的风险

（1）生活噪声污染

1）家庭娱乐噪声。包括居民在家中使用音响、电视等设备产生的声音，音量过大时会对邻居造成干扰。

2）家庭聚会噪声。家庭聚会、庆祝活动等场合中，人们的欢声笑语、交谈声等可能超出合理分贝，影响其他居民的休息。

（2）商业设施与娱乐场所噪声

1）商业活动噪声。小区内商业设施如超市、餐馆等在运营过程中产生的噪声，如装卸货物、叫卖声等。

2）娱乐场所噪声。如健身房、游泳池等娱乐场所的设备运行声、人员活动声等，可能对周边居民造成干扰。

（3）交通噪声

1）车辆行驶噪声。小区内车辆进出、行驶过程中产生的噪声，如鸣笛、刹车声等。

2）公共交通噪声。临近公共交通站点的小区，可能受到公交车、出租车等车辆频繁停靠和行驶产生的噪声影响。

（4）施工噪声

1）建筑施工噪声。小区内进行新建、改建或维修工程时，施工机械、材料搬运等产生的噪声。

2）装修施工噪声。居民在装修房屋时，电钻、锤子等工具的使用可能产生较大的噪声。

这些噪声污染情况不仅影响居民的日常生活和休息质量，还可能引发邻里之间的矛盾和纠纷。

【风险防范】规避环境噪声污染的风险，可参考以下措施：

1）加强精神文明教育，并通过管理规约来约束业主的噪声扰民行为。

2）制定必要的管理办法，对家庭娱乐活动、商业经营活动、装修活动、施工活动、车辆鸣笛等通过限定时间、地点，并要求采用消声、隔声等措施来加以控制。

3）物业服务人及时履行制止义务和报告义务，要求业主委员会发挥自治管理主体作用，协调好相关部门及时实施行政执法。

4）加强绿化，通过增加树木种植达到消声防噪、美化环境的目的。

2. 油烟污染的风险

（1）餐饮业油烟污染风险

1）无专业用烟道。对未配套设置专用烟道的底商，没有按规定增设独立排烟道。

2）餐饮商户排放油烟。小区内的餐饮商户，如餐馆、小吃店等，在烹饪过程中产生的油烟，若未经有效处理直接排放到室外，会对周边环境造成污染，影响居民的生活品质。

3）油烟净化设施失效。餐饮商户安装的油烟净化设施可能因长期运行、维护不当或设备老化等原因失效，导致油烟排放超标，增加油烟污染的风险。

（2）油烟排放管道风险

1）管道老化破损。油烟排放管道可能因长期使用、材质老化或施工不当等原因出现破损、渗漏等问题，导致油烟泄漏到室外或室内其他区域。

2）管道设计不合理。部分小区的油烟排放管道设计可能存在缺陷，如管道直径过小、弯头过多等，影响油烟排放的顺畅性，增加油烟污染的风险。

3）私改烟道。装修期间擅自更改厨房排烟道，或将厨房排烟道连通卫生间排气道，或在阳台引出排油烟孔等情形。

【风险防范】规避油烟污染的风险，可参考以下措施：

1）加强装修管理，在装修方案审核阶段就杜绝随意连通、变更厨房排烟道、卫生间排气道，或在阳台设置排油烟孔。

2）加强对住改商进行餐饮经营的装修管理，应严格要求其按所在地规定制作户外排油烟道。

3）加强巡查管理，对发现的违法违规行为，及时履行制止义务和报告义务，要求业主委员会发挥自治管理主体作用，协调好相关部门及时实施行政执法。

【法律依据】

《大气污染防治法》第八十一条，排放油烟的餐饮服务业经营者应当安装油烟净化设施并保持正常使用，或者采取其他油烟净化措施，使油烟达标排放，并防止对附近居民的正常生活环境造成污染。

禁止在居民住宅楼、未配套设立专用烟道的商住综合楼以及商住综合楼内与居住层相邻的商业楼层内新建、改建、扩建产生油烟、异味、废气的餐饮服务项目。

3. 污水排放污染的风险

（1）商业经营污水排放的风险

1）随意排放。部分商业经营者在日常运营中，可能忽视环保要求，将未经处理的污水直接排入市政排水系统。

2）缺乏隔油设施。例如，餐饮经营场所未设置隔油池，导致废弃的食用油和剩菜油汤直接流入排水管线，造成管线堵塞和环境污染。

（2）业主或物业使用人私改排水管线的风险

1）私自堵塞检修口。一楼业主或物业使用人有时为个人利益，私自堵塞户内排水管线的检修口，自设排水管，影响整体排水系统的正常运行。

2）向排水管内投放异物。楼上业主或物业使用人可能将固体废弃物投入排水管，导致管线堵塞，给相邻业主带来财产损失的风险。

【风险防范】规避污水排放污染的风险，可参考以下措施：

1）加强餐饮经营的装修管理，应严格要求其按所在地规定设立隔油池，餐饮污水经沉淀、过滤才可排放。

2）加强装修管理，防止业主和物业使用人私改下水管线的行为。

3）加强巡查管理，对发现的违法违规行为，及时履行制止义务和报告义务，要求业主委员会发挥自治管理主体作用，协调好相关部门及时实施行政执法。

4. 垃圾分类与处理的风险

垃圾分类与处理的风险主要源自两个方面：业主和物业使用人的不当行为，以及垃圾分类和处理的操作不当。

1）业主和物业使用人可能对垃圾分类缺乏了解，不配合或不支持垃圾分类行为。例如，有些业主可能会错误地将玻璃碎片投放到厨余垃圾中，这增加了保洁员在处理垃圾时受伤的风险；未按照规定进行垃圾袋装化和密闭化收集，或者在垃圾运送到附近的垃圾转运站后未按规定的作业程序投放到垃圾压缩箱，这可能导致垃圾散落，增加垃圾处理的风险。

2）垃圾分类和处理的操作不当。例如，垃圾收集容器可能存在残缺或破损，封闭性不好导致垃圾洒落；在垃圾收集搬运过程中，可能会出现遗漏、拖挂、渗滤液滴漏等问题；如果垃圾没有及时清运和处理，导致垃圾堆积和滞留，这不仅可能引发臭味、吸引害虫等问题，还可能对业主和物业使用人的生活环境造成不良影响。同时，这也可能增加物业服务企业因违约而面临的风险。

【风险防范】规避垃圾分类与处理的风险，可参考以下措施：

1）加强垃圾分类的宣传，普及垃圾分类知识。

2）加强垃圾分类操作的培训和监管，确保相关人员能够正确地进行垃圾分类和清运。

3）加强对垃圾收集容器的管理和维护，确保其完好性和封闭性。

4）加强垃圾收集搬运过程的监管和垃圾处理的时效性，确保垃圾能够及时、安全、有效的处理。

6.3.3 高处抛（坠）物管理的风险

高处抛物与高处坠物是两种不同但均可能带来严重后果的现象。

1. 高处抛物管理的风险

1）人身伤害风险。高处抛物可能导致下方行人、居民或其他人员受伤，甚至造成死亡。所抛物品的速度和重量越大，所造成的伤害越大，即使是看似无害的物品，如塑料瓶或纸团，从高处落下也可能产生足够的动能而造成伤害。物业服务人对管辖区域具有安全保障义务，应防范高处抛物事件的发生。

2）财产损失风险。高处抛物可能直接击中或破坏下方的车辆、建筑物、公共设施或其他财产，造成财产损失。物业管理方需承担维护公共区域安全的责任，防止抛物行为对业主或第三方的财产造成损害。

3）法律责任风险。根据法律规定，高处抛物属于违法行为，抛物者需承担法律责任，包括民事赔偿、行政处罚甚至刑事责任。

4）社会秩序风险。高处抛物行为破坏了社区的安全和秩序，可能引发居民恐慌，影响社区和谐稳定。

【风险防范】规避高处抛物管理的风险，可参考以下措施：

1）加强安全宣传教育。物业管理人应定期在小区内开展安全宣传教育活动，通过悬挂横幅、发放宣传资料、举办讲座等形式，提高业主和居民对高处抛物危害性的认识，增强他们的安全意识和文明素质。

2）设立警示标志。在小区内明显位置设立高处抛物警示标志，提醒业主和居民注意自身行为，避免高处抛物。

3）安装监控设备。在小区内安装监控设备，对高层住宅楼进行实时监控，以便及时发现并制止高处抛物行为。

4）加强巡查和监管。物业管理人应加强对小区内高层住宅楼的巡查力度，发现高处抛物行为及时制止，并对相关人员进行批评教育或上报。

2. 高处坠物管理的风险

1）人身伤害风险。与高处抛物类似，高处坠物也可能导致下方人员受伤或死亡。但不同的是，高处坠物通常是由于建筑物外部物品（如花盆、空调外机等）意外脱落或由于风力等因素导致物品坠落。

2）财产损失风险。高处坠物同样可能造成下方财产的损失，如车辆被砸、建筑物受损等。

3）建筑安全风险。高处坠物可能暴露出建筑物本身的安全隐患，如外墙老化、安装不牢固等，需要及时检查和维修。

4）维护责任风险。对于建筑物管理方来说，高处坠物可能引发维护责任问题，如未能及时检查和维护导致物品坠落，可能需承担法律责任。

【风险防范】规避高处坠物管理的风险，可参考以下措施：

1）定期检查和维护。物业管理人应定期对小区内建筑物外部设施进行检查和维护，如外墙、窗户、阳台栏杆等，确保其牢固可靠，防止因老化或破损导致高处坠物。

2）加强安全防护措施。高处坠物风险处或加固施工中，在建筑物外部安装防护网或挡板等防护措施，防止物品意外坠落，对易坠落的物品进行加固或移除。

3）提醒业主注意。通过公告、通知等方式提醒业主注意自身行为，避免在窗户或阳台放置易坠落的物品，尤其是恶劣天气条件下。

4）加强与相关部门的协作。物业管理人应与当地公安、消防等相关部门保持密切联系，共同协作，共同应对高处抛物和高处坠物风险。

【案例分析】

今年8月22日，某市人民法院对一起太阳能底座砸伤人案进行了一审宣判，被告某物业管理有限责任公司因没有尽到相应的安全保障义务和管理职责，被法院判决赔偿原告赵某、李某医疗费等各项损失9827元，24户业主不承担赔偿责任。

去年7月28日晚7时左右，某市出现强雷暴雨，并伴有瞬间大风天气。原告赵某、李某途经某小区5号楼楼下时，被楼顶坠下的一废弃太阳能热水器底座砸伤，后被送往医院救治。今年3月24日，两原告将物业管理有限责任公司和5号楼的24户业主告上法庭，要求各被告赔偿医疗费等损失11646.6元。

法院审理后认为，被告物业管理有限责任公司没有尽到相应的安全保障义务和管理职责，依法应对原告赵某、李某所受到的人身损害承担赔偿责任。由于原告没有证据证明该楼全体住户具有共同实施危险行为的意思并实际实施了共同危险行为，故原告诉请24户业主共同承担责任与法不符，不予支持。

思考： 物业服务人该如何规避此类风险？

【法律依据】

《民法典》第一千二百五十三条，建筑物、构筑物或者其他设施及其搁置物、悬挂物发生脱落、坠落造成他人损害，所有人、管理人或者使用人不能证明自己没有过错的，应当承担侵权责任。所有人、管理人或者使用人赔偿后，有其他责任人的，有权向其他责任人追偿。

第一千二百五十四条，禁止从建筑物中抛掷物品。从建筑物中抛掷物品或者从建筑物上坠落的物品造成他人损害的，由侵权人依法承担侵权责任；经调查难以确定具体侵权人的，除能够证明自己不是侵权人的外，由可能加害的建筑物使用人给予补偿。可能加害的建筑物使用人补偿后，有权向侵权人追偿。

物业服务企业等建筑物管理人应当采取必要的安全保障措施防止前款规定情形的发生；未采取必要的安全保障措施的，应当依法承担未履行安全保障义务的侵权责任。

发生本条第一款规定的情形的，公安等机关应当依法及时调查，查清责任人。

6.3.4　宠物管理的风险

1. 安全风险

1）宠物伤人风险。大型宠物或特殊宠物吓人，如一起乘坐电梯时，会给部分业主或未成年人带来恐惧感；烈性犬等危险动物或宠物因各种原因可能咬伤他人，造成人身伤害，甚至可能引发法律纠纷。

2）逃逸宠物风险。流浪犬等逃逸或被遗弃的动物可能咬伤他人，对小区居民构成安全威胁。

3）传染病传播风险。宠物可能携带或传播传染病，如狂犬病、弓形虫病等，对小区居民的健康构成潜在威胁。

2. 环境风险

1）宠物排泄物污染。如不文明遛狗等行为，宠物可能在小区内随地大小便，会破坏环境的干净、整洁，影响小区的整体形象，并可能引发业主的不满和投诉。

2）噪声扰民问题。部分宠物可能产生噪声，如犬吠等，干扰小区居民的正常生活，造成邻里矛盾。

3. 管理风险

1）管理制度缺失风险。物业小区如未制定明确的宠物管理规定，没有流浪动物处理方案，将增加管理难度和风险。

2）管理人员素质风险。管理人员如缺乏专业知识和经验，可能无法有效应对因宠物或流浪动物发生的各种问题，导致冲突升级。

【风险防范】 规避宠物管理风险，可参考以下措施：

1）倡导文明饲养宠物。倡导业主或使用人文明饲养宠物，遵守地方养犬管理规定或宠物管理规定，提倡宠物错峰放风。

2）实施宠物登记制度。要求业主对饲养的宠物进行登记，包括宠物品种、数量、疫苗接种情况等，便于物业服务人及时掌握宠物信息。

3）加强巡逻与监控。增加巡逻频次，利用监控摄像头，对小区内宠物活动进行实时监控，及时发现并制止宠物或流浪动物伤人。

4）完善宠物管理制度。建议业主或业主委员会将全面细致的宠物管理规定写入"管理规约"，明确宠物饲养、活动、卫生等方面的要求，为宠物管理提供制度保障。

5）制定应急预案。针对因宠物（流浪动物）发生的紧急情况，制定应急预案，确保在发生紧急情况时能够迅速、有效地应对。

【法律依据】

《民法典》第二百八十六条，业主应当遵守法律、法规以及管理规约，相关行为应当符合节约资源、保护生态环境的要求。对于物业服务企业或者其他管理人执行政府依法实施的应急处置措施和其他管理措施，业主应当依法予以配合。

业主大会或者业主委员会，对任意弃置垃圾、排放污染物或者噪声、违反规定饲养动物、违章搭建、侵占通道、拒付物业费等损害他人合法权益的行为，有权依照法律、法规以及管理规约，请求行为人停止侵害、排除妨碍、消除危险、恢复原状、赔偿损失。

业主或者其他行为人拒不履行相关义务的，有关当事人可以向有关行政主管部门报告或者投诉，有关行政主管部门应当依法处理。

第一千二百四十五条，饲养的动物造成他人损害的，动物饲养人或者管理人应当承担侵权责任；但是，能够证明损害是因被侵权人故意或者重大过失造成的，可以不承担或者减轻责任。

第一千二百四十六条，违反管理规定，未对动物采取安全措施造成他人损害的，动物饲养人或者管理人应当承担侵权责任；但是，能够证明损害是因被侵权人故意造成的，可以减轻责任。

第一千二百四十七条，禁止饲养的烈性犬等危险动物造成他人损害的，动物饲养人或者管理人应当承担侵权责任。

第一千二百四十八条，动物园的动物造成他人损害的，动物园应当承担侵权责任；但是，能够证明尽到管理职责的，不承担侵权责任。

第一千二百四十九条，遗弃、逃逸的动物在遗弃、逃逸期间造成他人损害的，由动物原饲养人或者管理人承担侵权责任。

第一千二百五十条，因第三人的过错致使动物造成他人损害的，被侵权人可以向动物饲养人或者管理人请求赔偿，也可以向第三人请求赔偿。动物饲养人或者管理人赔偿后，有权向第三人追偿。

第一千二百五十一条，饲养动物应当遵守法律法规，尊重社会公德，不得妨碍他人生活。

【案例分析】

"邻居家的狗老是跑出门叫，有时候还跑到我家门口。我家有小孩儿，这真的很危险，希望物业公司重视这件事，督促养狗的业主用狗绳，并定期给狗打疫苗，让大家住得放心。" 11月3日，某市某小区居民刘某向记者反映，小孩儿有时候会在走廊里玩儿，邻居家的狗一直叫，她很担心狗冲出来伤到孩子。

该小区业主陈某说，有一次，她看见一名住户牵着一只巨型犬乘电梯，"看到俺孩子过来，那只狗直接冲了过来，拉都拉不住，太吓人了！"从此，她再也不敢和狗同乘电梯了。

有居民反映，一到傍晚，小区的草坪和广场就成了狗的天堂，遛狗时不给狗拴绳的大有人在。不仅如此，狗随地大小便，居民在草坪和小区道路上踩到狗屎的概率非常大。

小区物业服务公司工作人员表示，现在小区内养狗的业主越来越多，物业服务公司经常接到关于不文明养狗的投诉。他们会在小区提醒业主文明养狗，但在实际操作中遇到不少阻力。因为物业服务公司没有执法权，有时物业服务公司工作人员上门调解，养狗的业主答应得好好的，可过不了多久，相关问题又会出现。"我们也提醒狗的主人，可没人听不说，有时我们还要挨骂，人家说我们多管闲事。"其中一家物业服务公司工作人员说。

思考：对于小区内部分业主的不文明养狗行为，物业服务公司应该如何处理？

📝 项目任务小结

本项目介绍了物业清洁环境管理的相关风险点及防范措施、物业绿化环境管理的相关风险点及防范措施和环境安全管理的相关风险点及防范措施。

通过本项目的学习，学生应可以针对物业清洁环境管理工作的触点类风险，准备阶段、保洁实施阶段和保洁日常管理等环节进行风险识别和分析，并能够初步进行保洁管理工作风险排查并形成调查报告；针对绿化环境管理工作的早期介入、准备阶段、实施阶段等环节进行风险识别和分析，并能够初步进行绿化管理工作风险排查并形成调查报告；针对安全环境管理工作中的卫生消杀、环境污染、高处抛（坠）物和宠物管理等进行风险识别和分析，并能够编制相应的风险预案。

由于不同的物业项目具有不同的性质，风险点也会有一定的差别，风险防范措施和风险管理清单需要根据具体项目进行修改和补充。

思 考 题

1. 简述空间管理的含义。
2. 尝试整理与物业环境空间服务相关的法律规范。
3. 简述保洁管理体系的制定流程。
4. 简述绿化设计或绿植选择风险及防范措施。
5. 简述高处抛（坠）物管理的风险及防范措施。

自 测 题

一、单项选择题

1. 加强油烟污染巡查管理，对发现的违法违规行为，及时（ ），要求业主委员会发挥自治管理主体作用，协调好相关部门及时实施行政执法。

 A. 向物业服务公司领导反馈　　　　B. 对其进行罚款

 C. 履行制止义务和报告义务　　　　D. 要求其整改

2. 要在保证安全的前提下进行卫生消杀，做好警示标志和安全提醒，施药尽量放在（ ）或设置安全防范器具，让孩童、宠物接触不到的地方。

 A. 露天醒目位置　　　　　　　　　B. 安全处

 C. 行人必经之地　　　　　　　　　D. 广场或大堂

3. 关于公共区域侵权责任，下列说法正确的是（ ）。

 A. 群众性活动的组织者，不需要承担侵权责任

 B. 如果第三人的行为造成他人损害，那么经营者、管理者或组织者无需承担任何责任

 C. 经营者、管理者或组织者未尽到安全保障义务，即使是由第三人的行为造成的损害，他们也需要承担补充责任

 D. 经营者、管理者或组织者承担补充责任后，不能向造成损害的第三人追偿

4. 关于油烟污染，下列说法正确的是（ ）。

 A. 餐饮服务业经营者可以选择不安装油烟净化设施，只要采取其他油烟净化措施使油烟达标排放即可

 B. 餐饮服务业经营者必须安装油烟净化设施，但无需保持其正常使用

 C. 在居民住宅楼内可以新建、改建、扩建不产生油烟、异味、废气的餐饮服务项目

 D. 餐饮服务业经营者应确保油烟达标排放，并防止对附近居民的正常生活环境造成污染

5. 关于高处坠物，下列说法正确的是（ ）。

 A. 建筑物脱落、坠落造成他人损害，所有人、管理人或者使用人只有在故意的情况下才需承担侵权责任

 B. 如果所有人、管理人或者使用人能够证明自己没有过错，则无需承担任何责任

 C. 所有人、管理人或者使用人赔偿后，若确定有其他责任人，则无权向其他责任人追偿

 D. 建筑物脱落、坠落造成损害，即使所有人、管理人或者使用人没有过错，也需承担侵权责任

6. 关于高处抛物，以下陈述正确的是（ ）。

 A. 从建筑物中抛掷物品造成的损害，物业服务企业等建筑物管理人必须承担全部责任

 B. 如果难以确定具体侵权人，建筑物使用人无需承担任何责任

C. 物业服务企业等建筑物管理人只要采取了安全保障措施，就无需承担任何责任

D. 在难以确定具体侵权人的情况下，可能加害的建筑物使用人在补偿后有权向侵权人追偿

7. 关于《民法典》中饲养动物侵权责任的规定，以下陈述正确的是（　　　）。

A. 饲养的动物造成他人损害时，动物饲养人或管理人只有在被侵权人故意造成损害的情况下，才需要承担侵权责任

B. 饲养的烈性犬等危险动物造成他人损害，动物饲养人或管理人无需承担任何责任

C. 动物园的动物造成他人损害，动物园只有在未尽到管理职责时才需要承担侵权责任

D. 遗弃、逃逸的动物在遗弃、逃逸期间造成他人损害，由动物原饲养人或管理人承担侵权责任，与第三人无关

二、多项选择题

1. 对卫生消杀人员进行培训，培训内容有（　　　）。

A. 消杀操作标准　　　　　　　　　B. 消杀药品的使用与安全

C. 卫生消杀服务礼仪　　　　　　　D. 作业指导书

E. 个人防护、中毒和损伤的预防和急救方法

2. 噪声污染的风险主要表现在物业服务区域内的过大音量、各类噪声，如（　　　）。

A. 夜间的雷雨声

B. 高音喇叭播放广场舞音乐及家庭深夜娱乐、聚会使用音响器材

C. 家庭纠纷、邻里纠纷的吵闹声

D. 商业经营的广告播放与招揽顾客的音乐播放

E. 装饰装修施工的设备声、机动车鸣笛及物业管理区域内施工的机械设备声

3. 以下不是规避垃圾分类与处理风险措施的有（　　　）。

A. 加强垃圾分类的宣传，普及垃圾分类知识

B. 加强保洁员培训

C. 增设合理的分类垃圾桶

D. 在道路人流高峰期清运垃圾

E. 使用客梯清运垃圾

三、案例分析题

按照消杀工作安排，某物业服务公司在楼道中投放了鼠药，其作业过程是：拿纸垫在地上，纸上放置红色粉末的鼠药，没有任何的遮挡和防护。晚上，小区业主张某牵着泰迪宠物狗散步回家后半小时左右，宠物狗突然出现了尖叫、呕吐等疑似中毒症状。经鉴定，张某的宠物狗误食了物业服务公司投放在楼道内的鼠药。这只泰迪宠物狗张某和家人养了两年，感情非常深厚，她认为毫无遮挡的鼠药确实存在安全隐患。接到情况反映后，物业服务公司负责人表示，鼠药是自行在市场购置，现在已派人全部清理。张某主张自己的宠物狗中毒是因误食了投放在楼道内的鼠药，要求物业服务公司赔偿损失。

结合上述案例，你认为应该如何做好卫生消杀的安全防范？该物业服务公司应该怎样做好本案例的风险应对？

项目 7　物业企业财务风险防范

【导入案例】

2019 年，A 小区业主委员会与 B 物业服务公司签订了物业服务合同，委托其对小区进行物业管理服务。B 物业服务公司从 2019 年 2 月起正式为 A 小区持续提供物业管理服务。2021 年 6 月，A 业主委员会和 B 物业服务公司共同发布了关于物业费涨价事宜的告示，表示因 B 物业服务公司于 2021 年 4 月份向小区业主委员会和全体业主提出涨价事宜，并在小区公告栏、单元公告栏张贴公告、业主群里发布等形式进行了公示，经过广泛征集意见，没收到反对意见。通过业主委员会严格审查，将此次小区上调物管费结果向全体业主、物业使用人进行告知。该告示表示，A 小区新物业服务费的收费标准从 2021 年 9 月起执行，住宅和商业物业服务费均上调 0.20 元/(月·m²)，合法有效，请广大业主自觉遵守。后 A 业主委员会与 B 物业服务公司签订了新的合同，对上述涨价进行了约定。业主王某认为 B 物业服务公司存在违约乱涨价问题，该小区业主委员会未依法履行职责召开业主大会，对物业费涨价事宜形成的决议程序不合法，以此拒交物业费。B 物业服务公司遂诉至法院。

思考：此次物业服务费上调是否合法，物业服务公司应如何规避物业服务费上调的法律风险？

项目描述

本项目分为 3 个教学任务，分别是：任务 7.1 物业服务费风险防范、任务 7.2 物业财务管理风险防范和任务 7.3 其他收支风险防范。

完成知识储备的学习，在此基础上完成实训任务："完成一份针对住宅物业收费风险管理清单"、"结合所在城市专项维修金管理办法，制定一份专项维修金申请使用方案"和"完成一份业主共有部分经营风险管理清单"。通过本项目的学习，使学生对物业收费管理工作、物业财务管理和物业多种经营的风险点及防范措施等内容有一个完整认知，能够初步制定风险管理清单。

教学目标

【素质目标】培养学生知法守法、诚实守信的思想品德与职业操守，遵守制度、规范行为的工作态度；培养学生的纳税意识，提高其依法纳税责任感。

【知识目标】熟悉物业收费管理工作内容和物业财务管理工作内容；熟悉物业收费管理工作、财务管理工作及多种经营工作的易发风险点，并掌握相应的风险防范措施。

【能力目标】能够运用所学的知识，识别物业收费管理工作、财务管理工作及多种经营工作的风险点，并制定防范措施。

◉ 课前自学

回顾并熟悉物业收费管理工作、财务管理工作及多种经营工作的相关知识。

任务 7.1 物业服务费风险防范

任务单见表7-1。

表7-1 任务单 NO. 007001

任务描述	尝试完成一份针对住宅物业收费风险管理清单		
任务准备	1）学生分组 2）回顾物业收费管理工作的相关知识 3）完成一定的知识储备，也可边做边学	关键知识	物业费用的法律法规、物业收费的常见风险
任务实施（团队任务）要求			
1）学生分组收集整理所需资料和重要数据 2）按收费风险类型或一定的逻辑顺序编制风险管理清单，若有不确定的内容可多方咨询 3）要求多角度全面思考			
任务成果评价	学生互评和教师评价 评价依据：选择方法正确，风险管理清单完整规范 评选优秀作品		

金融是现代经济的核心，资本市场在金融运行中具有牵一发而动全身的重要作用。如何进一步发挥好资本市场功能，服务经济高质量发展，是我国现代化建设必须回答好的重要课题。(扩展资料：努力建设中国特色现代资本市场)

物业服务收费受到多种因素的影响。物业服务费标准既受到有关国家、政府的政策法规制约，也受到物业使用人个性化服务需求的合约约束，还受到物业服务性质和物业类型的影响。

7.1.1 物业服务收费制度的风险

1. 物业服务费收费标准确定的风险

（1）前期物业管理阶段收费标准确定不当的风险 例如，忽视地方政府关于普通住宅前期物业服务费的指导价，而自行设定过高的收费标准，这种行为不仅违反了相关法规，还可能引发业主的不满和抵制；对普通住宅判断失误，非普通住宅错误地选用了前期物业管理地方政府指导价和物业服务标准，这样做虽然可能暂时降低了物业服务公司的运营成本，但长期来看，却可能导致物业服务费和服务标准与项目定位不匹配。高档住宅的业主往往对物业服务有着更高的期待，如果服务标准过低，难以满足他们的需求，那么物业服务公司的声誉和口碑必然会受到影响。

【风险防范】规避前期物业管理阶段收费标准确定不当的风险，可参考以下措施：

1）普通住宅前期物业管理阶段，严格按照地方政府指导价设定物业服务费、车位服务费等。

2）各地对普通住宅的界定并不完全一致，核实项目所在地普通住宅的界定标准。

3）加强前期市场调研和项目分析，准确判断项目类型，以及项目所在地同档次同定位物业的服务标准。

（2）物业服务费收费标准确定不当的风险　例如，有些物业服务人为了获得物业服务项目，可能会采取降低物业服务费收费标准的策略，并承诺提供高于常规的服务标准，这种做法虽然在短期内可能有助于企业获得项目，但长期来看，却可能导致企业面临严重的运营亏损风险；物业服务人为了追求高额利润，提高收费标准，但提供的服务标准却未能与之匹配，这种质价不符的情况，不仅会引起业主的不满和投诉，还可能使企业在物业服务项目招标中失去竞争力，无法获得预期的物业服务项目。

【风险防范】规避物业服务费收费标准确定不当的风险，可参考以下措施：

1）深入进行市场调研，了解同类项目的收费标准、服务内容及业主的需求和期望。分析自身的运营成本，包括人力成本、物料成本、设备维护成本等，确保收费标准能够覆盖运营成本，并留有一定的利润空间。

2）明确服务标准与收费标准之间的对应关系。企业应根据提供的服务内容和服务质量，合理设定收费标准，确保收费与服务内容相匹配。

3）建立完善的内部管理制度和质量控制体系，确保服务质量的稳定性和可持续性。

（3）酬金制模式下虚高物业费测算的风险　将不该纳入物业费成本的费用纳入成本测算，或重复计算成本，以获取更高的服务酬金。例如，虚报员工数量或提高人力成本；将上级公司管理人员薪酬纳入人员费用，将办公费用与管理费计入各类协会组织会费，或是在人员费用中计入雇主责任险，再在公众责任保险费用中计入团体意外险，以及在物业共用部位、共用设施设备及公众责任保险费用中均计入财产保险等。上述情形都违反了物业费相关规定，侵害了业主的权益，将带来法律责任风险。

【风险防范】规避酬金制模式下虚高物业费测算的风险，可参考以下措施：

1）注重物业服务企业长远利益和长远发展，恪守诚信，真正尊重业主的合法权益。

2）准确把握并真正落实《物业服务收费管理办法》《物业服务定价成本监审办法》有关物业费成本核算的规定。

3）严谨审计，建议业主大会或者业主委员会引入第三方审计机构。

2. 物业服务费公示的风险

（1）回避物业服务费公示　例如，物业服务合同中有意不约定物业费公示事宜；以包干制为由拒绝公示物业费；只向业主委员会提供物业费使用情况报告，却不向全体业主进行公示；只将物业费使用情况报告放在客户服务中心，不主动提醒业主，采用不问不答的消极态度。这些情况都严重损害了业主的知情权和监督权。

（2）有选择的公示物业服务费　企业只公示对自身有利的财务信息，而对不利于自身的信息进行隐瞒或模糊处理。例如，对物业收入的详细情况进行模糊处理，掩盖其真实收入状况，突出费用支出的情况，以转移业主对收入情况的关注；对物业费使用情况报告进行造假，编造虚假数据以掩盖其真实运营状况。这些行为不仅严重侵犯了业主的知情权，也违反了相关法律法规和规章政策的规定，可能导致企业面临法律责任风险。

【风险防范】 规避物业服务费公示的风险，可参考以下措施：

1）严格遵守法律法规。物业服务企业应增强法律意识和风险意识，严格遵守相关法律法规和规章政策的规定，避免因违规行为而面临法律责任风险。

2）明确合同内容。在物业服务合同中，应明确约定物业费公示的具体内容、方式、频率等，确保公示条款的合法性和明确性。

3）物业服务企业应坚持全面、真实、准确的公示原则，对于物业收入和支出等关键信息，应详细列明。

4）拓宽公示渠道。通过多种渠道向全体业主进行公示，确保信息的及时传递和广泛覆盖。

【法律依据】

《物业服务收费管理办法》第八条，物业管理企业应当按照政府价格主管部门的规定实行明码标价，在物业管理区域内的显著位置，将服务内容、服务标准以及收费项目、收费标准等有关情况进行公示。

第十二条，实行物业服务费用酬金制的，预收的物业服务支出属于代管性质，为所交纳的业主所有，物业管理企业不得将其用于物业服务合同约定以外的支出。

物业管理企业应当向业主大会或者全体业主公布物业服务资金年度预决算并每年不少于一次公布物业服务资金的收支情况。

业主或者业主大会对公布的物业服务资金年度预决算和物业服务资金的收支情况提出质询时，物业管理企业应当及时答复。

《物业管理条例》第四十条，物业服务收费应当遵循合理、公开以及费用与服务水平相适应的原则，区别不同物业的性质和特点，由业主和物业服务企业按照国务院价格主管部门会同国务院建设行政主管部门制定的物业服务收费办法，在物业服务合同中约定。

《民法典》第九百四十三条，物业服务人应当定期将服务的事项、负责人员、质量要求、收费项目、收费标准、履行情况，以及维修资金使用情况、业主共有部分的经营与收益情况等以合理方式向业主公开并向业主大会、业主委员会报告。

7.1.2　物业费收缴率的风险

收费难是长期困扰物业服务企业发展的老大难问题，业主以种种理由不交物业管理费，形成收缴率不高的局面。而物业服务费一般占物业服务企业整体收益的60%以上，是物业服务企业的主要收入来源。收费难直接导致物业服务企业的盈利能力下降，它已经成为制约物业服务行业生存和发展的瓶颈。

1. 物业服务消费观念不成熟导致物业服务费收缴率低

部分业主对物业服务的认识还停留在"免费服务"的传统观念上，未能充分建立起物业服务消费观念。造成这种现象的原因是多方面的。例如，部分业主对物业服务行业的认知存在误区，认为物业服务应该是开发商或政府提供的免费服务，而非市场化运作的商业行为；部分业主误解物业服务费用途，认为物业服务费只是用于小区的日常清洁和秩序维护，而对消防、设备管理等综合性服务内容缺乏了解，认为质值不符；部分业主未能充分认识物业服务对于提升居住品质和小区环境的重要性，将物业服务视为可有可无的附加项，因此对缴费持消极态度。另外，也存在部分自媒体的非正确引导，导致部分业主对物业服务工作误解加深。

【风险防范】规避物业服务消费观念不成熟导致物业服务费收缴率低的风险，可参考以下措施：

1）多渠道宣传。详细解释物业服务的内涵，让业主了解物业服务的重要性和价值，帮助业主建立正确的物业服务消费观念。

2）在物业服务合同中明确服务内容。确保合同内容详细、准确，列明物业服务涵盖的各项内容及其标准，让业主清楚地了解其所支付的物业服务费的具体用途和价值。

3）定期公示物业服务成果。通过公示物业服务工作报告、维修记录等方式，让业主看到物业服务企业的工作成果和付出，提升业主对物业服务的满意度和信任度。

2. 物业服务工作不到位导致物业服务费收缴率低

物业服务工作不到位的形式多种多样，主要风险如图 7-1 所示。

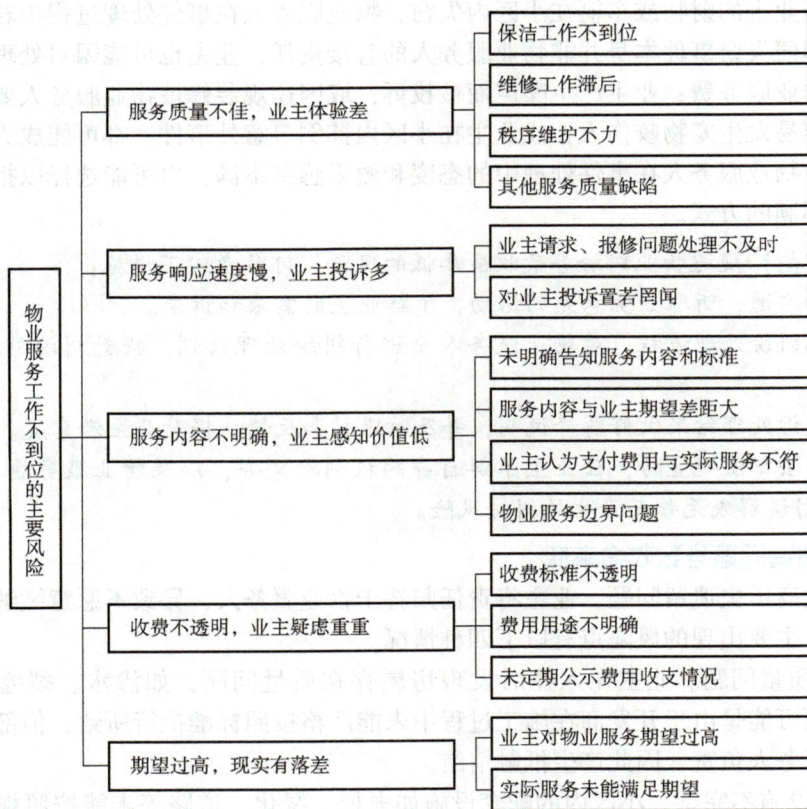

图 7-1　物业服务工作不到位的主要风险

【风险防范】规避物业服务工作不到位导致物业服务费收缴率低的风险，可参考以下措施：

1）提升服务质量，确保业主满意度。物业服务企业应加强对员工的培训和管理，提高服务质量和效率，确保业主得到优质的服务体验。

2）加快服务响应速度，及时处理业主诉求。物业服务企业应建立快速响应机制，对业主的报修和投诉进行及时处理和反馈，增强业主的信任感。

3）明确服务内容和标准，提高业主感知价值。物业服务企业应在合同中明确服务内容和标准，并定期向业主进行宣传和解释，让业主了解所支付费用的实际价值。

4）加强收费透明度，消除业主疑虑。物业服务企业应定期公示费用收支情况，对费用的使用情况进行详细解释和说明，消除业主的疑虑和不满。

5）建立有效的沟通机制，提高业主参与度。物业服务企业应加强与业主的沟通和互动，建立业主委员会或代表机制，及时回应业主的需求和建议，增强业主的参与感和认同感。

3. 物业纠纷导致收缴率低

在物业服务实践中，业主与物业服务人之间可能因多种因素产生纠纷，进而影响了业主的缴费意愿，出现拒绝缴纳物业服务费的情况，尽管这些因素可能并非物业服务人的过错。

例如，当业主的财物或车辆在小区内失窃，物业服务人在事件处理过程中若未能达到业主的期望，即便失窃事件本身并非物业服务人的直接责任，业主也可能因对处理结果的不满而拒绝缴纳物业服务费；业主产生噪声而被投诉，或因违规装修被物业服务人要求整改等情况；小区内容易发生宠物咬伤人，或业主在小区内摔倒等意外事件，都可能成为纠纷的导火索，业主若对物业服务人在事件处理中的态度和效果感到不满，也可能选择以拒交物业服务费作为表达不满的方式。

【风险防范】规避物业纠纷导致收缴率低的风险，可参考以下措施：

1）主动沟通，听取业主意见的活动，了解业主的需求和诉求。

2）优化纠纷处理流程，对物业服务人员进行纠纷处理培训，提升纠纷处理能力，避免纠纷升级。

3）对投诉处理结果做好解释说明，并及时跟踪和反馈，提升业主满意度。

4）加强法律法规宣传，让业主了解自身的权利和义务，以及物业服务企业的职责和范围，减少因误解或无知而产生的纠纷风险。

4. 历史遗留问题导致收缴率低

因为开发商历史遗留问题，业主将责任归咎于物业服务人，导致不愿意缴纳物业费的情况多种多样。主要出现的风险点有以下四种情况。

1）房屋质量问题。业主在入住后发现房屋存在质量问题，如渗水、裂缝、墙面脱落等，这些问题可能是由于开发商在施工过程中未能严格按照标准执行所致，但部分业主认为应该由物业服务人负责，因此产生抵触情绪。

2）配套设施不完善。小区内的配套设施如电梯、绿化、道路等未能按照规划或合同约定的标准建设或维护，导致业主生活不便。因此业主对物业服务公司的服务感到不满，进而拒绝缴纳物业服务费。

3）开发商承诺未兑现。在销售过程中，开发商可能向业主承诺了一些优惠或配套服务，但在实际交付时未能兑现。因此业主感到被欺骗，对物业服务公司的服务产生怀疑，进而拒绝缴纳物业服务费。

4）物业公司与开发商关系问题。有时业主认为物业服务公司与开发商存在利益关联，担心物业服务公司不会公正地处理业主与开发商之间的纠纷。这种不信任感导致业主对物业服务费的缴纳产生抵触情绪。

【风险防范】规避历史遗留问题导致收缴率低的风险，可参考以下措施：

1）建立有效的沟通机制。物业服务公司应设立专门的客户服务团队，负责与业主进行及时、有效的沟通。积极收集业主的意见和诉求，针对历史遗留问题进行深入的解释和说明，以增进业主对物业服务的理解和信任。

2）积极协调解决遗留问题。物业服务公司应主动与开发商沟通协调，推动解决房屋质量、配套设施等历史遗留问题。对于无法直接解决的复杂问题，应引导业主通过法律途径进行维权，并提供必要的支持和协助。

3）明确物业服务公司与开发商的职责界限。物业服务公司应明确自身与开发商的职责界限，避免业主产生混淆和误解。同时，物业服务公司应公开、透明地处理与开发商之间的关系，消除业主的担忧和疑虑。

5. 业主不认同物业服务人的情况

在涉及业主与物业服务人之间的关系时，有时会出现业主不认同物业服务人的情况，从而导致不愿意缴纳物业服务费，比如以下几种情况：

1）有些业主可能以未签署物业服务合同为由，对物业服务人的身份或提供的服务提出质疑。他们可能认为，由于自己并未亲自签署相关合同，因此不受其约束。

2）业主可能对建设单位选择的物业服务人不认同。这可能是由于业主对物业服务人的专业能力、服务态度或管理水平等方面存在不满。他们认为建设单位在选聘物业服务人时未能充分考虑业主的意见和需求，导致所选物业服务人无法满足小区的实际需要。

3）有些业主在选聘物业服务人的过程中投了反对票，但最终结果并未如其所愿。这种情况下，业主可能因自己的意见未被采纳而感到不满，进而对选出的物业服务人持否定态度。

4）业主对业主委员会的不认可也可能影响其对物业服务人的态度。如果业主对业主委员会的工作不满意，或者认为业主委员会在选聘物业服务人时存在不当行为，他们可能会因此对选出的物业服务人产生不信任感。

5）对于购买二手房的业主来说，他们可能对之前的物业服务合同不认可，或者以此为由故意不缴纳物业服务费。

【风险防范】规避业主不认同物业服务人的风险，可参考以下措施：

1）主动解释说明。向业主做好解释，明确告知前期物业服务合同、临时管理规约作为商品房买卖合同的附件，在其签署房屋买卖合同时就已经签字确认了。

2）普及相关法律法规。向业主普及法律法规及地方性法规政策的相关内容，合法签订的物业服务合同对业主具有约束力。

3）保证物业服务水平。定期组织业主满意度调查，根据反馈了解需求、进行改进，确保服务质量得到业主认可，充分履行物业服务合同。

4）与业主委员会沟通。对业主委员会进行培训和指导，提高其工作能力和行动的合规性。

【法律依据】

《民法典》第二百七十三条，业主对建筑物专有部分以外的共有部分，享有权利，承担义务；不得以放弃权利为由不履行义务。

业主转让建筑物内的住宅、经营性用房，其对共有部分享有的共有和共同管理的权利一并转让。第九百三十九条，建设单位依法与物业服务人订立的前期物业服务合同，以及业主委员会与业主大会依法选聘的物业服务人订立的物业服务合同，对业主具有法律约束力。

《物业管理条例》第七条，业主在物业管理活动中，履行下列义务：（五）按时交纳物业服务费用。

《物业服务收费管理办法》第十五条，业主应当按照物业服务合同的约定按时足额交纳物业服务费用或者物业服务资金。业主违反物业服务合同约定逾期不交纳服务费用或者物业服务资金的，业主委员会应当督促其限期交纳；逾期仍不交纳的，物业管理企业可以依法追缴。

7.1.3 特殊情况收费的风险

1. 空置房收费的风险

1）可能有业主会以房屋空置、未实际入住为由，声称未享受到物业服务或认为无需物业服务，进而拒绝缴纳物业费。过去，部分地区曾出台过针对空置房的物业费减免政策，然而在相关政策取消后，部分业主仍坚持不缴纳物业费，可能由于惯性思维或对政策的变动不了解。同时，也存在部分物业服务人出于各种原因，仍然沿用旧的减免政策。

2）不同地区的政策差异也给空置房收费带来了不确定性。有的地区并未取消空置房物业费减免政策，甚至有新出台减免政策的情况。

3）业主通过网络获取的信息可能并不准确或不适用于本地区。由于政策信息的时效性和地域性特点，业主可能不了解当地实际情况，坚持错误的观念，从而增加了收费的难度。

【风险防范】 规避空置房收费的风险，可参考以下措施：

1）信息统计。掌握项目中房屋空置率和空置房的缴费率。

2）熟悉政策。了解项目所在地的空置房物业费减免政策，必要时可向所在地政府提出政策修改建议。

3）普及法律。向业主或物业使用人普及相关法律法规政策，消除业主对法律法规政策的误解。

4）完善合同。空置房物业费是否减免，如何减免可在物业服务合同中约定，有约定从约定。

【法律依据】

《民法典》第九百四十四条，业主应当按照约定向物业服务人支付物业费。物业服务人已经按照约定和有关规定提供服务的，业主不得以未接受或者无需接受相关物业服务为由拒绝支付物业费。

最高人民法院《关于审理物业服务纠纷案件具体应用法律若干问题的解释》第六条，经书面催交，业主无正当理由拒绝交纳或者在催告的合理期限内仍未交纳物业费，物业服务企业请求业主支付物业费的，人民法院应予支持。物业服务企业已经按照合同约定以及相关规定提供服务，业主仅以未享受或者无需接受相关物业服务为抗辩理由的，人民法院不予支持。

【扩展阅读】

关于物业服务费的减免，曾普遍存在于各地方性法规政策中，后在最高人民法院《关于审理物业服务纠纷案件具体应用法律若干问题的解释》和《物权法》都曾经有过"不得以放弃权利不履行义务"规定，《民法典》出台后，大部分省市已经取消了空置房物业费减免政策，但仍有部分省市还在继续沿用空置房物业费减免政策。

全国人大常委会法制工作委员会在《对地方物业管理条例有关移交专业经营设施设备所有权等规定的审查研究案例》中认为："根据民法典规定，业主应当按照物业服务合同的约定向物业服务企业支付物业费，不得以未接受或者无需接受相关物业服务为由拒绝向物业服务人支付物业费。实践中，未实际入住业主是否可以减免物业费，可以在物业服务合同中约定。未约定的，应当适用民法典的规定。地方物业管理条例规定业主未实际入住使用，一律交纳物业费总额百分之七十的费用，缺乏上位法依据，实践中也比较难操作，容易引发纠纷，地方性法规对此不宜直接作出规定。""地方人大及有关方面应对涉及上述问题的地方性法规、规章、规范性文件等加强梳理研究和备案审查，及时修改完善相关规定，并在以后相关立法和备案审查工作中注意把握。"

思考：从"法"与"理"角度，首层业主是否应该缴纳电梯使用费、维护费及改造费？为什么？

2. 缴费主体的风险

在特殊情况下，业主、物业使用人、建设单位及新任业主之间会产生物业服务费的缴费主体纠纷风险，从而影响物业费收缴工作，主要有以下三种情况。

1）房屋租赁缴费主体风险。如在房屋已出租的情况下，当双方未约定物业服务费的缴费主体时，出现相互推脱的情况；当双方约定由物业承租人缴纳物业服务费的，承租人拖欠物业服务费至租赁合同结束，后搬离，业主拒绝承担连带责任，导致收费困难。

2）建设单位缴费主体风险。按照《物业管理条例》的规定，建设单位尚未交付给物业买受人的物业，物业服务费由建设单位交纳。因此，存在双方对是否交付及交付时间的理解不一致的情况，产生缴费主体确认的风险。另外，可能存在建设单位利用强势地位，拖欠物业服务费的情况。

3）物业转让缴费主体风险。例如，存在原业主拖欠物业服务费或在物业转让时未结清物业服务费，新任业主对原业主拖欠的物业服务费不认可的情况；或者双方口头约定由新任业主承担原业主欠缴的物业服务费，后新任业主不承认有过约定等情况。这些情况都会导致物业服务费收缴困难。

【风险防范】规避缴费主体的风险，可参考以下措施：

1）及时告知与催缴。关注已租赁的物业，了解双方关于物业服务费的缴费约定，并告知业主需承担连带责任，若出现拖欠情况，及时采取催缴措施，并通知业主。

2）明确交付时间。与建设单位签订物业服务合同时，明确物业的交付时间和物业服务费的起始缴纳时间，并了解地方性法规政策关于业主起始缴纳时间的规定，避免产生理解不一致的情况。

3）物业转让告知义务。物业服务公司在得知物业转让情况时，应及时要求原业主结清物业服务费用或者物业服务资金，并通知新任业主。业主转让物业时，有义务告知物业服务人。

4）及时掌握信息。物业服务人应及时掌握物业所有权、使用权发生变化的情况。

【法律依据】

《物业管理条例》第四十一条，业主应当根据物业服务合同的约定交纳物业服务费用。业主与物业使用人约定由物业使用人交纳物业服务费用的，从其约定，业主负连带交纳责任。

已竣工但尚未出售或者尚未交给物业买受人的物业，物业服务费用由建设单位交纳。

《物业服务收费管理办法》第十条，物业发生产权转移时，业主或者物业使用人应当结清物业服务费用或者物业服务资金。

第十六条，纳入物业管理范围的已竣工但尚未出售，或者因开发建设单位原因未按时交给物业买受人的物业，物业服务费用或者物业服务资金由开发建设单位全额交纳。

《民法典》第九百四十五条，业主转让、出租物业专有部分、设立居住权或者依法改变共有部分用途的，应当及时将相关情况告知物业服务人。

7.1.4　物业服务费催收的风险

1. 合法合规风险

1）侵犯业主基本生活权益。物业服务人不得以停水、停电、停气等方式来催缴物业费。这种行为直接影响了业主的基本生活需求，违反了《物业管理条例》等相关法律法规。

2）非法限制业主对房屋设施的使用。例如，通过电梯管控等方式限制未缴物业费的业主使用电梯，这也是对业主权益的侵犯。在物权法框架下，业主对其房屋及其附属设施享有使用权，任何人不得非法限制。

3）采用不当催收手段。如深夜打扰业主、言语威胁、公开业主信息等，这些行为不仅扰乱了业主的正常生活，还可能侵犯业主的隐私权和名誉权，构成违约、违规甚至违法行为。

【风险防范】 规避物业收费合法合规风险，可参考以下措施：

1）遵守相关法律法规，物业服务人员必须深入理解并严格遵守相关法律法规，明确物业服务和收费的标准与界限，避免任何可能侵犯业主权益的行为。

2）应建立健全催收制度，规范催收流程，明确催收入员的职责和权限，避免出现违法行为。

2. 道德风险

1）使用不当言辞。在催收过程中，催收人员可能使用带有侮辱、贬低或威胁性的言辞，这种言辞不仅不尊重业主，还可能引发冲突。

2）隐瞒或误导信息。为了催缴物业费，解释相关政策时，催收人员可能故意隐瞒重要信息或提供误导性的解释，以促使业主尽快缴费。这种行为同样违背了诚信原则。

3）泄露业主信息。催收人员在处理业主信息时，如果未能妥善保管或随意泄露业主的联系方式、家庭住址等敏感信息，可能导致业主遭受不必要的骚扰或损失。

4）滥用道德压力。有些物业催收人员可能故意泄露业主欠费信息，利用公共舆论给欠费业主道德压力，这种行为侵犯了业主的隐私权。

5）接受业主的不当好处。有些物业服务人可能接受业主的贿赂或其他不当好处，以换取对业主欠费的宽容或特殊待遇。这种行为不仅损害了物业公司的利益，也破坏了公平的环境。

【风险防范】规避物业收费道德风险，可参考以下措施：

1）提升服务意识。物业服务人员应增强服务意识，尊重每一位业主的权益和感受，用友好、耐心的态度与业主沟通。

2）使用礼貌用语。在催收过程中，物业服务人员应使用礼貌、规范的语言，避免使用侮辱性或威胁性的言辞。

3）严禁虚假解释。物业服务人员在宣传或解释物业政策时，应确保信息的真实性和准确性，不得夸大或隐瞒事实。

4）严格保密业主信息。物业服务人员应严格遵守保密规定，不得随意泄露或滥用业主的个人信息，采用技术手段保护业主信息的安全。

5）加强监督与惩戒。加强对物业服务人员的监督，对违反道德原则的行为进行严肃处理，提高物业服务人员的道德素质和职业素养。

3. 催收技巧风险

1）沟通方式不当。催收人员在与业主沟通时，可能缺乏耐心和同理心，使用过于生硬或威胁性的语言，使业主感到不悦或反感。这种沟通方式不仅难以促使业主缴费，还可能进一步恶化双方关系。

2）缺乏专业知识。一些催收人员对于物业费用构成、缴费周期等相关政策了解不足，无法准确解答业主的疑问或提供合理的解决方案。这可能导致业主对催收行为的合理性和必要性产生怀疑，从而拖延缴费。

3）催收策略单一。催收人员在催收过程中可能缺乏灵活性和创新性，只采用传统的电话或上门催收方式，没有针对不同业主的实际情况制定个性化的催收策略。这种单一的方式可能效果不佳，甚至引起业主的反感。

4）处理异议能力不足。当业主提出关于费用计算、服务质量等方面的异议时，催收人员可能无法给予及时、合理的解释和回应。这可能导致业主对物业公司的信任度降低，进而影响缴费意愿。

5）跟进不及时。催收人员在催收过程中可能缺乏持续跟进的意识和能力，对于未缴费的业主没有及时跟进处理，导致欠费问题长时间得不到解决。这不仅增大了催收的难度，还可能使欠费金额不断累积。

【风险防范】规避物业费催收技巧风险，可参考以下措施：

1）定期对催收人员进行专业技能培训，包括沟通技巧、法律法规、业主心理等方面的知识，以提高其催费能力。

2）制定详细的物业费催收流程和操作规范，确保催收人员在催收过程中能够遵循统一的标准和程序。

3）设立物业费催收绩效考核制度，对催收人员的催收成果进行定期评估和奖惩，激励其积极投入工作。

4）鼓励催收人员之间加强团队合作，共享成功案例和经验教训，共同提升催收效果。

5）定期对催收工作进行检查和评估，及时发现并处理潜在的风险问题，确保催收工作的顺利进行。

4. 诉讼时效风险

（1）催收物业费超过法定诉讼时效　根据我国相关规定，物业服务企业催收物业费的诉讼时效一般为三年。如果物业服务人在超过这个期限后才提起诉讼或采取其他法律手段追缴物业费，可能会面临诉讼时效已过的风险。这意味着即使业主确实存在欠费情况，物业服务人也可能因为超过了法定诉讼时效而无法获得法院的支持，从而无法追回欠费。

（2）未进行书面催缴或证据不足　在催缴物业费的过程中，物业服务人通常需要以书面形式进行催缴，以确保催缴行为的合法性和有效性。如果物业服务人未进行书面催缴或未能保留有效的催缴证据，那么在诉讼过程中可能会面临证据不足的风险。例如，某物业服务公司仅通过电话和口头方式对业主进行物业费催缴，但未留下任何书面记录或证据。当业主拖欠物业费并引发诉讼时，物业服务公司可能无法提供充分的证据证明其已履行了催缴义务，从而导致法院对其诉讼请求不予支持。

（3）中断诉讼时效的行为不当　在催缴物业费的过程中，存在一些可以中断诉讼时效的情形，如物业服务人向业主提出履行请求、业主同意履行义务等。然而，如果物业服务人在中断诉讼时效的行为上存在不当之处，也可能面临风险。例如，物业服务人虽然向业主发出了催缴通知，但通知方式不符合法律规定或未能有效送达业主。在这种情况下，即使物业服务人认为已经中断了诉讼时效，法院也可能认定其催缴行为无效，从而不认可诉讼时效的中断。

【风险防范】规避物业收费诉讼时效风险，可参考以下措施：

1）注意诉讼时效期限。了解并遵守相关法律法规中规定的诉讼时效期限，确保在有效期内采取必要的法律手段追缴物业费。

2）建立定期审查机制。对即将超过诉讼时效的欠费案件进行筛查，并及时采取补救措施，如重新发送催缴通知或提起诉讼。

3）物业服务人应采用书面形式进行物业费催缴，并保留好相关证据，如催缴通知、邮寄凭证、电子邮件等。

4）建立内部审核机制，对催费过程中的法律风险进行定期检查和评估，及时发现并纠正存在的问题。

5）对于涉及复杂法律问题的欠费案件，物业服务人应及时咨询专业律师的意见，确保催缴物业费行为的合法性和有效性。

7.1.5　物业服务费调整的风险

随着经营成本的上升，尤其是人力资源成本的上升，在原物业服务合同中约定的物业服务费标准不变的情况下，物业服务收费出现支出和成本倒挂现象，物业服务人的盈利空间逐渐压缩，甚至出现亏损。物业服务人想要维持企业正常运营，有时不得不上调收费标准，但这往往会让小区业主非常敏感，稍有不慎就会激起与业主的矛盾。

1）程序合规风险。例如，未按照规定的程序或未经业主大会同意就擅自上调物业费；业主投票表决前，物业服务费调整方案未经公示或公示时间过短；与业主委员会或代行业主委员会职责的社区居民委员会私下交易，合谋表决票造假，如代业主签字、将弃权票计入同意票等情况。

2）结果合规风险。如前期物业管理阶段，上调幅度或上调结果超过当地关于物业服务费用管理的法律法规的规定。

3）合理性风险。例如，部分企业将自身经营不善、成本失控导致的亏损归咎于物业服务费标准过低；将物业费收缴率过低、坏账呆账等导致的亏损归咎于物业服务费标准过低；上调幅度未经严谨核算，确定幅度显得很随意；失去业主的基本信任，导致业主否决甚至爆发群体维权的风险。

【风险防范】规避物业服务费调整的风险，可参考以下措施：

1）熟悉法律法规。了解有关业主共同决定事项的相关规定，尊重业主合法权益，依法依规地提出物业费调整建议。

2）做好物业项目客户调查，公平、认真地进行成本核算，并充分考虑业主心理承受能力，制作物业费调整方案，并提交业主委员会，组织征求业主意见。

3）合法合规。公示调整方案，并经业主依法公开公正投票表决。

4）提升经营水平。通过开源节流，多渠道降低经营成本，提升物业服务质量和水平，为业主提供质优价廉的物业服务，增强业主对物业服务企业的信任。

任务 7.2　物业财务管理风险防范

任务单见表 7-2。

表 7-2　任务单　　　　　　　　　　　　　　　　　NO.007002

任务描述	结合所在城市专项维修金管理办法，尝试制定一份专项维修金申请使用方案		
任务准备	1）学生分组 2）回顾专项维修金的相关知识 3）完成一定的知识储备，也可边做边学	关键知识	专项维修金的法律法规规范、专项维修金使用的常见风险
任务实施（团队任务）要求			
1）学生分组收集整理所需资料和重要数据 2）查询所在城市专项维修金管理办法或相关规定 3）要求多角度全面思考			
任务成果评价	学生互评和教师评价 评价依据：选择方法正确，专项维修金申请使用方案完整规范 评选优秀作品		

物业服务企业财务管理主要是指物业服务企业做好管理经营活动的各项财务收支预算、

控制、核算、分析和考核工作，如实反映企业财务状况和经营成果，并妥善安排资金使用，严格控制各项支出，维护和有效利用企业的各项资产，努力提高经济收益的活动。

7.2.1 物业服务企业财务管理的风险

物业服务企业的财务管理内容主要包括会计核算管理、资产管理、经济预算管理、现金管理和内部控制管理等。

1. 会计核算管理风险

会计核算管理是对企业的财务信息、报表、财务清单等内容的全面收集、计算和分析处理，是保障企业财务管理信息真实、准确的重要环节。

（1）会计核算内容繁杂　物业服务企业所涉及的财务会计核算内容相对较多，收支来源渠道较广，各类型的财务信息、报表和清单的审核计算工作非常繁杂，难以进行完善的信息管理。例如，物业日常管理服务、车位买卖和出租服务、公共绿化管理服务、卫生管理服务、广告位出租服务、代收代缴服务、有偿增值服务等，既涉及社区内的业主服务，也有与其他行业公司的合作服务，服务管理项目繁多细碎，且需要长期面临各种各样的业主服务需求，面对各种的突发状况支出，导致物业服务企业的会计核算工作十分烦琐且难以监管。

（2）会计核算不规范　就现阶段物业服务公司会计核算工作来看，存在的最核心问题就是会计核算不规范。会计制度不健全是造成会计核算不规范的原因之一，如果沿用以往的记账方式，会计信息的可靠性、完整性都无法得到保障。

（3）收入确认的原则不符合会计准则的要求　针对预收的款项当月或次月全额开具发票，计入当月或者次月收入，而缴纳税款都是按照收付实现制原则进行账务处理的，这不符合会计准则的要求。如收到欠缴的物业费全额作为当期的收入，也不符合权责发生制的要求；对未收取的款项不进行任何账务处理存在很大的税务风险。

【风险防范】规避物业服务会计核算风险，可参考以下措施：

1）加强会计核算的规范性，体现收入分类规范化、核算业主公告收益规范化和区域模块统筹管理。

2）业财融合核算制度建设，将物业管理业务与财会核算工作进行有机结合，实现业务项目与会计核算项目的严格对照，根据具体的业务项目内容进行独立的会计核算，对费用清单进行项目内的统一管理，可以有效提高会计核算的准确性和效率。

3）营收确认采用权责发生制，把预收的款项在归属区间分月确认收入。

4）财务部门与业务部门应当保持足够的沟通和信息共享，从而避免财务部门的预算管理工作与业务部门相互脱节，造成严重的预算偏差问题。

5）明确岗位责任制度，将会计核算的责任进行清晰明确的划分，保障能够对每一条会计核算内容进行责任认定，提高会计人员的责任意识，保障会计核算工作的准确性。

6）加强对会计核算工作的监管力度，保障会计核算工作的独立性，保障会计核算的严肃性和准确性。

7）加强对会计核算人员的专业素养培养，定期进行专业素养和职业态度的培训，进行信息化会计核算技能培养，提升会计核算人员的技能应用能力。

【案例分析】

6月底，X花园物业服务公司财务室在核算上半年的水费时，发现比去年同期高出近5万元，立即向项目经理报告。项目经理立即安排工程部对半年来的用水情况进行盘查，发现后3个月总表数大于分户表总数。

工程部经过紧急讨论，决定兵分三路：第一路到自来水公司反映情况，联系核查总表是否存在问题；第二路全面检查住户用水情况；第三路对雨水井污水井、水箱、水池地面进行查漏。第三路按设计图样普查，在A栋一个雨水井旁听到流水声。打开井盖发现雨水管外壁有清水汩汩流出，判断是供水主管破裂，很快就找到漏点并进行了焊接。

维修完成，物业服务公司仍担心自来水总表有问题，再次与自来水公司协商后，拆下自来水总表送至市计量检定中心检测。物业服务公司安排专人陪检，检定结果，总表正常。7月底，自来水总表抄表从每月用水3万多 m³降至2.1万 m³。

思考：这是财务人员进行经营成本核算时，通过同期专项费用对比，发现支出异常，立即提醒物业项目管理处负责人，从而及时止损的典型案例。但本例中的物业服务公司对半年用水情况盘查的结论是后3个月总表数大于分表数。这就意味着该物业服务公司的经营成本核算工作存在风险隐患：没有月度经营成本核算；或者有月度经营成本核算，但没有月度经营成本环比。如果该物业服务公司既有月度经营成本核算，又有月度经营成本环比，水费成本支出异常应该在第四个月最迟应该在第五个月就能够发现，因为上半年水费成本同比高出近5万元且发生在后三个月，每月平均在1万元以上，这个数字差异是很大的，应该能够及早发现。这说明规范细致的企业财务管理制度，对防范物业管理经营活动风险有现实意义。

2. 资产管理风险

资产管理是对企业的固定资产、非固定资产等的购入、使用、维护、报废等活动的监管与核算，保障企业资产的正常使用与合理配置。

1）固定资产的实存数量与账面数量不一致，如固定资产盘亏损失、固定资产毁损或固定资产报废等，未及时调整账目；固定资产内部调拨、报废等未及时或没有变更信息并报财务部门，导致财务信息不正确，成本核算不准确；将成套设备任意拆件改作他用，导致固定资产有名无实、数量虚假；未按规定进行每年定期盘点，并及时调整账目，导致固定资产账实不符、实际使用情况不清。

2）未按报废固定资产条件或程序进行固定资产报废，如随意确定固定资产寿命及预计净残值、未到固定资产寿命报废期提前报废、低估净残值等，导致固定资产损失。

3）管理不严的风险。固定资产管理虽落实到部门，但部门未指定专人负责，得不到有效养护和及时维修，导致固定资产损坏或提前报废；因工作粗心大意，固定资产卡片信息不准确、固定资产标识统一编号错误，导致固定资产标识所标注内容与资产实物、固定资产卡片及资产台账的不一致，固定资产流失或盘点困难。

4）人员职务犯罪，如管理人员或有关权限人自己或为他人提供便利，长期占用非工作需要但有消费功能属性的固定资产，或是疏于管理造成固定资产损失甚至事故，或是弄虚作假，将固定资产据为己有等情形。

【**风险防范**】 规避物业服务企业资产管理风险，可参考以下措施：

1）落实固定资产购建、使用、报废制度，实施分级归口管理，指定专人负责，建立固定资产台账。

2）加强固定资产清查管理，定期实施财产清查工作，保持固定资产标识所标注内容与资产实物、固定资产卡片及固定资产台账的一致。

3）强化固定资产日常管理措施，提高固定资产管理人的责任意识，认真执行固定资产管理制度，严格落实固定资产管理流程，排除因不规范作业行为导致的风险隐患。

4）加强固定资产管理人员尤其有关权限人员的廉洁自律教育，形成有效的自我约束机制。

3. 经营预算管理的风险

1）预算编制环节。违反财务管理相关法律法规、部门规章、地方政策，如有意隐瞒侵占业主合法权益的财务信息，或是自行设立会计核算科目隐藏侵占业主合法权益的财务信息；采用单一的方法、预算目标及指标体系设计不完整不合理等，导致预算编制不合理、预算准确性不高，影响预算的执行。

2）预算执行环节。缺乏严格的预算执行授权审批制度、预算执行过程中缺乏有效监控。例如，为应对以收入定费用原则，企业内部各部门尤其物业项目管理处虚列或者隐瞒收入，推迟或者提前确认收入；预算审批权限及程序混乱、预算执行随意、越权审批或重复审批、预算执行不力、预算执行情况不能及时反馈和沟通，影响预算目标，预算监控难以发挥作用。

3）预算考核环节。预算考核不严格、不合理、不到位，导致预算目标难以实现，预算管理流于形式等。

4）预算与业务发生脱离。物业服务企业的财务管理工作中预算与业务相互脱离，导致财务预算结果发生较大偏差，执行效果也大打折扣。物业服务企业的业务部门与财务部门相互独立、各司其职，财务部门主要负责财务预算管理工作，以"收入按时来，开支不超标"为基本原则，更为关注企业现阶段的经营数据与预期是否相符、企业的钱账是否面临风险等，完全脱离了业务部门。这种管理模式的财务管理将无法给业务部门提供足够的支持，很大程度上制约了企业的业务发展。

【**风险防范**】 规避物业服务企业经营预算管理的风险，可参考以下措施：

1）加强对经营预算管理的监督和考核工作，重视预算编制基础，选择合理的预算方法或组合，科学设定生产经营成果预算、资本运营预算、资金平衡及绩效评价指标预算和预算指标分解实施方案。

2）执行定额管理，控制企业内部的劳动定额、物质定额、费用定额、人员定额、工时定额并落实好考核办法。

3）健全财务核算资料，原始记录规范格式、内容和方法，保管得当。

4）业财融合推动全面预算管理，通过全面预算将企业预算管理融入财务和业务端，建立协同联动的管理机制。

4. 现金管理问题

现金管理是对企业现金流的管理、监督和使用，保障企业现金流的安全、充足和合理使用。

1）统一管理难。物业服务企业的现金收入来源主要是物业费，以及相关的车位服务费、场地出租费、广告位收入等，加上大量业主的分散缴费，现金收支管理项目过多，很难进行有效的统一管理。

2）现金流控制难。物业费等费用收缴不及时，或被业主长期无故拖欠，导致企业的资金流出现问题；部分物业服务企业的服务质量较低，没有完全履行合同上承诺的服务条款，导致业主拒绝缴纳物业费；部分企业在现金管理意识上存在缺陷，缺乏针对现金的预算管理模式，导致现金管理混乱，无法精准控制现金流，进而影响企业正常运行。

3）现金管理效率低。部分企业缺乏对服务质量和范围的拓展意识，没有运用现金管理对企业的服务质量和管理领域进行有效拓展，导致企业缺乏核心竞争力，不能进一步提升企业的服务质量，不能保障企业的规模扩大和长期发展，影响了效益进一步的提升。

[风险防范] 规避物业服务企业现金管理的风险，可参考以下措施：

1）加强现金全面预算管理制度的建设，明确企业的现金管理和使用目标，提高企业的现金管理意识，保障企业拥有充足的现金流，能够应对突发事件和财务风险，保障企业的稳定经营。

2）现金的全面预算管理，要根据实际的项目内容，如物业管理费、收费率、清欠率、车位管理费、商业运营费、增值服务费等收入费用，以及企业员工工资、福利费、办公费、保险费、应酬费、维修费等支出费用，进行全面的项目预算管理，形成季度、半年度、年度等周期的全面预算管理方案，对企业的现金流进行有效管理和控制，提高企业的财务管理质量。

3）物业服务企业要不断研究提高物业管理和服务质量的渠道及手段，提升企业的服务水平和业主的满意度，不断提高企业的现金合理利用率，优化企业的经营管理水平。

5. 内部控制管理

内部控制管理是对企业财务的全面控制，保障企业的财务完整性、真实性、合规性，提高企业的管理质量和经营效益。

1）部分物业服务企业对财务内部控制的认识程度不足，管理者和员工整体缺乏财务内部控制意识，缺少专业的财务内部控制人才，导致内控体系建设不完善，企业内控环境建设条件不足，无法形成全面的企业财务内控机制。

2）部分企业的内部控制工作存在落实不严格的问题，如现金支出活动没有取得正规发票，采购款项存在重复审批认证现象，资产审批和报废处理不严格，导致企业财产遭受经济损失。

3）部分企业的财务内控管理信息的传递渠道不够通畅，基层员工无法对相关财务信息进行合理汇报，不同部门之间的财务内控信息也难以得到有效交流，管理者无法实现对企业整体的财务内部控制，影响了企业的财务管理质量和效率。

4）部分企业的内部监督审计机制不够健全，缺乏内部审计监督部门建设，无法对企业的财务信息进行全面的严格监管，导致企业内部出现贪腐问题或企业资产流失问题，影响了企业的顺利经营。

5）部分企业编制的财务报告存在疏漏，财务报告的信息数据不够全面、准确，导致企业领导者掌握的企业内部经营管理信息产生了偏差，无法对经营管理手段和企业战略发展做出合理调整，导致企业的经营管理质量无法进一步提升，经营效益难以保障。

【风险防范】规避物业服务企业内部控制的风险，可参考以下措施：

1）加强对财务内控环境的塑造，制定严格、全面的内部控制制度，保障企业内的财务管理的合规性和覆盖性，保障财务管理人员的职业素养和道德标准，实现对财务内控管理的基础保障建设。

2）加强对财务内控流程和活动的严格控制落实，对现金支出活动、收缴活动的票据清单进行严格的监督管理，保障财务清单的合规性，对重复审批和审批不严等现象进行全面整改，规范财务审批流程，保障财务管理的流程合规。

3）加强企业内财务信息交流渠道的全面建设，实现从上至下、全面连通的交流机制建设，保障财务管理信息的有效传递，提高财务管理效率。

4）加强企业财务内控的监督机制建设，建设独立的内控审核部门，对企业的财务管理信息进行全面监督审计，形成财务、内控、员工的三方监管体系，保障财务管理质量。

5）加强对企业财务报告编制工作的质量控制，保障财务信息的准确性和全面性，为管理层的管理手段和战略规划调整工作提供有效的数据支持，提升财务管理工作的职能。

7.2.2　专项维修资金使用的风险

1. 住宅专项维修资金法律的风险

住宅专项维修资金的风险集中表现在物业服务企业套取、挪用住宅专项维修资金，以及对因种种原因存在的代管住宅专项维修资金管理疏忽、私用、挪用造成的违法违规行为。为此，物业服务企业所要承担的是法律风险责任。

例如，利用应急维修项目申报程序不尽完善，以应急使用住宅专项维修资金为名，将审批的住宅专项维修资金转入企业账户或据为个人所有；与不轨业主委员会或社区居民委员会合谋私分获批使用的住宅专项维修资金，将其转入企业账户或据为个人所有；编造维修项目的施工、验收、审计等材料，使住宅专项维修资金划入到企业账户，然后用于企业其他经营或投资项目；不经业主同意，私自将企业代管的住宅专项维修资金用于物业日常养护维修、更新改造，或质量保修、人为损坏修复，或企业其他经营项目及购买股票、基金等；没有履行向业主公开并向业主大会、业主委员会报告其受业主委托实施的维修工程使用住宅专项维修资金的情况等情形，违反住宅专项维修资金法律法规、规章政策的相关规定，以弄虚作假等手段涉嫌诈骗、挪用、非法占有住宅专项维修资金等侵害业主合法权益、职务犯罪的法律责任风险。

【风险防范】规避住宅专项维修资金法律的风险，可参考以下措施：

1）组织项目管理者学习住宅专项维修资金法律法规、规章政策，认识到违法违规违章行为的法律后果，决策要有法律底线思维。

2）建立并不断完善企业内部的自我监督机制，规范物业项目管理者申请使用住宅专项维修资金的流程。

3）联合业主委员会、所在地的社区居民委员会，从制度建设上形成有效监督，堵住个人骗取、套取住宅专项维修资金的管理漏洞。

2. 住宅专项维修资金实施的风险

物业服务企业的住宅专项维修资金实施的风险，较为集中地表现在使用住宅专项维修资金上，具体体现为：物业服务企业以谎编应急维修项目、谎报应急维修工程量，甚至买通相关人员的手段，套取住宅专项维修资金，挪作他用甚至据为企业或个人所有；与贪图私利的业主委员会或社区居民委员会，采取冒充业主签名的手段弄虚作假，伪造住宅专项维修资金表决通过文件，套取住宅专项维修资金进行私分，并挪作他用甚至据为企业或个人所有；以虚报维修项目、维修工程量等手段，将政府物业管理行政主管部门划拨的住宅专项维修资金据为企业甚至个人所有；在业主依法定程序获批使用住宅专项维修资金后，编造维修工程施工、验收、审计等材料，套取住宅专项维修资金，挪作他用甚至据为企业或个人所有的风险；不按法律法规规定在物业管理区域显著位置向业主公开或是只在客户服务中心提供维修工程使用住宅专项维修资金使用情况，只向业主大会及业主委员会口头报告维修工程住宅专项维修资金使用情况，或是公开、提供经过财务技术处理内容不完整的、甚至编造的维修工程使用住宅专项维修资金的使用情况报告的风险。

【风险防范】规避住宅专项维修资金实施的风险，可参考以下措施：

1）同前述的规避住宅专项维修资金法律责任风险的措施。

2）加强企业内部对划拨入账的住宅专项维修资金的财务监管，落实《住宅专项维修资金管理办法》规定的专款专用原则，杜绝挪用行为。

3）落实住宅专项维修资金使用的公开透明原则，主动向业主公开、向业主大会及业主委员会报告接受业主委托的维修工程使用住宅专项维修资金的财务真实情况，自觉接受业主、业主大会及业主委员会的监督。

【案例分析】

H 花园业主委员会接到物业服务中心的工作函，称鉴于小区入住已达 12 年，且业主普遍反映楼宇外墙渗水较为严重，建议使用住宅专项维修资金对小区所有楼宇外墙进行修缮。业主委员会会议讨论认为情况属实，决定召集业主大会会议，就解决楼宇外墙渗水使用住宅专项维修资金事宜进行表决。表决过程十分顺畅，业主同意使用住宅专项维修资金。经过申报，政府住宅专项维修资金主管部门很快批复同意，但小区里却迟迟不见外墙修缮。期间，业主委员会不断催促物业项目管理处，答复是招标工程队、天气原因等。半年过去了，有人传出是服务中心的上级公司通过种种手段，将启动使用的住宅专项维修资金 180 余万转入公司账户，用于公司投资新项目了。业主委员会马上找物业服务中心了解情况，在多次严厉要求下，物业项目负责人不得不承认了这一事实。

最后，业主委员会将情况报告政府住宅专项维修资金主管部门。在政府住宅专项维修资金主管部门强力要求下，物业服务公司返还了这笔住宅专项维修资金。

思考：这是一起典型的物业服务企业非法挪用住宅专项维修资金，导致侵害业主财产权的侵权行为案件。

【法律依据】

《住宅专项维修资金管理办法》第二条，本办法所称住宅专项维修资金，是指专项用于住宅共用部位、共用设施设备保修期满后的维修和更新、改造的资金。

第四条，住宅专项维修资金管理实行专户存储、专款专用、所有权人决策、政府监督的原则。

任务 7.3　其他收支风险防范

任务单见表7-3。

表7-3　任务单　　　　　　　　　　　　　　　　　　　　　NO. 007003

任务描述	尝试完成一份业主共有部分经营风险管理清单		
任务准备	1）学生分组 2）回顾物业多种经营的相关知识 3）完成一定的知识储备，也可边做边学	关键知识	物业多种经营的法律法规、常见风险
任务实施（团队任务）要求			

1）学生分组收集整理所需资料和重要数据

2）按收费风险类型或一定的逻辑顺序编制风险管理清单，若有不确定的内容可多方咨询

3）要求多角度全面思考

任务成果评价	学生互评和教师评价 评价依据：选择方法正确，风险管理清单完整规范 评选优秀作品

本书所称其他收支，特指物业管理活动中，业主共有部分经营、特约服务、承接物业前期投入、多种经营等活动的收入与支出的费用。

7.3.1　物业服务其他收支的基本认识

1. 业主共有部分经营收支

业主共有部分经营是指物业服务人经业主共同表决同意，利用业主共有部分进行建筑空间租赁、场地租赁、广告位租赁、停车位租赁及提供商业服务等活动。

物业服务人利用业主的共有部分进行经营，须征得相关业主、业主大会同意后，按照相关经营规定办理有关手续，方可进行经营活动。

利用业主共有部分经营取得的全部收入，扣除物业服务人在经营活动中合理必要的管理成本、人员费用支出后，所余费用属于业主共有。物业服务人应定期向业主公开利用业主共有部分经营的收支情况。

【法律依据】

《民法典》第二百七十八条，下列事项由业主共同决定：（八）改变共有部分的用途或者利用共有部分从事经营活动。

第二百八十二条，建设单位、物业服务企业或者其他管理人等利用业主的共有部分产生的收入，在扣除合理成本之后，属于业主共有。

第二百八十三条，建筑物及其附属设施的费用分摊、收益分配等事项，有约定的，按照约定；没有约定或者约定不明确的，按照业主专有部分面积所占比例确定。

第九百四十三条，物业服务人应当定期将服务的事项、负责人员、质量要求、收费项目、收费标准、履行情况，以及维修资金使用情况、业主共有部分的经营与收益情况等

以合理方式向业主公开并向业主大会、业主委员会报告。

《物业管理条例》第五十四条，利用物业共用部位、共用设施设备进行经营的，应当在征得相关业主、业主大会、物业服务企业的同意后，按照规定办理有关手续。业主所得收益应当主要用于补充专项维修资金，也可以按照业主大会的决定使用。

利用业主共有部分经营应由全体业主所有的收入费用，主要用于补充业主的住宅专项维修资金。除此以外，可以由全体业主共同表决决定利用业主共有部分经营属于全体业主所有的收入费用的使用方案，如作为业主大会及业主委员会的工作经费，或者作为业主委员会、业主大会监事会成员的工作报酬，或者用来资助低收入家庭支付物业费，或者按照业主专有部分面积所占比例确定补助物业费，或者作为业主开展社区文化活动的费用等。

2. 非业主共有部分多种经营收支

非业主共有部分多种经营服务是指物业服务人通过挖掘自身潜力，整合物业项目内的各种资源（非共有部分），积极开发拓展社区商业服务、社区公共服务等经营项目，以增加自身经济收益，为业主和物业使用人提供优质、便利的生活、工作条件的经营管理活动。主要包括物业服务合同约定以外的服务项目、非业主增值服务等。目前非业主增值服务对象主要面向商业用户，如房地产机构、物业管理公司及其他相关机构，且母公司业务在其中占比较大，故本书主要针对面向业主的物业服务合同约定以外的服务项目，如有偿维修、家政服务、美居业务、房屋租售、商品销售等经营业务。

3. 承接物业项目前期投入

承接物业项目前期投入是指物业服务人为承接物业项目所做的前期资金投入。这里特指物业服务人主动提出或者应承业主委员会或代行业主委员会职责的社区居民委员会要求，为改善物业项目基础环境，赢得业主好感所投入的资金，如维修道路、绿地或者更换门禁、道闸等资金投入。

承接物业项目前期投入没有相关法律法规、规章政策规定，只是物业管理市场自发形成的市场惯例。而这一惯例，实践中都没有经过全体业主依法定程序共同表决同意，不属于业主委托的物业管理事项，不能在物业服务合同中约定，因而得不到法律保护。即使业主委员会或代行业主委员会职责的社区居民委员会书面承诺将来用住宅专项维修资金补偿物业项目前期投入，但因业主委员会或社区居民委员会并没有得到全体业主依法定程序共同表决同意的授权，其承诺本身就是违法违规的侵权行为。而且使用住宅专项维修资金是需要全体业主依法定程序共同表决的，承接物业项目前期投入想要通过这一表决，可行性比较低。

因而，物业服务人承接物业项目前期投入的这一投资行为，主要是为获取物业服务项目，同时作为融洽与业主关系的感情投资。

【案例分析】物业服务人利用业主共有部分经营收入的归属与分配

2019 年 5 月 1 日，X 投资公司作为甲方与作为乙方的 X 物业服务公司签订 A 花园前期物业服务合同，约定由 X 物业服务公司对 A 花园小区提供前期物业服务事宜。合同第十一条约定"本物业管理区域内属于全体业主的停车场、甲方所有的停车场及其他物业共用部分、共用设备设施统一委托乙方经营，经营收入由乙方享有（用于物业管理开支）"。

物业管理期间，X 物业服务公司将公共区域、房屋进行广告经营或对外出租，并收取了相应的广告费和租金。经营过程中，因商户要求，X 物业服务公司开具了广告费和租金的发票。2023 年 8 月 21 日，X 物业服务公司在 A 花园小区张贴公告，宣布将于 2023 年 9 月 1 日撤出小区，并将住宅专项维修资金使用和公共经营（广告、租金收费）汇总表情况进行公告，其中 2019 年 5 月~2023 年 8 月广告费 457478 元、2019 年 7 月~2023 年 8 月经营性用房租金 1556157 元。2023 年 9 月 1 日，X 物业服务公司撤离 A 花园小区。

A 花园小区业主大会于 2023 年 7 月 11 日备案。A 花园小区业主委员会提起诉讼，要求 X 物业服务公司返还给 A 花园小区业主大会 2019 年以来广告费、经营性用房租金款项及利息。

本案讼争议主要内容为小区共有部分经营所得归属问题。

业主对建筑物专有部分以外的共有部分，享有权利；利用共有部分从事经营活动所得的广告费、租金，为法定孳息，应归全体业主共同所有。A 小区在建造完毕、未对外出售时，X 投资公司作为小区建筑物的所有人，可以处分自己的权益；在 X 投资公司将房屋对外出售后，小区共有部分为全体业主共同所有，对于收益的处分应当由全体业主共同决定。考虑到 X 物业服务公司在从事共有部分经营过程中确实存在开具发票致税额支出、人力安排、物资消耗等成本支出，可酌情确定成本并进行扣减。因 X 物业服务公司一直未移交争议款项，A 花园小区业主委员会要求支付利息损失合理，法院应予以支持。

若 X 物业服务公司抗辩 A 花园小区业主委员会提起诉讼已超过诉讼时效，根据《民法典》第一百八十八条规定，诉讼时效期间从权利人知道或者应当知道权利受到损害之日起计算，X 物业服务公司于 2023 年 8 月 21 日公告了共有部分经营收入情况，此前 A 花园小区的业主并不知晓权利受损情况，故业主知晓权利受损起算时间应为 2023 年 8 月 21 日。2023 年 A 花园小区业主委员会成立后提起本案诉讼，并未超过三年的诉讼时效期间。

思考：本案例中，不符合法律法规的事项有哪些？物业服务人应该怎样开展利用共有部分经营的活动，以防范其法律风险？

7.3.2 其他收支法律的风险

1. 业主共有部分经营收支法律的风险

主要表现为：不经业主共同表决决定，擅自利用业主共有部分进行经营，且将经营收入全部据为己有，或是不经业主共同表决决定或委托，扣除合理经营成本后，将经营收入结余费用按户平均分配给业主的情形，侵害业主的支配权；物业服务人拒绝或长期拖延向业主公开并向业主大会及业主委员会报告利用业主共有部分经营的收支情况，侵害业主的知情权。

【风险防范】 规避业主共有部分经营收支法律风险，可参考以下措施：

1）深入了解相关法律法规。物业服务人应树立法律底线思维，学习并理解《民法典》《物业管理条例》中相关的法律法规，明确业主及物业服务人在共有部分的权利与义务。

2）严格遵守表决程序。涉及业主共有部分经营及经营收入分配的决定，须经业主大会表决通过，决策过程公开、公正、透明。

3）及时公开收支情况。物业服务人应定期向业主大会及业主委员会报告利用业主共有部分经营的收支情况，确保业主的知情权得到保障。

4）坚守诚信原则。物业服务人应诚实守信，将业主的利益放在首位，不得利用业主共有部分谋取私利，更不得损害业主的合法权益。

【案例分析】

某小区大门显眼位置有一块广告展板，上面贴着让小区业主前往物业服务中心领取新年红包的通知。在物业办公室，部分业主在办理领取红包手续，物业工作人员在核实过其楼栋及身份信息后，便会将红包交到业主手中，每户业主收到的是 500 元红包。红包来源于该小区 2023 年的公共收益，包括小区广告收入、停车位收益和店铺租金。小区物业工作人员 D 女士介绍，"给业主发红包是小区业主委员会提出的，委托物业代为发放，我们只是服从并执行业主委员会的决定。"

思考： 本案例中物业服务公司的做法有无不妥之处？可能会承担怎样的法律责任风险？应该如何规避？

2. 非业主共有部分多种经营收支的风险

主要表现为：有意将多种经营成本计入物业费成本，既抬高物业费标准，又降低经营成本，谋取不当得利，违反财务管理相关法律法规、规章政策；为配合建设单位销售车位，超高确定停车位租金，违反物价管理相关法律法规、规章政策；利用门禁管理权限以规范服务为名，通过限制房屋中介人员、桶装水配送人员等出入物业项目等不正当竞争手段，促成自有房屋中介、桶装水配送等服务项目的经营垄断，取得不当得利，或者收取所谓管理费等不当得利，违反公平竞争相关法律法规、规章政策，破坏营商环境等。

【风险防范】 规避非业主共有部分多种经营收支风险，可参考以下措施：

1）严格执行财务管理、价格管理和营商环境相关法律法规、规章政策。

2）依法设置会计账簿，不得将非物业费的经营成本计入物业费成本，保证物业费信息的真实性。

3）建立内部审计机制，定期对物业费的收支情况进行审计，确保财务数据的真实性和准确性。同时，接受业主大会或业主委员会的监督，定期公布物业费收支明细。

4）自觉守法经营，依法定价，公平竞争，不谋取不当得利。

【案例分析】

某物业服务企业服务的某住宅小区实行物业服务包干制，该项目在年底向上级公司汇报了一年来的收入如下：物业服务费收入 5000000 元；电梯轿厢中设立广告收入 50000 元；为业主进行入户维修收入 66800 元；公共场地租赁收入 120000 元；代理业主房屋租赁收入 67500 元；设置快递终端设备获得场地使用费收入 8600 元；代收代发快递获得服务费收入 38000 元。

思考： 上述收入中，哪些收入应属于物业服务企业，总额多少？哪些收益属于业主，总额不高于多少？属于业主的收入应如何使用？

3. 承接物业项目前期投入法律风险

物业服务企业承接物业项目前期投入法律风险主要表现为：物业服务企业承接物业项目前期投入资金，并没有依法定程序经过业主共同决定事项的表决同意，尤其是更换门禁、道闸，导致侵害业主物业共有部分处分权的法律责任风险；承接物业项目前期投入不属于物业管理范畴，多数没有在物业服务合同中约定，导致物业服务企业这一投资行为不受法律保护的风险。

【**风险防范**】规避承接物业项目前期投入法律风险，可参考以下措施：

1）物业服务人应认识到承接物业项目前期投入法律责任风险，其投资行为不受法律保护，甚至存在擅自改造业主共有部分的侵权之嫌。

2）改造行为应该征得业主的同意，明显的升级改造或有利于业主的承诺，是比较容易征得多数业主的同意的。

3）在物业服务合同做出约定，尤其是涉及的改造行为并无明显升级特征的事项。

7.3.3 其他收支实施过程的风险

1. 业主共有部分经营实施过程中的收支风险

1）收支不清。部分物业服务人没有设立业主共有部分经营收支独立账户，进行独立核算，出现收支不清。收入不清，容易出现缴税风险；支出不清，则无法向业主解释"合理成本"的合理性。

2）收支造假。例如，挪用业主共有部分的经营收入，有意向业主隐瞒部分收入或降低收入；账目中刻意增大经营成本，尤其是增大人力成本这种涉嫌账目造假的情形。

3）账目公示不合规。例如，将业主共有部分经营收支情况报告放置在客户服务中心，缩小向业主公开范围的情形；业主共有部分经营收支情况报告有选择地公示、报告对自己有利的财务信息，隐瞒不利信息的情形。

【**风险防范**】规避业主共有部分经营实施过程中的收支风险，可参考以下措施：

1）设立业主共有部分经营独立账户，同时要严格按照国家统一的会计准则或会计制度做好账目管理，规范业主共有部分经营收支的财务管理工作。

2）按照法律规定或业主大会要求，定期公示业主共有部分经营收支情况，公示时间和公示渠道可提前听取业主或业主委员会的建议。

3）若条件允许，可联系业主大会和当地政府机关在银行设立业主共有资金共管账户或业主共有资金基本账户。

2. 非业主共有部分多种经营实施过程中的收支风险

1）独立核算风险。主要表现为：没有设立独立账户，出现收支两不清，无法实现独立核算的情形，导致财务分析困难，无法准确判读各项业务的盈利情况而影响判读；与业主共有部分经营业务使用同一账户，导致无法清晰地区分经营收入的归属。

2）财税风险。物业多种经营涉及的业务种类较多，不同业务种类的适用税率也不同，涉税种类繁多，因此很容易出现如税务率偏高、重复征税等税务风险，严重影响物业服务公司的效益。根据财税政策，物业服务公司向业主提供的其他服务或产品，不属于混合销售，应当分别核算，未分别核算的，从高适用税率。

另外，可能存在部分物业服务公司的财务人员在进行会计核算时，将本身收取的费用与代收费用有意混淆，统一收取，导致不能准确划分应税或非税项目，将应税收入作为非应税收入申报，造成少缴或不缴税款。

3）投资经营风险。例如，租售房屋、商业经营等涉及较大的资金占用，由于财务管理的资金统筹能力不足出现资金断链的情形；销售假冒伪劣产品、以次充好，降低服务标准、服务过程偷工减料，以降低经营成本，谋取不当得利等情况；财务管理制度不完善，经营收入存在被个别工作人员贪占的漏洞等情况。

4）转嫁成本。如将非业主共有部分多种经营中产生的水电等能耗费用摊入公共能耗，转嫁业主承担的情况。

【风险防范】规避非业主共有部分多种经营实施过程中的收支风险，可参考以下措施：

1）设立非业主共有部分经营收支独立账户，严格按照国家会计准则或会计制度做好账目管理，规范非业主共有部分经营收支的财税工作。

2）建立并完善多种经营财务管理制度，将费用管理置于制度管理之中，通过成本核算监督，及时识别、预警资金风险，提高资金使用效率。

3）加强财务审计与监督，定期对各项业务的财务状况进行审计，确保数据的真实性和准确性，及时发现问题并进行整改。

4）开展多种经营服务，谨慎评估市场需求和可行性，并确保与小区的整体定位和业主的利益保持一致，初期应控制好资金投入，可以采取出租场地、招商引资、联营合作的形式，以减少企业自筹资金的压力。

5）诚信经营，严格把控产品和服务的质量，不得向业主转嫁成本。

项目任务小结

本项目单元介绍了物业收费管理、物业企业财务管理和物业多种经营的相关风险点及防范措施。

通过本项目的学习，学生应可以针对物业收费管理工作的费用标准、服务费收取、服务费催收和服务费调整等环节进行风险识别和分析，并能够初步编制物业收费风险管理清单；针对物业财务管理工作和专项维修资金的使用进行风险识别和分析，并能够制定初步风险防范策略；针对物业多种经营工作尤其是利用业主共有部分进行经营的情况进行风险识别和分析，并能够编制相应的风险预案。

由于不同的物业项目具有不同的性质，风险点也会有一定的差别，风险防范措施和风险管理清单需要根据具体项目进行修改和补充。

思考题

1. 为什么住宅的前期物业管理应该采用政府指导价？
2. 简述物业服务费用酬金制、包干制和信托制的特点与区别。
3. 物业财务管理的内容包括哪些？
4. 物业服务企业会计核算风险有哪些？该如何防范？
5. 非业主共有部分多种经营收支风险有哪些？该如何防范？

自测题

一、单项选择题

1. 根据《物业服务收费管理办法》的规定，物业共用部位、共用设施设备的大修、中修和更新、改造费用，应当通过（　　）予以列支。
   A. 物业服务费　　　　　　　　　　B. 建设单位支出
   C. 专项维修资金　　　　　　　　　D. 物业企业支出

2. 根据《物业服务收费管理办法》的规定，（　　）是指由业主统一向物业服务企业支付固定物业服务费用，盈余或者亏损均由物业服务企业享有或者承担的物业服务计费方式。
   A. 政府指导价　　B. 市场调节价　　C. 包干制　　　　D. 酬金制

3. 根据《物业服务收费管理办法》的规定，业主与物业使用人约定由物业使用人交纳物业服务费用或者物业服务资金的，从其约定，业主负（　　）责任。
   A. 赔偿　　　　　B. 民事　　　　　C. 连带　　　　　D. 行政

4. 《物业管理条例》第五十三条规定，（　　）是专项用于物业保修期满后物业共用部位、共用设施设备的维修和更新、改造，不得挪作他用。
   A. 装修保证金　　　　　　　　　　B. 专项维修资金
   C. 物业服务费　　　　　　　　　　D. 特约服务费

5. 《住宅专项维修资金管理办法》规定，业主交存的住宅专项维修资金属于（　　）所有。
   A. 业主　　　　　　　　　　　　　B. 公有住房售房单位
   C. 物业服务企业　　　　　　　　　D. 建设单位

6. （　　）是指物业服务企业经业主共同表决同意，利用业主共有部分进行建筑空间租赁、场地租赁、广告位租赁、停车位租赁以及提供商业服务等活动。
   A. 业主共有部分经营　　　　　　　B. 特约服务
   C. 承接物业前期投入　　　　　　　D. 多种经营

7. 根据《民法典》第二百八十二条规定，物业服务企业利用业主的共有部分产生的收入，在扣除合理成本之后，属于（　　）。
   A. 业主委员会　　　　　　　　　　B. 物业服务企业
   C. 业主共有　　　　　　　　　　　D. 建设单位

8. 根据《民法典》第九百四十三条规定，物业服务企业应当（　　）将业主共有部分的经营与收益情况以合理方式向业主公开并向业主大会、业主委员会报告。
   A. 不定期　　　　B. 主动　　　　　C. 定期　　　　　D. 明确

二、多项选择题

1. 根据《物业管理条例》物业服务人利用物业共用部位、共用设施设备进行经营的，应当在征得相关（　　）的同意后，按照规定办理有关手续。
   A. 业主　　　　　B. 业主委员会　　C. 业主大会　　　D. 社区
   E. 物业管理行政主管部门

2.《民法典》第九百四十三条规定，物业服务人应当定期将（　　）等以合理方式向业主公开并向业主大会、业主委员会报告。

A. 服务事项、负责人员、质量要求　　B. 收费项目、收费标准

C. 税金与利润　　D. 维修资金使用情况

E. 业主共有部分的经营与收益情况

三、案例分析题

【案例1】 H 花园业主委员会对小区 2022 年 3 月到 2023 年 3 月期间的专项维修资金进行审计时，发现 J 物业服务公司在业主不知情的情况下，挪用了小区的物业专项维修资金 5.4 万元，遂要求 J 物业服务公司在小区内公示专项维修资金的使用明细表并附上情况说明。

J 物业服务公司称，5.4 万元维修资金是用于小区共用设施和设备的日常维护和保养，属于正常合理使用范畴。H 花园业主委员会向 J 物业服务公司发函要求其返还被挪用的 5.4 万元专项维修资金。J 物业服务公司拒绝返还。H 花园业主委员会在业主大会授权下作为原告将 J 物业服务公司诉至法院，要求被告 J 物业服务公司将 5.4 万元专项维修资金返还给原告。

在上述案例中，J 物业服务公司是否应该返还 5.4 万元专项维修资金给原告？为什么？

【案例2】 赵某购买了一套期房，在办理入住手续时，对房屋内部提出了不少细部质量问题，认为该房没有达到入住条件，但因要出差国外，就在入住交接单上提出了其意见，并收了房门钥匙。半年后，赵某回国发现，有关细部质量问题仍未解决，而物业服务公司却发出了多份催交物业费的通知。赵某觉得很冤，当初收房时就对房子不满意，这半年他也没住，拒绝缴纳物业服务费。

分析上述案例，物业服务公司应如何规避此类风险？

项目 8　物业人力资源风险防范

【导入案例】

王某原系某学院在校学生。2022年9月16日，王某、A公司及某学院签订实习协议书，协议约定：实习期至2023年6月30日止；王某另承诺于实习结束后与A公司签订为期三年的劳动合同，否则将赔偿违约金18000元。该协议属格式合同，由A公司提供。2023年6月30日，王某在A公司处办理离职手续，期间王某确认不与A公司签订为期三年的劳动合同。后A公司起诉要求王某支付违约金18000元。

【法院审理】

法院审理后认为，三方签订的实习协议书是A公司提供的格式文本，其中关于王某应于实习结束后与A公司签订为期三年的劳动合同，否则应赔偿原告违约金的内容，显然加重了王某的责任、排除了王某自主择业的权利，也违反了民事活动所应遵循的公平原则，该部分内容应属无效。况且，A公司仅向王某支付每月3000元的补贴，却要求王某为其服务三年，否则应承担违约金的约定违反了民事活动应遵循公平、等价有偿的基本原则。实习结束期间，双方曾就建立劳动关系问题进行磋商，王某对A公司提出的工资标准不满意，双方在工资问题上未能达成一致意见，致使未能签订劳动合同。而实习协议书中对三年的劳动合同的工资待遇、工作岗位等具体内容未做明确约定，原告和被告因工资标准问题意见分歧，由此造成劳动合同未能签订，未能签订劳动合同的原因不能归责于任何一方。法院据此驳回了A公司的全部诉讼请求。

项目描述

本项目分为3个教学任务，分别是：任务8.1 招聘环节的风险防范、任务8.2 劳动合同管理的风险防范和任务8.3 复合用工的风险防范。

完成知识储备的学习，在此基础上完成实训任务："情景模拟与角色扮演：人力资源招聘风险""完成一份针对劳动合同的风险管理清单"和"完成一份针对复合用工的风险管理清单"。通过本项目的学习，学生应对物业人力资源管理工作的风险点和防范措施等内容有一个完整认知，能够初步制定风险管理清单。

教学目标

【素质目标】 培养学生知法守法、诚实守信的思想品德与职业操守，遵守制度、规范行为的工作态度；培养学生的平等观念，提高其法律意识。

【知识目标】 熟悉物业企业人力资源管理工作内容；熟悉人才招聘、劳动合同管理工作及复合用工的易发风险点，掌握相应的风险防范措施。

【能力目标】

能够运用所学的知识，识别人才招聘、劳动合同管理及复合用工的风险点，并制定相应的防范措施。

◎ 课前自学

回顾并熟悉物业企业人力资源管理的相关知识。

任务 8.1　招聘环节的风险防范

任务单见表8-1。

表 8-1　任务单　　　　　　　　　　　　　　NO. 008001

任务描述	情景模拟与角色扮演：人力资源招聘风险		
任务准备	1）学生分组 2）回顾物业企业人力资源管理工作的相关知识 3）完成一定的知识储备，也可边做边学	关键知识	人力资源管理相关的法律法规、招聘环节的常见风险
任务实施（团队任务）要求			
1）学生分组收集整理招聘环境所需资料和求职简历 2）模拟招聘环境可能出现的各种风险 3）要求多角度全面思考			
任务成果评价	学生互评和教师评价 评价依据：根据现场模拟效果、总结材料进行综合评定 评选优秀作品		

（扩展资料：查看人力资源法律风险防范思维导图）

8.1.1　发布招聘信息的风险

1. 招聘信息不明确的法律风险

部分物业服务企业在发布招聘信息时，所设定的条件显得不够明确和具体，这种模糊性不仅可能导致劳动者产生误解，进而影响双方的沟通与合作；而且，在发生劳动纠纷时，用人单位若以劳动者不符合招聘要求为由试图解除劳动合同，根据相关法律规定，这一理由并不能作为合法解除劳动合同的依据。此外，在用人单位与劳动者之间的劳动纠纷诉讼中，由于招聘条件的不明确，用人单位难以向法院提供有效的证据证明劳动者不符合招聘条件，从而不利于维护自身的权益。

如某招聘信息：招聘一名保安，要求身强体壮威猛、无不良嗜好，薪酬面议。这则招聘信息就较为模糊，对于"身强体壮""威猛"和"不良嗜好"，都没有较为明确的限定。对于"身强体壮威猛"，其原本的意思是要求这名保安身体强壮，而且比较勇敢，能够起到保安的作用。但是，这种模糊的规定就可能导致在试用期时，发现此人虽然身强体壮，但是非常胆小，遇到情况没有胆量处理，明显不适合保安的工作，显然不符合录用条件"身强体壮威猛"的要求。但是，由于招聘信息的模糊和笼统，就会使企业处于不利的地位。虽然法律规定，在试用期期间，对于不符合用工条件的劳动者，用人单位可以对劳动关系予以解除。但是这种解除权行使的前提条件在于，用人单位必须负责举证，并且承担举证不利的后果。由于招聘信息的模糊和笼统，就使得招聘企业无法举证证明劳动者不符合应聘条件，从而招致法律风险。

【**风险防范**】规避招聘信息不明确的法律风险，可参考以下措施：

1）细化招聘条件。物业服务企业在发布招聘信息时，应尽可能具体、明确地列出招聘条件。例如，对于工作经验、技能要求、学历要求等，应提供具体的年限、级别或类型，避免使用过于笼统或模糊的表述。

2）使用标准术语。在描述职位和条件时，使用行业内普遍认可的标准术语，以确保信息的准确性和专业性。

3）明确工作职责和待遇。清晰地列出职位的主要工作职责、工作地点、工作时间、薪资待遇及福利待遇等，避免劳动者因对这些关键信息的误解而产生纠纷。

4）提供示例或案例。对于某些难以用文字准确描述的职位要求，可以提供相关的示例或案例，帮助求职者更好地理解招聘条件。

5）保留招聘记录。为应对可能的法律纠纷，企业应妥善保留招聘过程中的所有记录，包括招聘信息、应聘者的简历、面试记录等，以便在需要时作为证据使用。

2. 就业歧视性招聘信息的法律风险

就业歧视是指没有法律上的合法目的和原因，而基于种族、肤色、宗教、政治见解、民族、社会出身、性别、户籍、残障或身体健康状况、年龄、身高、语言等原因，采取区别对待、排斥或者给予优惠等任何违反平等权的措施侵害劳动者劳动权利的行为。这些歧视行为可能发生在招聘、选拔、培训、提升等各个环节，损害了劳动者的平等就业权和其他相关劳动权利。

1）性别歧视。这是最常见的一种歧视形式，主要表现为对某一性别的求职者存在偏见，如只招聘男性或女性，或以性别为由拒绝录用某位求职者。此外，要求女性求职者承诺在一定年限内不结婚或生育，也被视为一种变相的性别歧视。

2）种族歧视。如基于求职者的种族因素拒绝录用，或者对不同种族的求职者给予不同的待遇。

3）宗教信仰歧视。如企业以求职者的宗教信仰为由拒绝录用，或者对不同宗教信仰的求职者给予不同的待遇。

4）身体残疾歧视。如以身体残疾为由拒绝录用某位求职者，或者对有身体残疾的求职者给予不公平的待遇。

5）地域歧视。如以劳动者的籍贯或地域背景为由拒绝录用，或者规定不合理的限制条件或录用条件。

某物业服务公司在其官方网站上发布了一则招聘信息，招聘职位为"物业管家"。在招聘条件中，该公司明确规定："仅限男性，年龄在30~40岁，拥有本科及以上学历，本地户籍者优先考虑。"这个招聘信息中的性别和年龄限制可能构成就业歧视。首先，性别限制"仅限男性"直接排除了女性求职者，这在没有充分理由支持的情况下是不合理的。其次，年龄限制"30~40岁"也可能过于狭窄，限制了其他年龄段但同样具备工作能力的求职者的机会，违反了平等就业的原则。

【风险防范】 规避就业歧视性招聘信息的法律风险，可参考以下措施：

1）明确并遵守相关法律法规。企业应确保招聘流程和相关政策符合国家和地方关于平等就业的法律法规，包括但不限于性别、年龄、种族、宗教信仰、身体残疾等方面的规定。

2）制定公正的招聘标准。企业应基于岗位需求制定招聘标准，避免设置与岗位无关的限制性条件，如性别、年龄等。同时，要确保招聘流程的透明度，让所有求职者都能在公平的环境下竞争。

3）事出有因。对于特殊岗位的一些特殊条件要求，要符合岗位的正常需求，避免过分夸大或设置过多限制条件。

4）加强内部培训。企业应定期对人力资源管理人员和招聘人员进行培训，提高他们对平等就业原则的认识和敏感度，避免在招聘过程中出现歧视性言行。

【法律依据】

《劳动法》规定，劳动者就业，不因民族、种族、性别、宗教信仰不同而受歧视。

《劳动法》规定，妇女享有与男子平等的就业权利。在录用职工时，除国家规定的不适合妇女的工种或者岗位外，不得以性别为由拒绝录用妇女或者提高对妇女的录用标准。

统筹城乡就业政策体系，破除妨碍劳动力、人才流动的体制和政策弊端，消除影响平等就业的不合理限制和就业歧视，使人人都有通过勤奋劳动实现自身发展的机会。健全终身职业技能培训制度，推动解决结构性就业矛盾。

3. 虚假或不真实招聘信息的法律风险

部分物业服务企业为吸引人才，招聘信息内容可能不真实，和企业实际的状况、劳动者待遇等并不一致。如通过虚假或模糊的招聘信息夸大企业实力、规模或发展前途，过分夸大职位的待遇、工作内容或晋升机会，以吸引求职者。这些虚假的不真实的招聘信息，可能会招致相应的法律风险。

【风险防范】 规避虚假或不真实招聘信息的法律风险，可参考以下措施：

1）协调好招聘内容的企业自主性与合法性之间的关系。

2）建立内部审核机制，在发布招聘信息前，企业应设立内部审核机制，由法律顾问或人力资源部门对招聘信息进行审核，确保其合法性和明确性。

3）对"美化后招聘信息"合理合法地进行解释。一是将简单明了的招聘信息做具体化的解释；二是对招聘广告的文义进行解释和说明。

4. 招聘信息不明确的实施风险

在实施中，招聘信息不明确主要风险表现在降低了招聘效率和增加了招聘成本。

1）应聘者过少。项目或业务部门提交的招聘标准过高或任职资格设计不清晰，不明确的招聘信息可能使符合条件的应聘者望而却步，或排除在招聘范围以外，从而降低招聘成功率，耗费了大量时间，却难以招到合适的人才，同时也增加了招聘成本。

2）应聘者过多。招聘信息不明确也可能导致大量不符合条件的应聘者投递简历，从而增加企业筛选简历的工作量，并可能扩大面试范围，增加了应聘者和企业的成本，降低招聘效率，甚至可能导致错误招聘了不能胜任的应聘者。

【风险防范】 规避招聘信息不明确的实施风险，可参考以下措施：

1）项目或业务部门在提交招聘需求时，应明确列出职位的关键职责、必要的技能和任职资格，避免使用模糊或过于苛刻的表述。

2）人力资源部门应与业务部门密切沟通，确保招聘标准既符合业务需求，又能够吸引足够数量的合格应聘者。

3）在招聘信息中提供详细的职位描述和任职要求，让应聘者能够更准确地判断自己是否符合条件，避免使用模糊或过于宽泛的表述，以减少不符合条件的应聘者投递简历。

8.1.2 人员甄选阶段的风险

物业服务企业在招聘员工时，需要对应聘者的身体状况、资质状况、工作状态、竞业禁止状况等进行严格的审查，对于不符合规定的应聘者不能录用，否则终成隐患。

1. 人员甄选阶段的法律风险

（1）劳动主体资格审查风险 未严格审查劳动主体资格，导致用人单位违法招聘。如招用未满十六周岁的未成年人，或招用十六周岁以上的未成年工从事特定高强度和其他禁忌从事的劳动，或招用女职工从事特定高强度和其他禁忌从事的劳动等情况。

【风险防范】 规避劳动主体资格审查风险，可参考以下措施：

1）要求劳动者在应聘时填写应聘信息登记表。

2）严格审查劳动主体资格，核验身份证件，拒绝招用未满十六周岁的未成年人。

3）对第四级体力劳动强度的岗位和其他禁忌从事的劳动岗位，不招用女职工和未成年工。

【法律依据】

《劳动法》第十五条，禁止用人单位招用未满十六周岁的未成年人。

文艺、体育和特种工艺单位招用未满十六周岁的未成年人，必须遵守国家有关规定，并保障其接受义务教育的权利。

第五十九条，禁止安排女职工从事矿山井下、国家规定的第四级体力劳动强度的劳动和其他禁忌从事的劳动。

第六十四条，不得安排未成年工从事矿山井下、有毒有害、国家规定的第四级体力劳动强度的劳动和其他禁忌从事的劳动。

《禁止使用童工规定》第四条，用人单位招用人员时，必须核查被招用人员的身份证；对不满16周岁的未成年人，一律不得录用。用人单位录用人员的录用登记、核查材料应当妥善保管。

（2）劳动关系审查存在的法律风险 签订劳动合同前，部分中小型物业服务企业常忽视审查雇佣劳动者与其原工作单位的劳动关系状态。根据相关法律的规定，用人单位如果录

用了与原单位还存在劳动合同关系的劳动者，并且在现实中给该劳动者的原雇佣单位造成了实际损害，那么现用人单位就面临承担连带赔偿的法律后果。

若应聘者与原单位实际上是有竞业禁止协议，如果企业对此类应聘者进行了招募，那么就可能会承担连带赔偿责任。此问题将在下文有重点介绍，此处就不再赘述。

【风险防范】 规避劳动关系审查存在的法律风险，可参考以下措施：

1）检查应聘者待业状态的证明（这里的证明是指应聘者是否曾经工作过，如果工作过，需要出示终止、解除原劳动合同的证明）。

2）针对劳动者确因客观原因（如与原单位产生劳动纠纷）不能提供离职证明，须要求劳动者出具书面承诺，载明不能提供的原因并明确承担因此产生的法律责任。

3）检查应聘者与原单位是否有竞业禁止协议。必要时联系原单位进行确认，尤其是知识性、技术性或从事重要岗位的劳动者。

4）要求劳动者应聘时在应聘信息登记表对竞业限制情况进行签字确认，注明"如提供虚假信息应承担不利法律后果"等内容。

【案例分析】

刘某是某物业服务公司的 EMT 成员，与公司签订了期限为 3 年的劳动合同。由于刘某的出色表现，该公司出资 20 万元将刘某送到国外进行为期 6 个月的专业技术培训，并与刘某签订了 3 年的服务期协议，即培训结束后刘某应再为公司服务 3 年，否则应承担违约责任。培训结束回国后的第一年，刘某就要求提高职位和薪水，与公司协商无果后，便不辞而别，跳槽到了一家房地产公司，并与房地产公司签订了劳动合同。物业服务公司发现刘某跳槽到房地产公司后，遂向劳动争议仲裁委员会提起仲裁申请，要求刘某对物业服务公司的损失承担违约赔偿，并要求房地产公司承担连带赔偿责任。最后，房地产公司被判承担连带赔偿责任。这是一起典型的案例，房地产公司在招聘刘某时，没有对刘某是否与原单位解除劳动合同关系做审查，就招用尚未解除劳动合同的刘某，结果导致自己承担连带赔偿责任。

（3）入职健康检查存在的法律风险

1）应聘者职业健康风险。对应聘者身体状况审查的不严格，可能员工入职后用人单位才发现员工入职前就存在职业病或潜在职业病。这种情况就导致了用人单位对此应聘者的身体状况负责。根据《劳动法》规定，对患职业病或者因工负伤并被确认丧失或者部分丧失劳动能力的劳动者，用人单位不得与其解除劳动合同。

2）工作胜任风险。并未履行或未完全履行入职体检义务，当员工被招聘入职后出现不能胜任或不能完全胜任岗位工作的疾病，企业提出解除劳动关系的要求时引发劳动纠纷。从相关法律的规定可以看到，企业以劳动者"不符合录用条件"为由解除劳动合同，必须遵循法律要求的程序，必须遵守法定条件，且企业需要提供劳动者不符合条件的证明，否则会被视为违法解除劳动合同，进而不得不承担败诉的负面后果。

【风险防范】 规避入职健康检查存在的法律风险，可参考以下措施：

1）做好入职体检，尤其是从事接触职业病危害的作业岗位，须做针对性检查。

2）单位应当做好员工录用后的职业病防护，对于从事有职业危害作业的劳动者，应当岗前说明职业危害并定期做身体检查。

【法律依据】

《劳动法》第二十九条，劳动者有下列情形之一的，用人单位不得依据本法第二十六条、第二十七条的规定解除劳动合同：

（一）患职业病或者因工负伤并被确认丧失或者部分丧失劳动能力的。

（二）患病或者负伤，在规定的医疗期内的。

（三）女职工在孕期、产期、哺乳期内的。

（四）法律、行政法规规定的其他情形。

《职业病防治法》第三十五条，对从事接触职业病危害的作业的劳动者，用人单位应当按照国务院卫生行政部门的规定组织上岗前、在岗期间和离岗时的职业健康检查，并将检查结果书面告知劳动者。职业健康检查费用由用人单位承担。

用人单位不得安排未经上岗前职业健康检查的劳动者从事接触职业病危害的作业；不得安排有职业禁忌的劳动者从事其所禁忌的作业；对在职业健康检查中发现有与所从事的职业相关的健康损害的劳动者，应当调离原工作岗位，并妥善安置；对未进行离岗前职业健康检查的劳动者不得解除或者终止与其订立的劳动合同。

（4）未履行对应聘者的告知义务风险 未履行对应聘者的告知义务，侵犯应聘者知情权的情况，通常涉及用人单位在招聘过程中未能充分、准确地向应聘者传达与工作内容、条件、待遇等相关的信息。

1）工作内容与职责的隐瞒。用人单位在招聘时未明确告知应聘者具体的工作内容和职责，导致应聘者入职后发现实际工作与预期存在较大差异。

2）工作环境与条件的误导。用人单位未能如实告知应聘者工作环境和条件，如工作地点的偏远程度、工作场所的安全性等。例如，某物业服务企业在招聘时未告知应聘者物业项目位于偏远地区，且工作环境较为恶劣，导致应聘者入职后感到不适应。

3）薪资待遇的模糊处理。用人单位在招聘时未能明确告知应聘者具体的薪资待遇、福利和晋升渠道，或者故意模糊这些信息，导致应聘者入职后发现实际待遇与预期不符。

4）职业发展路径的不明确。用人单位未能向应聘者明确说明职业发展路径和晋升机会，导致应聘者对自己的未来职业发展感到迷茫。

【风险防范】规避未履行对应聘者的告知义务风险，可参考以下措施：

1）提供详细的职位描述。面试环节，用人单位应及时提供详细的职位描述，包括具体的工作内容、职责范围、工作环境和条件等。这有助于应聘者更全面地了解职位情况，从而做出更明智的选择。

2）主动沟通并解答疑问。在招聘过程中，用人单位应主动与应聘者保持沟通，及时解答应聘者的疑问和关切。这不仅可以增强双方的信任感，还有助于减少因信息不对称而产生的误解和纠纷。

3）录用通知的发放。在录用通知中将劳动者的具体工作内容、办公地点、办公环境、办公薪资、劳动是否存在危害、劳动安全状况及劳动者预期需要知晓的各项信息如实告知劳动者。

【案例分析】

孙某2019年3月入职某物业服务公司，双方签订了一份为期3年的劳动合同，合同中特别约定：如违反公司规章制度，情节严重，公司有权提前解除劳动合同，且无须支付经济补偿金。2021 年 6 月 10 日，孙某接到公司的一份解雇通知，解雇理由是孙某上班时间经常玩手机游戏，根据公司规章制度，三次以上在上班时间玩手机游戏的视为严重违纪，公司可解除劳动合同。孙某解，他一直不知道公司有该规定，公司从未将规章制度的内容向其公示，公司称规章制度已向其公示，但无法举证规章制度公示的事实。法院经审理后判决，公司恢复与孙某的劳动关系。

根据《最高人民法院关于审理劳动争议案件适用法律若干问题的解释（一）》第五十条，用人单位根据劳动合同法第四条规定，通过民主程序制定的规章制度，不违反国家法律、行政法规及政策规定，并已向劳动者公示的，可以作为确定双方权利义务的依据。

根据实践经验，从便于用人单位举证角度出发，规章制度的公示需注意以下操作细节：发放员工手册必须有员工签收记录；规章制度培训必须保留培训人员的签到记录；规章制度考试应当将试卷作为员工的档案资料保存。另外，还可在入职登记表或劳动合同中约定："本人已经充分阅读公司规章制度，愿意遵照执行"。

2. 人员甄选阶段的实施风险

（1）入职材料的审查风险　在对应聘资料或入职资料进行审查时，确实容易遇到一些问题和挑战。以下是可能出现的一些常见问题。

1）信息不一致或矛盾。应聘资料中的信息（如学历、工作经历、职务等）可能出现前后矛盾，或与背景调查、面试等其他渠道获得的信息不一致。例如，应聘者可能在简历中夸大了自己的工作经验或成就，而在背景调查中却无法得到证实。

2）资料不完整或缺失。有时应聘者提交的资料可能不完整，或者缺少关键信息，这可能导致招聘人员无法对应聘者的资格和背景进行全面评估，增加了审查的难度和成本。

3）主观偏见。在审查资料时，有时可能会受到招聘者个人主观偏见的影响，导致对某些应聘者产生不公正的评价。

【风险防范】规避入职材料的审查风险，可参考以下措施：

1）制定详细的应聘资料要求和格式规范，确保应聘者提供完整、准确的信息。

2）利用现代技术工具，如在线背景调查平台、学历验证系统等，提高资料验证的效率和准确性。若委托第三方服务机构进行背景调查，须取得应聘者的知情同意。

3）在审查过程中保持客观公正的态度，避免受到个人主观偏见的影响。

【法律依据】

《劳动合同法》第八条，用人单位招用劳动者时，应当如实告知劳动者工作内容、工作条件、工作地点、职业危害、安全生产状况、劳动报酬，以及劳动者要求了解的其他情况；用人单位有权了解劳动者与劳动合同直接相关的基本情况，劳动者应当如实说明。

《个人信息保护法》第十三条，符合下列情形之一的，个人信息处理者方可处理个人信息：

（一）取得个人的同意。

（二）为订立、履行个人作为一方当事人的合同所必需，或者按照依法制定的劳动规章制度和依法签订的集体合同实施人力资源管理所必需。

第二十一条，个人信息处理者委托处理个人信息的，应当与受托人约定委托处理的目的、期限、处理方式、个人信息的种类、保护措施以及双方的权利和义务等，并对受托人的个人信息处理活动进行监督。

受托人应当按照约定处理个人信息，不得超出约定的处理目的、处理方式等处理个人信息；委托合同不生效、无效、被撤销或者终止的，受托人应当将个人信息返还个人信息处理者或者予以删除，不得保留。

未经个人信息处理者同意，受托人不得转委托他人处理个人信息。

（2）工作分析不到位的风险　工作分析作为人力资源管理的基础有其重要意义，人力资源管理中包括招聘在内的各个环节均建立在科学、准确的工作分析之上。工作分析的作用在于明确各个岗位的职责、权限以及其与其他岗位的关系、任职条件等，有了工作分析招聘工作才能顺利开展。

如果某岗位缺乏工作说明书或者工作说明书不够明确，则招聘工作便无章可循，招聘的随意性扩大，招聘效果无法保障；如果工作分析不全面，岗位职责等描述无法真实地反映工作岗位的真正要求，以此为依据进行招聘，必然招聘不到真正满足岗位要求的人员，不得不重新招聘或回炉培训。凡此种种，显现出来的就是招聘风险。

【风险防范】规避工作分析不到位的风险，可参考以下措施：

1）强化工作分析，明确岗位的职责、权限、工作关系、任职条件等关键信息。

2）招聘工作紧密围绕工作分析的结果展开，以工作说明书为依据制定招聘标准和要求。

3）用人部门介入面试环节，加强对候选人的岗位匹配度评估，确保招聘到的人员真正符合岗位需求。

（3）录用通知风险　发放录用通知不够规范严谨，主要包括在体检合格前签发录用通知、未确定录用便签发录用通知、录用通知载明事项不明确等。录用通知属于合同签订过程中的邀约，是用人单位发出的录用劳动者的意思表示，在送达劳动者后即发生法律效力，不得单方面随意变更或解除，否则会因违约而承担民事责任。

如果该通知中明确了承诺期限或者明示不可撤销（如已写明"请于某年某月某日之前答复或办理报到"），或者应聘者有理由认为该通知不可撤销并已经为到岗做了合理准备工作的情况除外。若应聘者辞去原岗位，而用人单位又不予聘用的，可能会为此承担相应的赔偿责任。

【风险防范】规避录用通知风险，可参考以下措施：

1）明确由单位人力资源部门代表用人单位统一签发录用通知书，并负责办理入职手续。

2）坚持先体检后录用，以确保录用通知的严谨性。

3）在确定录用该劳动者的前提下再发出录用通知书，即在对拟入职劳动者做好背景调查、审查其符合岗位录用条件且体检结果合格（但需避免借体检结果实施就业歧视）的基础上，明确录用决定后，向其发出录用通知书。

4）在录用通知书中加入失效条款。

【案例分析】

2014年7月至2020年1月期间，L某在G公司工作，平均每月收入3.3万元。

2019年8月，L某与Q公司商谈入职情况。12月3日，Q公司向L某发出录用通知书，要求L某加入Q公司团队，工作岗位为设计师，报到时间为2020年2月10日，报到时要求提交包括与原单位解除劳动合同证明原件等。同日，L某回复Q公司，如无特殊情况会按照要求时间入职。12月23日，L某根据Q公司要求进行常规入职体检，后将体检报告发送给Q公司。

2020年1月31日，G公司向L某出具了解除劳动合同证明书，记载正式解除劳动关系时间为2020年2月1日。

后经L某多次询问Q公司入职时间，Q公司以受疫情影响复工时间未定为由通知L某延后入职时间。期间，L某按Q公司要求发证件照给Q公司，并多次表示想尽快入职，可以在家办公、提前进入工作。

2020年5月11日，Q公司向L某发出取消录用通知书，记载"由于新冠疫情导致的行业下滑等不可抗力因素影响，本公司已通知您取消录用。关于您提出需本公司对您做出相应的补偿事宜，由于缺少相关的法律条款作为支撑，本公司无法满足您的要求。"

L某认为Q公司的做法违约，且对该通知书的说法不认同，对Q公司、D公司（注：Q公司为分公司，没有独立的法人资格，D公司为Q公司的总公司）提起了"缔约过失责任纠纷"的民事诉讼，要求两公司连带赔偿多项损失。

法院判决：

1）被告Q公司于本判决生效之日起十日内向原告L某赔偿损失99471元。

2）被告Q公司的财产不足以清偿上述第一判项的款项时，由被告D公司承担补充清偿责任。

（4）面试环节风险

1）面试程序不规范。这主要表现在面试试题的保密措施不严、应试者的面试顺序随意指定、面试题目难度不一、面试时长不同等。这些不规范的操作会给应试者带来不公平感，从而影响公司的形象和招聘效果。

2）面试官的专业性和公正性不足。面试官如果没有经过专业培训或缺乏相关经验，可能会提出不恰当或无效的问题，难以准确评估应聘者的能力和潜力。此外，如果面试官存在主观偏见或倾向性，也可能导致面试结果的不公正。

3）对应聘者信息了解不足。面试官在面试前没有对应聘者的简历或申请材料进行深入阅读和理解，导致在面试过程中无法针对性地提问或评估应聘者的相关经验和技能。

4）面试问题缺乏针对性。面试问题过于笼统或表面化，无法深入了解应聘者的实际能力和思维深度。同时，缺乏对应聘者个人特质、价值观和职业发展规划的探讨，也难以全面评估其与岗位的匹配度。

5）对应聘者的反应和回答理解不足。面试官可能由于语言、文化或专业知识等方面的差异，对应聘者的回答或反应产生误解或偏见。这可能导致对应聘者的能力或潜力做出不准确的评估。

【风险防范】 规避面试环节风险，可参考以下措施：

1）制定规范的面试程序和标准。

2）提供面试技巧和评估标准的培训，提升面试官的专业素养。

3）邀请业务部门或用人部门专家参加面试，围绕岗位需求设计问题，以评估其与岗位的匹配度。

任务 8.2　劳动合同管理的风险防范

任务单见表8-2。

表8-2　任务单　　　　　　　　　　　　　　　　　NO. 008002

任务描述	尝试完成一份针对劳动合同风险管理清单		
任务准备	1）学生分组 2）回顾物业人力资源管理工作的相关知识 3）完成一定的知识储备，也可边做边学	关键知识	劳动合同相关的法律法规、劳动合同管理的常见风险
任务实施（团队任务）要求			
1）学生分组收集整理所需资料和重要数据 2）按风险类型或一定的逻辑顺序编制风险管理清单，若有不确定的内容可多方咨询 3）要求多角度全面思考			
任务成果评价	学生互评和教师评价 评价依据：选择方法正确，风险管理清单完整规范 评选优秀作品		

8.2.1　试用期的风险

1. 试用期约定的风险

1）签订单独的试用期合同。部分物业企业担心应聘者不能胜任工作，要求和应聘者签订单独的试用期合同。按照法律规定，试用期包含在劳动合同期限内，企业不得在劳动合同期限外约定试用期，或者对劳动者先试用后签劳动合同。

2）约定多次试用期。部分物业企业与应聘者反复约定试用期。按照法律的规定，同一用人单位与同一劳动者只能约定一次试用期，更不能在新的所谓试用期内以不符合条件为由解除劳动合同。

3）重新约定试用期。部分企业认为试用期可以因内部岗位调换而重新约定；或者员工调到关联物业公司工作，再次约定试用期。

4）与派遣员工约定试用期。用工单位对转正的派遣员工约定试用期。被派遣劳动者与用工单位之间并未建立劳动合同关系，而是基于劳务派遣协议形成了一种使用关系。因此，用工单位与被派遣劳动者之间不能单独约定试用期。

【风险防范】规避试用期约定的风险，可参考以下措施：

1）用人单位应严格遵守《劳动法》《劳动合同法》等相关法律法规，尊重劳动者的合法权益。

2）企业应加强内部管理和培训，提高员工对相关法律的认识，确保企业用工合规，降低法律风险。

【案例分析】

吕某于 2020 年 3 月 1 日进入某物业服务公司，签订了劳动合同，合同仅约定了试用期 3 个月，月工资为基本工资 4700 元。2024 年 5 月 30 日，某物业服务公司给吕某下发了解除劳动合同通知书，称吕某入职以来表现不符合公司录用条件，终止双方劳动关系。

思考：在本案例中，物业服务公司可能面临什么风险？为什么？

【法律依据】

《劳动合同法》第十九条，同一用人单位与同一劳动者只能约定一次试用期。

以完成一定工作任务为期限的劳动合同或者劳动合同期限不满三个月的，不得约定试用期。

试用期包含在劳动合同期限内。劳动合同仅约定试用期的，试用期不成立，该期限为劳动合同期限。

2. 随意延长或缩短试用期的法律风险

（1）随意延长试用期的风险　如用人单位在劳动合同中约定的试用期不符合规定，或者单方延长试用。超过规定的试用期时间不具有法律效力，在规定的试用期以外行使权利，则该权利无效，用人单位就侵犯了劳动者权益。

（2）随意缩短试用期的风险　用人单位因为各种原因，提前为试用期员工转正，提前转正视为单位放弃剩余期限权利，若反悔在原试用期剩余期限内以不符合录用条件解除合同，属于违法解除。

【风险防范】 规避随意延长或缩短试用期的法律风险，可参考以下措施：

1）用人单位应严格遵守《劳动法》《劳动合同法》等相关法律法规，尊重劳动者的合法权益。

2）企业应加强内部管理和培训，提高员工对相关法律的认识，确保企业用工合规，降低法律风险。

有关试用期的规定如图 8-1 所示。

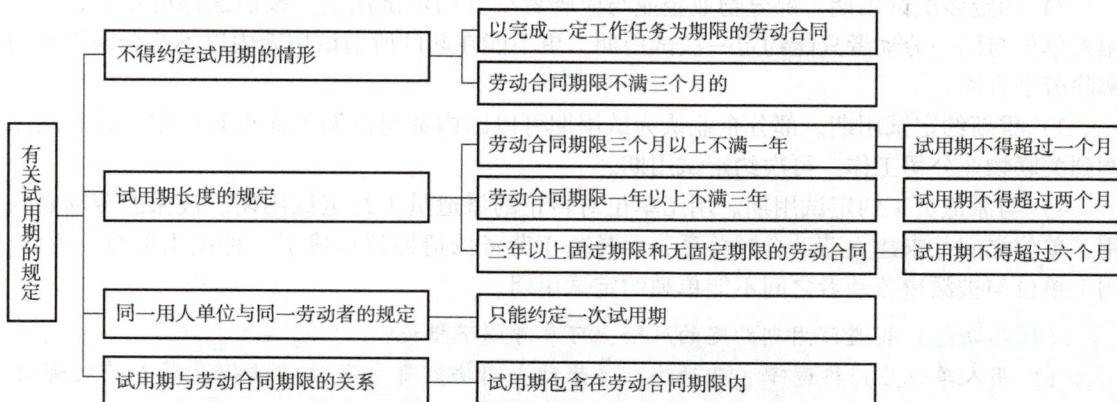

图 8-1　有关试用期的规定

【法律依据】

《劳动法》第二十一条，劳动合同可以约定试用期。试用期最长不得超过六个月。

《劳动合同法》第十九条，劳动合同期限三个月以上不满一年的，试用期不得超过一个月；劳动合同期限一年以上不满三年的，试用期不得超过两个月；三年以上固定期限和无固定期限的劳动合同，试用期不得超过六个月。

同一用人单位与同一劳动者只能约定一次试用期。

以完成一定工作任务为期限的劳动合同或者劳动合同期限不满三个月的，不得约定试用期。

试用期包含在劳动合同期限内。劳动合同仅约定试用期的，试用期不成立，该期限为劳动合同期限。

3. 试用期辞退员工风险

很多企业以为试用期只是双方互相考察、互相适应的过程，如果觉得不满意，随时可以要求劳动者离职，其实，这是对试用期解雇的错误认识。用人单位以劳动者不符合录用条件解雇需提供充分的证据证明劳动者不符合录用条件，无相关证据随意解雇属违法行为。

【风险防范】规避试用期辞退员工风险，可参考以下措施：

1）明确"入职条件"，可采用招聘信息明确，或在劳动合同中明确劳动条件，并要求劳动者签字确认。

2）注意试用期考核的材料资料保存，如员工基本信息、录用条件的相关证明、已告知员工录用条件的证明、签字试用期考评表等，形成"可量化、能衡量、有依据"的试用期考核依据。

【案例分析】

由于需要开展新项目，某公司决定从社会上招聘一批员工参与公司新项目的开发。经过多次面试，周某终于被公司录用。经协商，公司与周某等人签订了为期3年的劳动合同，其中试用期为3个月。但合同履行不到两个月，公司就因经营战略调整决定取消新项目，包括周某在内的多名员工也被纳入裁员范围。当公司人力资源部经理刘某将这一决定告知周某时，周某要求公司赔偿他两个月的工资。原因是公司首先提出终止合同而没有提前30天通知，并应支付一个月的工资。另外，公司在试用期内没有理由辞退他，属于非法终止合同，应支付双倍经济补偿金作为赔偿。对此"无理要求"，刘某当场予以拒绝，并表示："试用期内，双方关系不确定，双方可以随意解除劳动关系，也无需提前通知并支付经济补偿金！"周某向当地劳动争议仲裁委员会申请仲裁。仲裁委员会支持周某的请求。

【法律依据】

《劳动法》第二十五条，劳动者有下列情形之一的，用人单位可以解除劳动合同：

（一）在试用期间被证明不符合录用条件的。

《劳动合同法》第二十一条，在试用期中，除劳动者有本法第三十九条和第四十条第一项、第二项规定的情形外，用人单位不得解除劳动合同。用人单位在试用期解除劳动合同的，应当向劳动者说明理由。

第三十九条，劳动者有下列情形之一的，用人单位可以解除劳动合同：

（一）在试用期间被证明不符合录用条件的。

第八十三条，用人单位违反本法规定与劳动者约定试用期的，由劳动行政部门责令改正；违法约定的试用期已经履行的，由用人单位以劳动者试用期满月工资为标准，按已经履行的超过法定试用期的期间向劳动者支付赔偿金。

4. 试用期工资风险

1）"无薪试岗"的风险。有些企业可能试图通过"无薪试岗"来回避试用期用工成本，这是不合法的。只要员工在工作时间提供了劳动，企业就必须支付劳动报酬。否则，员工有权要求企业支付工资，并可能向劳动行政部门投诉，导致企业面临法律处罚。

2）低于最低工资标准的风险。如果试用期工资低于本单位相同岗位最低档工资的80%，或者低于劳动合同约定工资的80%，甚至低于用人单位所在地的最低工资标准，那么企业将面临劳动行政部门的处罚。劳动行政部门会责令企业改正，并要求支付工资差额部分及赔偿金。

3）工资不明确的风险。如果试用期工资在劳动合同中没有明确约定，或者约定的工资条款含糊不清，那么在实际发放工资时可能会引发争议。这可能导致员工对企业产生不满，甚至可能引发劳动纠纷。

【风险防范】规避试用期工资风险，可参考以下措施：

1）试用期工资不低于法定标准。企业应严格按照法律规定，试用期工资不低于本单位相同岗位最低档工资的80%，不低于劳动合同约定工资的80%，并且不低于用人单位所在地的最低工资标准。

2）在劳动合同中明确约定试用期工资。企业应在劳动合同中明确约定试用期工资的具体数额和支付方式，避免模糊不清的条款。

3）企业也应关注员工的实际需求和心理预期，制定合理的薪酬制度，以激发员工的工作热情和创造力。

【法律依据】

《劳动合同法》第二十条，劳动者在试用期的工资不得低于本单位相同岗位最低档工资或者劳动合同约定工资的百分之八十，并不得低于用人单位所在地的最低工资标准。

8.2.2　劳动合同订立的风险

1. 未签订劳动合同风险

未签订劳动合同的情况有：用人单位不愿与劳动者订立劳动合同和劳动者不愿意与用人单位签订劳动合同。

1）用人单位不愿与劳动者订立劳动合同。一是"新人不签"。在劳动合同签订中，由于部分中小型企业管理者法律意识弱，或出于社会保险成本的节约的考虑，许多中小企业不愿意主动与新入职的员工签订劳动合同。二是"老人不续签"。部分中小型企业不愿意主动与工作满一定年限的老员工续签无固定期合同；或是出于疏忽，忘记与老员工续签劳动合同。

2）劳动者不愿意与用人单位签订劳动合同。一些劳动者可能认为签订劳动合同会限制自己的职业发展，如寻找更好的工作机会。他们可能更倾向于保持灵活性，以便在未来能够更容易地转换工作。

未签订劳动合同的主要风险有：

1）违反相关法律规定，用人单位可能会面临支付两倍工资的法律风险。

2）未及时签订及合同到期未签订的满一年视为签订无固定期限合同。

3）未签的合同并不能免除用人单位为员工缴纳各项社会保险费的义务。

4）员工可以随时解除劳动合同，且不承担任何违约责任或者赔偿。

5）单位不能以试用不合格辞退员工。没有签订劳动合同，则不存在试用期（因为口头约定的试用期是无效的），单位虽然可以辞退员工，但需要依法支付经济补偿金，未依法支付经济补偿金的，还要加付额外的经济补偿金。

6）用人单位可能面临劳动行政部门的行政处罚。

【风险防范】规避未签订劳动合同风险，可参考以下措施：

1）主动与劳动者订立劳动合同，未订立合同并不能逃避企业责任。

2）若未及时签订劳动合同，可在一个月内补签。

3）若劳动者不愿意签订劳动合同，自用工之日起一个月内，用人单位经书面通知，劳动者仍不愿意与用人单位订立书面劳动合同的，用人单位应当书面通知劳动者终止劳动关系，无需向劳动者支付经济补偿，但是应当依法向劳动者支付其实际工作时间的劳动报酬。

合同签订时间的有关规定如图8-2所示。

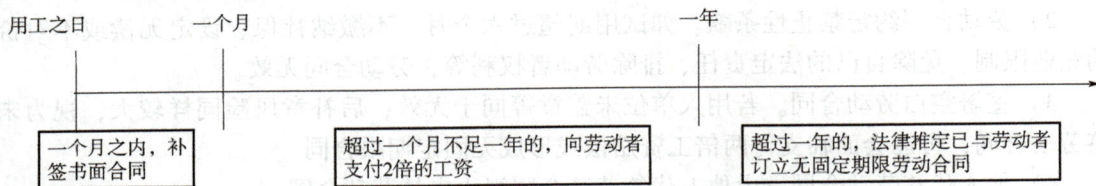

图8-2　合同签订时间的有关规定

【法律依据】

《劳动合同法》第七条，用人单位自用工之日起即与劳动者建立劳动关系。用人单位应当建立职工名册备查。

第十条，建立劳动关系，应当订立书面劳动合同。已建立劳动关系，未同时订立书面劳动合同的，应当自用工之日起一个月内订立书面劳动合同。

第十四条，无固定期限劳动合同，是指用人单位与劳动者约定无确定终止时间的劳动合同。

用人单位与劳动者协商一致，可以订立无固定期限劳动合同。

用人单位自用工之日起满一年不与劳动者订立书面劳动合同的，视为用人单位与劳动者已订立无固定期限劳动合同。

第八十二条，用人单位自用工之日起超过一个月不满一年未与劳动者订立书面劳动合同的，应当向劳动者每月支付两倍的工资。

用人单位违反本法规定不与劳动者订立无固定期限劳动合同的，自应当订立无固定期限劳动合同之日起向劳动者每月支付两倍的工资。

【案例分析】

2021年4月1日，某物业服务公司与市区一家单位签订物业服务合同，物管等相关工作也在签订合同之日起正式接管。郭某作为物业管家也于当天到岗上班。按照劳动合同法相关规定，物业服务公司就应与郭某签订劳动合同。但从2021年4月1日起，物业服务公司一直没有同郭某签订劳动合同。2022年1月10日，物业服务公司以奖金形式补偿了郭某5000元。2022年1月21日，劳资双方补签订了一份劳动合同，该劳动合同签订期限注明的时间为：自2021年4月1日起至2022年3月31日。郭某的平均工资为每月5804元。

劳资双方签订劳动合同不久，即2022年2月16日，该物业服务公司做出与郭某解除劳动关系的书面决定。郭某被解除劳动关系后认为，物业服务公司没有及时与其签订劳动合同，应该给予自己赔偿，郭某在与物业服务公司协商不成的情况下，向当地劳动仲裁委员会提出申请，要求物业服务公司支付其未签劳动合同期间的双倍工资。

劳资双方争执事项经市劳动争议仲裁委员会仲裁后，于3月1日做出仲裁裁决：物业服务公司支付郭某双倍工资共计49914元。

2. 无效劳动合同风险

1）劳动合同未约定必备条款。如缺少用人单位的名称、地址、法定代表人或主要负责人，劳动者的姓名、地址、居民身份证，合同期限，工作内容和工作地址，工作时间和休息休假；劳动报酬，社会保险等，视为未签劳动合同。

2）劳动合同约定禁止性条款。如试用期超过六个月、不缴纳社保、设定无偿或不对价的竞业限制、免除自己的法定责任、排除劳动者权利等，劳动合同无效。

3）签署空白劳动合同。若用人单位未盖章等同于无效，后补章风险同样较大，视为未签劳动合同，可能会面临支付两倍工资赔偿或形成无固定期限合同

4）他人代签劳动合同。由他人代签劳动合同视为未签劳动合同。

【风险防范】 规避无效劳动合同风险，可参考以下措施：

1）规范劳动合同内容，在制定劳动合同时，务必确保合同中包含所有法定必备条款，由专业人士或法律顾问进行审查，形成公司劳动合同范本。

2）严格遵守劳动法律法规，确保劳动合同中不出现违反法律规定的条款。

3）若合同内容有变更，应重新签订新的合同或签署补充协议，并确保双方签字盖章。

4）劳动合同必须由劳动者本人亲自签署，用人单位应核实劳动者的身份，防止他人代签。对于特殊情况，如劳动者因故无法亲自签署，应事先取得劳动者的书面授权，并保存好相关证据。

【法律依据】

《劳动合同法》第十七条，劳动合同应当具备以下条款：

（一）用人单位的名称、住所和法定代表人或者主要负责人。

（二）劳动者的姓名、住址和居民身份证或者其他有效身份证件号码。

（三）劳动合同期限。

（四）工作内容和工作地点。

（五）工作时间和休息休假。

（六）劳动报酬。

（七）社会保险。

（八）劳动保护、劳动条件和职业危害防护。

（九）法律法规规定应当纳入劳动合同的其他事项。

劳动合同除前款规定的必备条款外，用人单位与劳动者可以约定试用期、培训、保守秘密、补充保险和福利待遇等其他事项。

3. 用人单位扣押劳动者证件或收取财物的风险

部分企业存在扣留员工相关身份证件，让员工提交担保，向招用人员索取费用的情况，可能面临行政处罚的风险，给劳动者造成损害的，还应当承担赔偿责任。

【风险防范】规避用人单位扣押劳动者证件或收取财物的风险，可参考以下措施：

用人单位不得扣押劳动者的居民身份证和其他证件，不得要求劳动者以提供担保或者其他名义向劳动者收取财物。

【法律依据】

《劳动合同法》第八十四条，用人单位违反本法规定，扣押劳动者居民身份证等证件的，由劳动行政部门责令限期退还劳动者本人，并依照有关法律规定给予处罚。

用人单位违反本法规定，以担保或者其他名义向劳动者收取财物的，由劳动行政部门责令限期退还劳动者本人，并以每人五百元以上两千元以下的标准处以罚款；给劳动者造成损害的，应当承担赔偿责任。

劳动者依法解除或者终止劳动合同，用人单位扣押劳动者档案或者其他物品的，依照前款规定处罚。

4. 竞业禁止风险

竞业禁止又称为"竞业限制"，是用人单位为保护其商业秘密而采取的一种法律措施。根据法律规定或双方约定，竞业禁止限制并禁止员工在本单位任职期间同时兼职于业务竞争单位，以及在离职后从事与本单位竞争的业务。这包括但不限于不得在生产同类产品或经营同类业务且有竞争关系或其他利害关系的其他业务单位任职，不得自行建立与本单位业务范围相同的企业，以及不得自己生产、经营与本单位有竞争关系的同类产品或业务。企业在运用竞业禁止时可能存在的风险有：

1）竞业禁止机制不健全的风险。部分企业竞业禁止机制不健全，甚至无竞业禁止机制，不能很好地保护商业秘密和自身竞争力。

2）竞业禁止条款显失公平导致无效。主要表现在企业随意扩大竞业限制的范围和期限；或者约定不对价的竞业补偿。

3）竞业禁止的客体面向全体员工。企业的竞业禁止客体如果面向全体员工，不仅会增加企业人力成本，还会侵犯劳动者就业权。

4）三个月未支付经济补偿，导致竞业禁止条款失效。

5）竞业侵权的举证风险。

【**风险防范**】 规避竞业禁止风险，可参考以下措施：

1）劳动合同中约定的竞业禁止条款一般应当包括竞业禁止的具体范围、竞业禁止的期限、补偿费的数额及支付方法、违约责任等内容。

2）竞业禁止条款确保其内容合法、对价合理，并明确双方的权利义务。竞业禁止期限不得超过两年，按月支付的经济补偿金不低于劳动者在劳动合同解除前十二月的平均工资的30%。

3）按时向劳动者支付竞业禁止经济补偿金，间隔期不超过三个月。

4）对有竞业禁止约定的员工离职后的工作状态进行跟进了解，若出现员工违约情况，注意收集证据资料。

（扩展资料：竞业禁止合同一般适用人员）

【**法律依据**】

《劳动合同法》第二十三条，用人单位与劳动者可以在劳动合同中约定保守用人单位的商业秘密和与知识产权相关的保密事项。

对负有保密义务的劳动者，用人单位可以在劳动合同或者保密协议中与劳动者约定竞业限制条款，并约定在解除或者终止劳动合同后，在竞业限制期限内按月给予劳动者经济补偿。劳动者违反竞业限制约定的，应当按照约定向用人单位支付违约金。

第二十四条，竞业限制的人员限于用人单位的高级管理人员、高级技术人员和其他负有保密义务的人员。竞业限制的范围、地域、期限由用人单位与劳动者约定，竞业限制的约定不得违反法律法规的规定。

在解除或者终止劳动合同后，前款规定的人员到与本单位生产或者经营同类产品、从事同类业务的有竞争关系的其他用人单位，或者自己开业生产或者经营同类产品、从事同类业务的竞业限制期限，不得超过两年。

《最高人民法院关于审理劳动争议案件适用法律问题的解释（一）》第三十六条，当事人在劳动合同或者保密协议中约定了竞业限制，但未约定解除或者终止劳动合同后给予劳动者经济补偿，劳动者履行了竞业限制义务，要求用人单位按照劳动者在劳动合同解除或者终止前十二个月平均工资的30%按月支付经济补偿的，人民法院应予支持。

前款规定的月平均工资的30%低于劳动合同履行地最低工资标准的，按照劳动合同履行地最低工资标准支付。

第三十八条，当事人在劳动合同或者保密协议中约定了竞业限制和经济补偿，劳动合同解除或者终止后，因用人单位的原因导致三个月未支付经济补偿，劳动者请求解除竞业限制约定的，人民法院应予支持。

第三十九条，在竞业限制期限内，用人单位请求解除竞业限制协议的，人民法院应予支持。

在解除竞业限制协议时，劳动者请求用人单位额外支付劳动者三个月的竞业限制经济补偿的，人民法院应予支持。

8.2.3 劳动合同变更与终止的风险

1. 劳动合同变更的法律风险

劳动合同变更的法律风险主要包括以下几个方面：

1）未协商一致单方面变更。如果劳动合同变更未经过劳动者同意，劳动者有权解除劳动合同，并要求用人单位承担相应的法律责任。

2）未采用书面形式的风险。根据法律规定，劳动合同的变更应当采用书面形式。如果变更未以书面形式进行，该变更可能无效，对双方都不具有约束力。

3）变更后大幅降低员工薪酬。公司单方面降低工资，属于违法行为，员工可以要求公司赔偿一定的经济补偿金。

【风险防范】规避劳动合同变更的法律风险，可参考以下措施：

1）劳动合同变更的内容必须符合国家法律法规的相关规定，不得违反法律法规的强制性规定。

2）变更劳动合同必须在劳动合同依法订立之后，在合同没有履行或者未履行完毕之前的有效时间进行。

3）劳动合同变更必须经用人单位和劳动者双方当事人的同意，应当通过双方协商一致才能进行，任何单方面变更劳动合同的行为都是无效的。

4）劳动合同变更应当采用书面形式，双方签字或盖章确认，并各执一份变更后的劳动合同文本。

2. 劳动合同终止的风险

1）未与劳动者协商一致，用人单位单方解除劳动合同，则解除无效；若劳动者同意，用人单位需要支付赔偿金（2倍的经济补偿金）。

2）双方协商一致解除劳动合同的，用人单位未支付经济补偿金。

3）用人单位引用"缺陷"规章制度解除劳动合同。用人单位的规章制度本身存在缺陷或不合规，用人单位根据《劳动合同法》规定"劳动者严重违反用人单位规章制度的，用人单位可以解除合同"，与劳动者解除劳动合同。

4）存在不得解除劳动合同情形下，用人单位动议解除劳动合同。如劳动者处于职业病诊断期间，工伤医疗期间，女职工在孕期、产期、哺乳期三期等情形。

5）合同期满，劳动者同意不续签，但用人单位未保存劳动者同意不续签证据，则劳动合同应继续履行或用人单位向劳动者支付赔偿金后解除。

【风险防范】规避劳动合同终止的风险，可参考以下措施：

1）用人单位应严格遵守《劳动合同法》的规定，在解除劳动合同时与劳动者达成一致。

2）在双方协商一致解除劳动合同的情况下，用人单位应按照法律规定和劳动合同约定支付经济补偿金。

3）用人单位制定的规章制度，尤其直接涉及劳动者切身利益的规章制度，要确保内容合法和程序合法，应当经职工代表大会或者全体职工讨论，平等协商确定。

4）用人单位应充分了解并遵守相关法律规定，不得侵犯劳动者的合法权益。

5）在劳动者同意不续签劳动合同时，用人单位应要求劳动者签署书面确认书或保留其他形式的证据。

【法律依据】

《劳动合同法》第四十二条，劳动者有下列情形之一的，用人单位不得依照本法第四十条、第四十一条的规定解除劳动合同：

（一）从事接触职业病危害作业的劳动者未进行离岗前职业健康检查，或者疑似职业病病人在诊断或者医学观察期间的。

（二）在本单位患职业病或者因工负伤并被确认丧失或者部分丧失劳动能力的。

（三）患病或者非因工负伤，在规定的医疗期内的。

（四）女职工在孕期、产期、哺乳期的。

（五）在本单位连续工作满十五年，且距法定退休年龄不足五年的。

（六）法律、行政法规规定的其他情形。

劳动合同解除的有关规定见表8-3。

表8-3 劳动合同解除的有关规定

			双方协商一致解除劳动合同	36条：用人单位动议	用人单位支付经济补偿金
				36条：劳动者动议解除	用人单位不支付经济补偿金
劳动合同的解除	依法解除劳动合同	法定解除劳动合同	单方解除劳动合同	劳动者单方解除	37条：预先通知解除
					38条：随时解除
					38条：立即解除
				用人单位单方解除	40条：30日通知解除	用人单位支付经济补偿金
					41条：经济性裁员
					39条：劳动者有过失	不支付补偿金
	违法解除劳动合同	劳动者违法解除劳动合同		未预先通知解除	造成损失的承担赔偿责任
				违反服务期约定	承担赔偿责任和违约责任
		用人单位违法解除劳动合同		未与劳动者协商一致解除	继续履行；劳动者不同意继续履行或事实上无法继续履行的，用人单位支付赔偿金（2倍的经济补偿金）后劳动合同解除
				未出现可以解除情形或未按程序解除	
				不得解除劳动合同的6种情形	

注：参照《劳动合同法》，表中"36条"表示《劳动合同法》中第三十六条，其余同理。

任务8.3 复合用工的风险防范

任务单见表8-4。

表8-4 任务单   NO.008003

任务描述	尝试完成一份针对复合用工的风险管理清单		
任务准备	1）学生分组 2）回顾物业人力资源管理工作的相关知识 3）完成一定的知识储备，也可边做边学	关键知识	相关的法律法规、复合用工的常见风险

（续）

任务实施（团队任务）要求
1）学生分组收集整理所需资料和重要数据 2）按风险类型或一定的逻辑顺序编制风险管理清单，若有不确定的内容可多方咨询 3）要求多角度全面思考

任务成果评价	学生互评和教师评价 评价依据：选择方法正确，风险管理清单完整规范 评选优秀作品

8.3.1 服务外包的风险

《劳务派遣暂行规定》自2014年3月1日生效实施以来，因劳务派遣的用工岗位及用工比例受到严格限制，再加上同工同酬的规定使劳务派遣的成本优势明显降低，所以很多企业纷纷放弃劳务派遣这种用工方式。

服务外包则成为物业服务企业降低用工成本并减少用工管理风险的一种人力资源管理模式，越来越多的企业采用"服务外包"的方式将部分专项业务委托给专业的服务公司完成，如保洁外包、绿化外包等。但服务外包的管理模式往往会限定用工单位对劳动者的直接管理权限，所以实践中，一些企业仅以签订外包合同的方式规避劳务派遣的法律风险，而对劳动者直接管理行为仍由企业自主进行，即名为服务外包，实为劳务派遣。

劳务派遣与劳务外包的比较见表8-5。

表8-5 劳务派遣与劳务外包的比较

比较项目	劳务派遣	劳务外包
服务性质	派遣劳动者	业务或劳务外包
与劳动者	劳务用工关系	无直接关系
对劳动者的管理权限	分配任务、监督、考核等直接管理权	发包方对服务人员无直接管理权限
法律关系	涉及用人单位与劳动者之间是用工关系，适用《劳动法》和《劳动合同法》	发包方与承包方之间是民事关系，适用《合同法》
对外损害赔偿的责任承担	用工单位向第三方承担赔偿责任	承包方向第三方承担赔偿责任
劳动争议风险	用工单位可能需要承担劳动争议的法律风险	承包方可能需要承担劳动争议的法律风险

名为服务外包，实为劳务派遣的做法，可能面临以下风险：

（1）给外包服务人员造成损害，用人单位与外包公司承担连带赔偿责任 外包服务人员为用人单位提供服务期间，如果外包公司存在违法拖欠或克扣外包服务人员的工资、未依法缴纳社会保险等违反《劳动合同法》的情形，外包服务人员与外包公司因此发生争议并提起仲裁时，用人单位将与外包公司承担连带赔偿责任。例如，劳务派遣单位未及时为劳务派遣工办理工伤保险，发生工伤后又无力支付高额的工伤保险费，这时用工企业就要承担连带责任，要替劳务派遣单位支付费用。

（2）实为劳务派遣，用人单位需要为劳动者办理各项社会保险 根据劳动派遣同工同

183

酬的规定，若用人单位未给劳务派遣员工办理各项社会保险，如果发生争议，用工企业将面临高额经济补偿金及补交社会保险费用。

（3）企业留用与劳务派遣公司劳动合同到期的劳务派遣工的风险　在企业替劳务派遣公司代发工资情况下，容易发生此类问题。劳务派遣公司与劳务派遣工之间的劳动合同到期后不再续签，企业因未获知此信息、工作疏忽或急于用人等原因，未停止劳务派遣工的工作，也未及时与劳务派遣工签订劳动合同，造成劳务派遣工与企业之间形成无书面合同的事实劳动关系。

用工单位直接对被派遣劳动者日常劳动进行指挥管理，被派遣劳动者受用工单位的规章制度管理；劳务外包的发包单位不参与对劳动者指挥管理，由承包单位直接对劳动者进行指挥管理。

【风险防范】 规避名为服务外包，实为劳务派遣的风险，可参考以下措施：

1）物业服务企业避免直接对外包服务人员进行管理，如安排工作任务、进行工作监督和考核等。

2）物业服务企业避免代外包公司直接向外包服务人员发放工资薪酬等。

3）物业服务企业应根据外包业务完成情况，向外包公司支付服务费。避免根据劳动者的数量、工作时间向外包公司支付服务费。尤其是保洁业务外包中明显存在该情形。

【案例分析】

2021年5月1日，A公司与B公司签订劳务外包协议，其中A公司系甲方，B公司系乙方，协议约定乙方选派符合甲方要求的乙方员工到甲方指定的工作地点工作，甲方向乙方支付劳务费用，乙方的员工遵守甲方的工作规章制度，协议还就其他事项进行了约定。

2021年7月1日，B公司与刘某签订劳务协议书，协议约定，B公司聘用刘某按B公司（或客户）的需要在指定地点完成B公司（或客户）指派的任务，刘某必须遵从B公司派遣至第三方工作单位所有规章制度；B公司按时发放工资或B公司委托客户代发工资；如刘某在派遣单位工作期间，因违反规章制度、安全操作规程和违反法律规定等产生的罚款、损失等，B公司在支付报酬时按照客户提供的数据予以扣除，如损失重大，B公司（或客户）有权追偿，协议还就其他事项进行了约定。

然后，B公司将刘某派遣至A公司工作，担任库管一职。

思考：A公司与B公司签订了劳务外包协议，该协议名为劳务外包，实为劳务派遣，即双方基于该协议形成的是劳务派遣法律关系。

8.3.2　聘用退休人员的风险

在许多物业服务项目中，会聘用部分已退休人员，提供相应的服务，这种用人方式存在一定的风险。

1）法律风险。由于退休人员已经享受了养老保险待遇或领取了退休金，用人单位与他们建立的并非劳动关系，而是劳务关系。这意味着在退休人员发生事故后，单位无法按照工伤保险流程进行赔偿，而需要承担相应的赔偿责任。

2）健康风险。由于退休人员年龄较大，身体状况可能不如年轻员工稳定，更容易出现健康问题或突发疾病；身体机能退化，反应速度和敏捷性可能下降，更容易出现工伤。这些情形都可能给企业带来额外的医疗和赔偿成本。

【风险防范】规避聘用退休人员风险防范，可参考以下措施：

1）健康审查与体检。在聘用退休人员前，企业应充分了解其身体健康状况，并定期进行健康体检。对于健康状况出现问题的退休人员，应及时解除劳务协议，以规避潜在的健康风险。

2）签订书面协议。协议中应明确双方的权利和义务，包括薪资待遇、解除和终止合同情形、违约金和经济补偿金、福利待遇等事项。

3）购买商业保险。企业可以为退休人员购买雇主责任险或人身意外伤害险等，以规避可能出现的风险。

4）灵活用工方式。对于完成专项工作任务的岗位或不需要退休人员严格遵守工作时间和工作制度的岗位，企业可以考虑采用服务外包的方式，而非传统的劳务雇佣方式。

【案例分析】

李某是某厂技术工人，2021年2月办理了退休手续，并开始享受基本养老保险待遇。2021年4月被某物业服务公司聘用，还签订了为期1年的劳动合同。2021年9月李某在工作中受伤，遂提起工伤认定申请。但当地人力资源和社会保障局认为，退休人员在务工中发生的伤害事故，不属于工伤或不视同工伤。李某不服，提起诉讼。

本案中，李某已达到退休年龄并已经享受养老保险待遇，虽然因公受伤，但是缺乏劳动关系这一前提，社保部门不能给出工伤或视同工伤的认定结论，也就不能像普通劳动者那样享受社会保险待遇。退休人员在工作中受伤的，只能按照雇工人身案件进行处理。由于该物业服务公司未为其购买商业保险，故由物业服务公司承担赔偿责任。

【法律依据】

《最高人民法院关于审理劳动争议案件适用法律问题的解释（一）》第三十二条明确规定，用人单位与其招用的已经依法享受养老保险待遇或者领取退休金的人员发生用工争议的，人民法院应当按照劳务关系处理。

8.3.3 招用在校学生顶岗实习的风险

（1）人身损害赔偿风险 招用在校实习生，双方建立的是劳务关系，而非劳动关系，一般无法为实习生缴纳社会保险，实习生在雇佣活动中遭受人身损害或致人损害的，无法提请工伤认定，雇主承担赔偿责任。甚至有部分企业在与实习生的实习协议中约定：实习期间发生伤亡事故时，由实习生本人承担责任，公司不承担任何责任。这一约定属于无效条款。

（2）因实习期超过毕业日期而形成劳动关系 自学生毕业之日起（一般以毕业证载明的日期为准），该实习生完全脱离实习机制的限制。用人单位若以实习为名继续用工，则自毕业日期的次日起，双方形成事实劳动关系。实习生因薪资和福利与其他员工不同，可主张同工同酬，要求补发工资和福利。未签订劳动合同的，实习生可主张未签订书面劳动合同的双倍工资。用人单位随意辞退的，或被认定为违法解除劳动合同，支付赔偿金。

（3）与正式员工无差别管理的应届实习生，可能被认定存在事实劳动关系 在校学生临近毕业且以就业为目的的实习，如果实习生接受用人单位与其他员工无差别的劳动管理

（如考勤、绩效管理等），并按月领取劳动报酬，即使双方签订了实习协议，并非签订劳动合同，司法实践中因存在自由裁量也有被认定双方已建立事实劳动关系的可能。

【风险防范】 规避招用在校学生顶岗实习的风险，可参考以下措施：

1）签订书面实习协议，明确用工关系和各方责任约定。

2）尽量避免将实习人员安排在安全风险相对较大的岗位，做好实习人员上岗前的安全培训。

3）对于招用应届实习生而言，需要明确具体的实习期限，明确学生身份转换时点，及时签订劳动合同。

4）购买雇主责任险或人身意外伤害险等商业保险，避免事后损失。

5）以就业为目的的实习，如果用人单位有意向与实习生订立劳动合同的，建议按劳动关系处理。

【案例分析】

2020年11月，公司要求提前实习的在校大学生小胡与正式员工一样，正常上下班并完成岗位任务。后小胡在工作中受伤，公司以小胡是实习生为由，拒绝认定劳动关系，不同意申报工伤。

小胡向劳动仲裁委员会提起仲裁，未获支持，原因是仲裁委员会认为小胡系在校大学生，不具备劳动者资格。小胡后诉至法院，被法院认定双方存在劳动关系，获得工伤赔偿，其主要理由是，本案中实习期间，"除未缴纳社会保险外，考勤管理与工资发放与在职员工无异，在就业实习的情况下，双方均以签订劳动合同、建立劳动关系为目的，除在社保方面存在一定的特殊性外，其他方面与正式员工无本质区别。虽然实习生仍属学生身份，但此时已基本完成学业，在管理方面更倾向于接受用人单位管理，人格和经济从属性特征明显，符合劳动关系的实质，应认定双方至此形成劳动合同关系"。

【法律依据】

《职业学校学生实习管理规定》第三十五条，职业学校和实习单位应当根据法律、行政法规，为实习学生投保实习责任保险。责任保险范围应当覆盖实习活动的全过程，包括学生实习期间遭受意外事故及由于被保险人疏忽或过失导致的学生人身伤亡，被保险人依法应当承担的赔偿责任以及相关法律费用等。

鼓励实习单位为实习学生购买意外伤害险，投保费用可从实习单位成本（费用）中列支。

第三十六条，学生在实习期间受到人身伤害，属于保险赔付范围的，由承保保险公司按保险合同赔付标准进行赔付；不属于保险赔付范围或者超出保险赔付额度的部分，由实习单位、职业学校、学生依法承担相应责任；职业学校和实习单位应当及时采取救治措施，并妥善做好善后工作和心理抚慰。

📝 项目任务小结

本项目单元介绍了物业人力资源管理中的人才招聘环节、劳动合同管理和复合用工的相关风险点及防范措施。

通过本项目的学习，学生应可以针对物业服务企业在人才招聘环节中的招聘信息，人员甄选等各环节进行风险识别和分析，并能够初步编制风险管理清单；针对劳动合同管理工作中的劳动合同订立、变更与终止等各环节进行风险识别和分析，并能够初步掌握风险防范策略；针对物业企业复合用工的情况，进行风险识别和分析，并能够编制相应的风险预案。

由于不同的物业项目具有不同的性质，风险点也会有一定的差别，风险防范措施和风险管理清单需要根据具体项目进行修改和补充。

思 考 题

1. 简述就业歧视。
2. 招聘信息不明确有哪些风险？该如何防范？
3. 入职材料的审查有哪些风险？该如何防范？
4. 未签订劳动合同有哪些风险？该如何防范？
5. 竞业禁止有哪些风险？该如何防范？

自测题

一、单项选择题

1. 以下不属于就业歧视范畴的是（ ）。
   A. 某公司在招聘时只接受本地户籍的申请者
   B. 一家企业因为员工信仰的宗教而拒绝其升职
   C. 某工厂在招聘时优先考虑身材高大的应聘者
   D. 某公司因业务需要，只招聘熟练掌握特定语言的员工

2. 根据《劳动法》的相关规定，以下陈述正确的是（ ）。
   A. 任何单位不得招用未满十六周岁的未成年人
   B. 女职工不得在矿山企业从事工作
   C. 未成年工可以从事国家规定的第四级体力劳动强度的劳动
   D. 用人单位在招用未成年人时，必须保障其接受义务教育的权利

3. 根据《劳动法》的规定，用人单位不得解除劳动合同的情形是（ ）。
   A. 劳动者因私事请假超过规定期限
   B. 女职工在哺乳期内
   C. 劳动者在业余时间从事与本职工作无关的活动
   D. 劳动者违反公司规定，造成重大经济损失

4. 根据《职业病防治法》的相关规定，以下做法不符合法律规定的是（ ）。
   A. 用人单位在劳动者上岗前组织职业健康检查，并将检查结果书面告知劳动者
   B. 用人单位安排未经上岗前职业健康检查的劳动者从事接触职业病危害的作业
   C. 对在职业健康检查中发现有职业相关健康损害的劳动者，用人单位将其调离原工作岗位
   D. 用人单位承担劳动者职业健康检查的费用

5. 关于未履行对应聘者的告知义务，以下选项属于侵犯应聘者知情权的是（ ）。
   A. 用人单位在招聘过程中明确告知应聘者具体的工作内容、职责、薪资待遇和职业发展路径
   B. 物业企业招聘时如实告知应聘者物业项目位于市区繁华地带，并提供良好的工作环境
   C. 用人单位在招聘广告中模糊处理薪资待遇，未明确告知应聘者具体的工资范围和福利待遇
   D. 用人单位在面试过程中向应聘者详细解释了工作环境、条件及职业发展前景

6. 根据《劳动法》和《劳动合同法》的相关规定，以下关于试用期的说法正确的是（ ）。
   A. 劳动合同期限为两年，试用期可以约定为三个月
   B. 同一用人单位与同一劳动者可以多次约定试用期
   C. 劳动合同期限不满三个月的，可以约定一个月的试用期

　　D. 劳动合同仅约定试用期的，该试用期自动转为劳动合同期限

7. 根据试用期工资的相关规定，以下陈述正确的是（　　　）。

　　A. 试用期工资不得不低于本单位相同岗位最低档工资的 70%

　　B. 试用期工资不得不低于本单位相同岗位最低档工资的 80%

　　C. 试用期工资不得不低于本单位相同岗位最低档工资的 60%

　　D. 试用期工资可以低于用人单位所在地的最低工资标准

8. 根据《劳动法》相关规定，以下陈述正确的是（　　　）。

　　A. 用人单位与劳动者未签订书面劳动合同超过一个月但不满一年，用人单位无需支付额外费用

　　B. 用人单位用工满一年未与劳动者订立书面劳动合同，即视为已订立无固定期限劳动合同

　　C. 用人单位与劳动者协商一致，可以订立固定期限劳动合同，但不得订立无固定期限劳动合同

　　D. 用人单位违反规定不与劳动者订立无固定期限劳动合同，只需支付正常工资，无需支付两倍工资

9. 根据《最高人民法院关于审理劳动争议案件适用法律问题的解释》的相关规定，以下陈述正确的是（　　　）。

　　A. 如果劳动合同中未约定竞业限制的经济补偿，劳动者无需履行竞业限制义务

　　B. 劳动者在劳动合同解除或终止后，无论用人单位是否支付经济补偿，都必须履行竞业限制义务

　　C. 若劳动合同中约定竞业限制，但未约定具体经济补偿，劳动者履行了竞业限制义务，劳动者可以要求按前十二个月平均工资的 30% 获得经济补偿

　　D. 劳动者因用人单位未支付竞业限制经济补偿而请求解除竞业限制时，无需考虑未支付经济补偿的时间长短

10. 根据《劳动合同法》的相关规定，以下行为是用人单位可以合法实施的是（　　　）。

　　A. 用人单位在招聘过程中扣押劳动者的居民身份证

　　B. 用人单位要求劳动者提供财产担保作为录用条件

　　C. 用人单位在劳动者入职时收取一定数额的押金

　　D. 用人单位在劳动者离职时，退还劳动者所有的证件和财物

二、案例分析题

【案例1】2022 年 5 月 10 日，某小区物业服务公司环境部辞退了一名从事垃圾装运工作的清洁工钱某。钱某已来该小区工作 6 余年，6 月他到区劳动保障监察局状告物业服务公司，要求应按《劳动法》赔偿他，每年一个月的补偿费，工作了 6 年，应付 6 个月的补偿费，其每个月工资为 4100 元，共应补偿 24600 元。该物业服务公司以钱某在上班时间捡拾废品，并经环境部主管多次批评仍不改正，因而违反了劳动纪律，所以给予辞退，在辞退时物业服务公司将此决定告诉了钱某，还在物业服务公司内发了通报，因此不给予赔偿。

　　在上述案例中，物业服务公司是否应该向原告支付补偿金？为什么？

【案例2】2021 年 3 月 1 日，李某未签劳动合同就进入某小区的物业服务公司，从事秩序维护员工作。2021 年 12 月 5 日早上，16 栋 303 的住户秦某到值班岗亭说他出门时忘记带

钥匙，家中门因风吹而关，小孩正在屋内哭泣。正在巡逻的唐某接到岗亭传来的消息后，立即搬来梯子，从外墙爬向 303 室窗户，在上爬的过程中，不慎摔下致伤，身上多处骨折。

积极帮助业主本来是好事，但是唐某受伤了，这笔医疗费用该由谁出？

物业服务公司认为，根据物业公司与小区业主委员会签订的物业服务合同，帮助业主爬窗开门不是物业公司服务的范围；秩序维护员的工作是维护管理区域内的公共秩序，爬窗开门不属于维护公共秩序范围，唐某为业主秦某爬窗开门不是履行工作职责；唐某为业主爬窗开门不是受物业服务公司指派，也未经物业服务公司允许。可以说，唐某是为业主秦某而受伤，应由秦某承担赔偿责任。

无奈之下，唐某向劳动部门申请工伤认定。

在上述案例中，物业服务公司可能面临什么风险？为什么？

参 考 文 献

[1] 全国风险管理标准化技术委员会. 风险管理　术语：GB/T 23694—2013 [S]. 北京：中国标准出版社，2014.

[2] 邵小云. 物业项目风险管理控制手册 [M]. 北京：化学工业出版社，2016.

[3] 鲁捷，于军峰. 物业管理风险防范管理 [M]. 北京：中国建筑工业出版社，2021.

[4] 邵小云，王高翔. 物业管理风险防范与服务案例 [M]. 北京：化学工业出版社，2011.

[5] 张思星. 物业公司合规管理与风险防控全书 [M]. 北京：中国法制出版社，2022.

[6] 胡大见. 物业管理实务 [M]. 北京：北京大学出版社，2016.

[7] 中国物业管理协会. 物业管理实务 [M]. 北京：中国建筑工业出版社，2007.

[8] 中国物业管理协会. 物业经营管理 [M]. 北京：中国建筑工业出版社，2006.

[9] 人力资源和社会保障部教材办公室. 物业纠纷处理典型案例透析 [M]. 北京：中国劳动社会保障出版社，2017.

[10] 人力资源和社会保障部教材办公室. 物业绿化养护 [M]. 北京：中国劳动社会保障出版社，2017.

[11] 苏雪峰，李佳明. 物业企业财务管理 [M]. 哈尔滨：哈尔滨工业大学出版社，2019.

[12] 黄亮，崔玉美. 物业管理实务 [M]. 北京：中国建筑工业出版社，2023.